実務対応版

「働き方改革」の法改正で実務がこう変わる！

変えなきゃいけない**実務**のルールがよくわかる

法令新旧対照表つき

社会保険労務士
浅香 博胡　白石 多賀子　山田 晴男

社会保険研究所

は じ め に

　平成30年7月6日に公布された「働き方改革を推進するための関係法律の整備に関する法律」は、長時間労働の是正、多様な働き方の実現、雇用形態にかかわらない公正な待遇の確保等の「働き方改革」を総合的に推進するため、労働基準法、労働安全衛生法、短時間・有期雇用労働法（旧パートタイム労働法）、労働者派遣法等の法改正を図ったものです。

　労働生産性を向上させて企業が稼ぐ力を高め、賃上げを後押しするとともに、人手不足が深刻化するなか、「誰もが働きやすい環境づくり」として育児や介護、病気の治療をかかえながらでも、あるいは高齢になっても、障害を持っていても、多様な働き方を選択できる労働環境を整備して、働く人を増やしていく目的があります。

　本書は、こうした「働き方改革」を実現するために必要な実務について、法改正の内容や関係の政省令、告示、指針、通達などを踏まえ、そのポイントを整理しました。実務を行う上で必要となる情報、参考となる情報をできるだけ記載する一方で、視覚的に理解しやすいよう図表等を多用しながら具体的に説明を加えています。

　「働き方改革」の関連法が平成31年4月1日より順次施行されるなか、各企業にとりまして「働き方改革」への対応は喫緊の課題であると思われます。会社の経営者、事業主の方はもちろん、人事労務管理を担っている責任者、担当者の方々、そして労働者一人ひとりの皆様にも本書でその内容を把握し、それぞれの企業の「働き方改革」の実務に本書が役立つことを期待しております。

平成31年4月

目　次

はじめに ……………………………………………………………………… 3

主な働き方改革関連法改正事項の施行時期 …………………………… 6

中小企業の範囲 …………………………………………………………… 7

実　務　対　応　編

第1章　長時間労働の是正　　10

年次有給休暇の確実な取得①【時季指定付与義務】……………………… 10

年次有給休暇の確実な取得②【基準日の特例】…………………………… 12

時間外労働の上限規制①【過半数代表者と36協定】…………………… 14

時間外労働の上限規制②【36協定の届出と遵守】……………………… 16

時間外労働の上限規制③【36協定指針】………………………………… 18

時間外労働の上限規制④【適用除外・適用猶予等】…………………… 20

勤務間インターバル制度の導入 ………………………………………… 22

月60時間超の時間外労働に対する割増賃金率 ………………………… 24

時間外労働の上限規制（参考）【医師の働き方改革】………………… 26

第2章　多様で柔軟な働き方の実現　　28

フレックスタイム制の見直し …………………………………………… 28

高度プロフェッショナル制度①【制度導入手続】……………………… 30

高度プロフェッショナル制度②【対象業務と対象労働者】…………… 32

高度プロフェッショナル制度③【健康確保措置】……………………… 34

高度プロフェッショナル制度④【同意の撤回等】……………………… 36

第3章　短時間労働者・有期雇用労働者の同一労働同一賃金　　38

不合理な待遇の禁止【均衡待遇】………………………………………… 38

差別的取扱いの禁止【均等待遇】………………………………………… 40

事業主の説明義務の強化①【雇い入れ時】……………………………… 42

事業主の説明義務の強化②【求めがあったとき】……………………… 44

行政による履行確保措置及び裁判外紛争解決手続の整備 …………… 46

— 4 —

第4章	派遣労働者の同一労働同一賃金	48

派遣労働者の同一労働同一賃金①【派遣先均等・均衡方式】……………… 48

派遣労働者の同一労働同一賃金②【適正な派遣就業の確保】……………… 50

派遣労働者の同一労働同一賃金③【労使協定方式】………………………… 52

派遣労働者に対する説明義務の強化………………………………………… 54

第5章	産業医・産業保健機能の強化	56

産業医の活動環境の整備①【産業医の周知と権限付与】…………………… 56

産業医の活動環境の整備②【産業医への情報提供と勧告】………………… 58

医師による面接指導………………………………………………………… 60

労働時間の状況の把握……………………………………………………… 62

労働者の心身の状態に関する情報の取扱い………………………………… 64

働き方改革の主な支援機関等一覧………………………………………… 66

資　料　編

時間外・休日労働に関する協定届（36協定届）【一般条項】……………… 68

時間外・休日労働に関する協定届（36協定届）【特別条項】……………… 70

36協定届記載例……………………………………………………………… 74

労働基準法第36条第1項の協定で定める労働時間の延長及び

休日の労働について留意すべき事項等に関する指針……………………… 76

清算期間が1箇月を超えるフレックスタイム制に関する協定届…………… 79

改正労働基準法に関するQ＆A…………………………………………… 80

短時間・有期雇用労働者及び派遣労働者に対する不合理な待遇の禁止

等に関する指針……………………………………………………………… 106

法令新旧対照表

　労働基準法施行規則………………………………………………………… 123

　労働安全衛生規則…………………………………………………………… 129

　短時間労働者及び有期雇用労働者の雇用管理の改善等に関する法律

　施行規則…………………………………………………………………… 135

　事業主が講ずべき短時間労働者及び有期雇用労働者の雇用管理の改

　善等に関する措置等についての指針……………………………………… 137

　労働者派遣事業の適正な運営の確保及び派遣労働者の保護等に関す

　る法律施行規則…………………………………………………………… 140

　派遣先が講ずべき措置に関する指針……………………………………… 148

— 5 —

1 主な働き方改革関連法改正事項の施行時期

施行時期	改正された法律	項目	掲載頁
2019年4月	労働基準法	時間外労働の上限規制の適用【大企業】 一部猶予措置あり	14〜21頁
		年次有給休暇（年5日）の時季指定付与義務	10〜13頁
		フレックスタイム制の清算期間の見直し	28〜29頁
		高度プロフェッショナル制度の導入	30〜37頁
	労働時間等設定改善法	勤務間インターバル制度の導入 （努力義務）	22〜23頁
	労働安全衛生法	産業医の活動環境の整備	56〜59頁
		医師による面接指導の対象拡大	60〜61頁
		労働時間の状況の把握義務	62〜63頁
		労働者の心身の状態に関する情報の取扱い	64〜65頁
2020年4月	労働基準法	時間外労働の上限規制の適用【中小企業】	14〜21頁
	短時間・有期雇用労働法 （労働契約法）	同一労働同一賃金による均等・均衡待遇【大企業】 事業主の説明義務の強化等	38〜47頁
	労働者派遣法	派遣労働者の同一労働同一賃金 派遣元事業主の説明義務の強化等	48〜55頁
2021年4月	短時間・有期雇用労働法 （労働契約法）	同一労働同一賃金による均等・均衡待遇【中小企業】 事業主の説明義務の強化等	38〜47頁
2023年4月	労働基準法	月60時間超の時間外労働に対する割増賃金（5割以上）の中小企業への適用	24〜25頁
2024年4月	労働基準法	時間外労働の上限規制の適用【適用猶予の廃止】 ●建設業 ●自動車運転業 ●医師 ●鹿児島県及び沖縄県の砂糖製造業	20〜21頁 26〜27頁

主な経過措置

●**年次有給休暇の時季指定付与義務（実務対応編10頁参照）**
　2019年4月1日以降、最初に年次有給休暇を付与した日（基準日）から、使用者に年5日の時季指定付与義務が発生しますので、施行日前に年次有給休暇を付与している分は、時季指定付与義務はありません。

●**時間外労働の上限規制（実務対応編21頁参照）**
　時間外労働の上限規制は、2019年4月1日（中小企業は2020年4月1日）以後の期間のみを定めている36協定に対して適用されます。2019年3月31日（中小企業は2020年3月31日）を含む期間について定めた36協定は、その協定の初日から1年間は改正前の労働基準法第36条、労働基準法施行規則及び限度基準告示等が適用されます。

— 6 —

2　中小企業の範囲

　企業規模に関しては、①**資本金の額または出資の総額**と②**常時使用する労働者数**のいずれかが以下の基準を満たしていれば、中小企業に該当すると判断されます。

●中小企業の範囲（下表に該当しなければ大企業）

業種	資本金等・常時使用する労働者数の要件
小売業	5,000万円以下　または　50人以下
サービス業	5,000万円以下　または　100人以下
卸売業	1億円以下　または　100人以下
その他の産業	3億円以下　または　300人以下

●**実務のポイント**　業種の分類

　業種の分類は、日本標準産業分類によって判断されます。

業種	日本標準産業分類	
小売業	大分類 I　（卸売業、小売業）のうち	中分類56（各種商品小売業）、中分類57（織物・衣服・身の回り品小売業）、中分類58（飲食料品小売業）、中分類59（機械器具小売業）、中分類60（その他の小売業）、中分類61（無店舗小売業）
	大分類M　（宿泊業、飲食サービス業）のうち	中分類76（飲食店）、中分類77（持ち帰り・配達飲食サービス業）
サービス業	大分類G　（情報通信業）のうち	中分類38（放送業）、中分類39（情報サービス業）、中分類411（映像情報制作・配給業）、中分類412（音声情報制作業）、中分類415（広告制作業）、中分類416（映像・音声・文字情報制作に附帯するサービス業）
	大分類K　（不動産業、物品賃貸業）のうち	中分類693（駐車場業）、中分類70（物品賃貸業）
	大分類L　（学術研究、専門・技術サービス業）	
	大分類M　（宿泊業、飲食サービス業）のうち	中分類75（宿泊業）
	大分類N　（生活関連サービス業、娯楽業）	ただし、小分類791（旅行業）は除く
	大分類O　（教育、学習支援業）	
	大分類P　（医療、福祉）	
	大分類Q　（複合サービス業）	
	大分類R　（サービス業・他に分類されないもの）	
卸売業	大分類 I　（卸売業、小売業）のうち	中分類50（各種商品卸売業）、中分類51（繊維、衣服等卸売業）、中分類52（飲食料品卸売業）、中分類53（建築材料、鉱物・金属材料等卸売業）、中分類54（機械器具卸売業）、中分類55（その他の卸売業）
その他の産業	上記以外のすべて	

●**実務のポイント**　資本金や出資金の概念がない法人等（改正労基法Ｑ＆Ａ２-22関係）

　個人事業主や医療法人など、資本金や出資金の概念のない法人等の場合は、労働者の数で中小企業に該当するかを判断します。

●**実務のポイント**　常時使用する労働者の算入方法（改正労基法Ｑ＆Ａ２-22関係）

　臨時的に雇い入れた労働者を除いた労働者数で判断します。なお、受け入れている派遣労働者は、労働契約を締結する派遣元で算入されます。出向者に関しては、在籍出向の場合は出向元・出向先双方の労働者数で算入され、移籍出向の場合は出向先のみの労働者数に算入されます。

本書の見方

働き方改革関連の制度改正及び改正に伴う実務の内容について、テーマごとに見開き2頁で紹介しています。

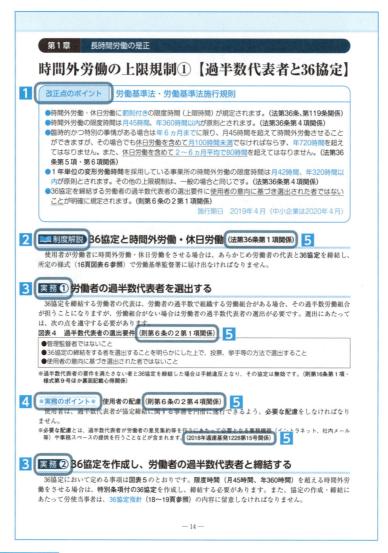

1 改正点のポイント

表題の項目に関して、改正された法令と主要な改正内容、施行時期等を整理しています。

2 制度解説

改正される制度の内容、または改正事項に関連する制度の内容を解説しています。

3 実務①　実務②

一般的な実務の手順にそって、制度改正に伴う実務の内容を解説しています。

4 ●実務のポイント●

実務を行う上で特に留意が必要な点、または本文に追加して特に説明が必要な点などを整理しています。

5 根拠条文

解説内容の根拠となる条文(法律、省令、通達等)を明記しています。

— 8 —

実務対応編

- 第1章　長時間労働の是正
- 第2章　多様で柔軟な働き方の実現
- 第3章　短時間労働者・有期雇用労働者の同一労働同一賃金
- 第4章　派遣労働者の同一労働同一賃金
- 第5章　産業医・産業保健機能の強化

第1章	長時間労働の是正

年次有給休暇の確実な取得①【時季指定付与義務】

改正点のポイント	労働基準法・労働基準法施行規則

- 年次有給休暇を確実に取得させるため、年次有給休暇を年10日以上付与している労働者に対して、年5日の時季を定めて取得させることが使用者の義務となります。(法第39条第7項関係)
- 労働者が自ら請求して取得した日数、または計画的付与制度により付与した場合は、その日数を使用者が時季指定する日数から控除します。(法第39条第8項関係)
- 時季指定にあたって使用者は、あらかじめ労働者に年次有給休暇の時季を指定して付与することを明らかにした上で、取得時季に関する意見を聴取しなければなりません。また、使用者はできる限り労働者の希望に沿った時季指定となるよう、聴取した意見を尊重するように努めなければなりません。(則第24条の6関係)
- 使用者は、労働者の年次有給休暇の取得状況を確実に把握するため、年次有給休暇管理簿を作成し、当該年次有給休暇を与えた期間中及び当該期間の満了後3年間保存しなければなりません。(則第24条の7関係)

施行期日　2019年4月

実務① 時季指定付与義務の対象者を把握する

使用者が年次有給休暇の時季を指定して付与しなければならない対象者は、年次有給休暇を年10日以上付与している**図表1**(ブルー部分)に該当する労働者です。ただし、**図表2**に該当する労働者は、年次有給休暇の時季を指定する必要はありません。

図表1　時季指定付与義務の対象者の範囲

	週所定労働日数	1年間の所定労働日数	勤続年数						
			6ヵ月	1年6ヵ月	2年6ヵ月	3年6ヵ月	4年6ヵ月	5年6ヵ月	6年6ヵ月
付与日数	5日または1週30時間以上		10日	11日	12日	14日	16日	18日	20日
	4日	169日～216日	7日	8日	9日	10日	12日	13日	15日
	3日	121日～168日	5日	6日	6日	8日	9日	10日	11日
	2日	73日～120日	3日	4日	4日	5日	6日	6日	7日
	1日	48日～72日	1日	2日	2日	2日	3日	3日	3日

図表2　時季指定の必要がない労働者　(法第39条第8項関係)

①年次有給休暇を自ら請求し、取得した日数が年5日以上の労働者
②計画的付与制度により付与した日数及び自ら請求し取得した日数の合計が年5日以上の労働者
③前年度繰越分の年次有給休暇と当年度付与分の年次有給休暇を合算して初めて年10日以上となる労働者　(2018年通達基発1228第15号関係)

※①②の取得日数が年5日に満たない場合は、5日から取得日数を控除した日数が時季指定の対象となります。
※派遣労働者に対する時季指定は派遣元が行います。

📖 制度解説／時季指定付与義務の履行期間　(法第39条第7項関係)

時季指定付与義務の履行期間は、労働者ごとに年次有給休暇を付与した日(基準日)から1年以内です。
※基準日を全社的に統一する場合などの取扱いについては、13頁参照。

●実務のポイント● 施行日前に付与している年次有給休暇の取扱い (働き方改革関連法附則第4条関係)

2019年4月の施行後、最初に年次有給休暇を付与した日(基準日)から、使用者に年5日の時季指定付与義務が発生します。したがって、施行日前に年次有給休暇を付与している分は、年5日の時季指定付与義務はありません。最初の基準日前に労働者が取得した日数を時季指定の日数から控除することもできません。

実務② 時季指定の方法を検討・決定する

時季指定の方法としては、参考として**図表3**の方法などが考えられます。年次有給休暇の取得を促すためにも、労使で話し合いを行い、決定することが望ましいと考えられます。

図表3 時季指定の方法

方法例	手続・留意点など
①基準日から一定期間（半年後など）経過した時期に、年次有給休暇の取得日数が5日未満となっている者に対して時季指定を行う	・基準日を全社的に統一しないと煩雑 ・取得状況が少ない者には、早めの時季指定も検討
②使用者が、期間当初（基準日）に労働者の意見を聴いた上で「年次有給休暇取得計画表」を作成し、これに基づき年次有給休暇を付与する（2018年通達基発0907第1号関係）	・基準日を全社的に統一しないと煩雑 ・計画表は労使間で年休取得日を共有するツールに過ぎず、計画の実行を強制することはできない ・一定期間ごとに取得状況の確認及び見直しが必要
③年次有給休暇の計画的付与制度を活用する（法第39条第6項関係）	・就業規則による規定と労使協定の締結が必要 ・指定した休暇日は別段の定めがない限り変更できない

📖 制度解説／半日単位・時間単位の年次有給休暇の取扱い（2018年通達基発1228第15号関係）

半日年休の取扱い	労働者が半日単位の年次有給休暇を取得した場合は、0.5日分を時季指定付与義務の日数から控除することができます。また、使用者は、労働者が希望する場合に半日単位（0.5日分）で時季指定を行うことも差し支えありません。
時間単位年休の取扱い	労働者が1時間単位の年次有給休暇（法第39条第4項）を取得した場合は、時季指定付与義務の日数から控除することはできません。また、使用者が1時間単位で時季指定を行うこともできません。

実務③「年次有給休暇管理簿」を作成する

　使用者は、年次有給休暇管理簿を作成し、労働者ごとに年次有給休暇を付与した基準日及び日数と、取得した時季及び取得した日数を管理する必要があります。

　年次有給休暇管理簿は、労働者名簿または賃金台帳とあわせて調製することができます。（則第55条の2関係）また、必要なときにいつでも出力できれば、システム上で管理することも差し支えありません。

実務④ 就業規則に規定する

　休暇に関する規定は就業規則の絶対的必要記載事項であるため、使用者による年次有給休暇の時季指定の対象者及び時季指定の方法等については、就業規則に記載しなければなりません。

（規定例）

第○条　第●項
　年次有給休暇が10日以上与えられた労働者に対しては、付与日から1年以内に、当該労働者の有する年次有給休暇日数のうち5日について、会社が労働者の意見を聴取し、その意見を尊重した上で、あらかじめ時季を指定して取得させる。ただし、労働者が第◎項の規定による年次有給休暇を取得した場合においては、当該取得した日数分を5日から控除するものとする。

実務⑤ 時季指定を行う

　使用者は、実務②で決定した方法に従い、時季指定を行います。使用者が時季指定した休暇日を労働者が変更することはできませんが、労働者に変更の希望があれば、使用者がその意見を尊重して変更することが望ましいと考えられます。（2018年通達基発1228第15号関係）
※時季指定にあたっての実務のポイントは13頁も参照してください。

📖 制度解説／罰則（法第120条関係）

　以下に該当する場合は、罰則（30万円以下の罰金）が適用されることがあります。労働基準監督署から違反を指摘された場合は、その指導に基づき速やかに改善を図ることが求められます。

・労働者に年5日の年次有給休暇を取得させなかった場合（対象者1人につき1罪）
・使用者による時季指定を行う方法等を就業規則で規定していない場合

第1章　長時間労働の是正

年次有給休暇の確実な取得② 【基準日の特例】

改正点のポイント	労働基準法・労働基準法施行規則

- 年次有給休暇を法定の基準日より前の日から与えることとした場合は、10労働日以上の年次有給休暇を付与した日（前倒しした基準日）から年5日の時季指定付与義務が発生します。（法第39条第7項ただし書、則第24条の5第1項関係）
- 全社的に基準日を統一する場合など、初年度の基準日から1年以内の特定の日（次年度の基準日）に新たに10労働日以上の年次有給休暇を付与することとした場合は、初年度の基準日からの履行期間（1年間）と、次年度の基準日からの履行期間（1年間）に重複が生じるため、期間に応じた比例按分が認められます。（則第24条の5第2項関係）

施行期日　2019年4月

📖 制度解説　10日以上の年次有給休暇を前倒しで付与する場合（則第24条の5第1項関係）

法定の基準日より前倒しで10日以上の年次有給休暇を付与した場合は、使用者の時季指定付与義務も前倒しで発生することになります。

（具体例）入社日（4月1日）に年次有給休暇を10日付与した場合

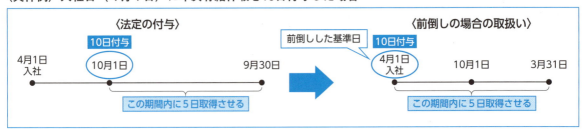

📖 制度解説　10日未満の年次有給休暇を前倒しで付与する場合（則第24条の5第4項関係）

10日のうち一部を法定の基準日より前倒しで付与した場合は、付与日数の合計が10日に達した日から年5日の時季指定付与義務が発生します。なお、付与日数の合計が10日に達した日以前に、一部を前倒しで付与した年次有給休暇を労働者が取得していた場合は、取得した日数を5日の時季指定付与義務から控除することができます。

（具体例）入社日（4月1日）に年次有給休暇を5日付与して、法定基準日に5日を付与した場合

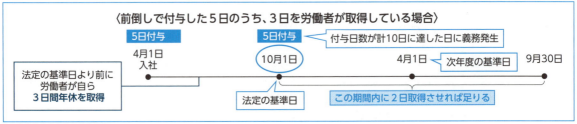

● 実務のポイント ●　次年度以降の取扱い

10日のうち一部を法定の基準日より前倒しで付与した場合は、次年度以降の年次有給休暇の付与日（基準日）についても、初年度と同じまたはそれ以上の期間、前倒ししなければなりません。このため、次年度については、時季指定付与義務の履行期間に重複が生じることになりますが、重複が生じる期間の長さに応じた日数を当該期間に取得させること（比例按分）も認められます。

📖 制度解説　付与期間に重複が生じる場合の特例　(則第24条の5第2項関係)

　全社的に基準日を合わせるため、入社した年と翌年で年次有給休暇の付与日が異なる場合は、5日の時季指定付与義務がかかる1年間の履行期間に重複が生じます。このような場合は、重複が生じるそれぞれの期間を通じた期間（前の期間の始期から後の期間の終期までの期間）の長さに応じた日数を当該期間に取得させることも認められます（**比例按分**）。

●**実務のポイント**●　重複期間の比例付与日数の計算式　(2018年通達基発0907第1号関係)

重複が生じるそれぞれの期間を通じた期間 ÷ 12月 × 5日

（具体例）入社日（4月1日）から半年後に年次有給休暇を付与し、次年度以降は4月1日を基準日とする場合

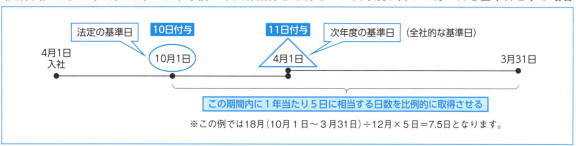

※重複期間の経過後は、当該期間の最終日の翌日からの1年間に5日の時季指定付与義務がかかります。

●**実務のポイント**●　重複が生じるそれぞれの期間を通じた期間等の端数処理　(2018年通達基発1228第15号関係)

①基準日から翌月の応答日の前日までを1ヵ月と考え、月数及び端数となる日数を算出します。ただし、基準日の翌月に応答日がない場合は、翌月の末日をもって1ヵ月とします。
②当該端数となる日数を、最終月の暦日数で除し、上記①で算出した月数を加えます。
③上記②で算出した月数を12で除し、その数に5を乗じた日数について時季指定します。なお、当該日数に1日未満の端数が生じた場合は、1日に切り上げます。

※上記①〜③の方法によらず、月数の1ヵ月未満の端数をすべて1ヵ月に切り上げ、かつ、使用者が時季指定すべき日数について、1日未満の端数をすべて1日に切り上げることでも差し支えありません。

年次有給休暇の時季指定等における実務のポイント　(2018年通達基発1228第15号等関係)

1/ 前年度からの繰越分の取扱い
　労働者が実際に取得した年次有給休暇が前年度繰越分であるか当年度の基準日に付与された分であるかは問わないため、基準日から1年以内に取得した日数は、5日の時季指定から控除することができます。

2/ 特別休暇等の取扱い
　法定の年次有給休暇とは別に設けられた特別休暇（夏季休暇、年末年始休暇など）を取得した日数は、使用者の時季指定付与義務の対象となる「日数」には該当しません。

3/ 特別休暇を廃止し年次有給休暇に振り替える
　今回の改正を契機に特別休暇を廃止し、年次有給休暇に振り替えることは、法改正の趣旨に沿わず、望ましくありません。また、労働者と合意することなく就業規則を変更することにより、特別休暇を年次有給休暇に振り替えることは、不利益変更に該当すると考えられますので、就業規則の不利益変更法理に照らして合理的なものであることが必要です。

4/ 労働者が年次有給休暇の取得を拒否した場合　(改正労基法Q&A 3-21関係)
　使用者が時季を指定して年次有給休暇を付与しようとしても労働者が拒否して取得せず、年5日の取得に至らなかった場合、使用者の義務違反は免れません。労働基準監督署の監督指導において、法違反が認められた場合は、原則としてその是正に向けて丁寧に指導し、改善を図っていただくこととしています。

5/ 休業から復帰した労働者に対する時季指定
　期間途中に育児休業等から復帰した労働者に対しても、年5日以上の年次有給休暇を取得させなければなりません。ただし、残りの期間における労働日が時季指定すべき年次有給休暇の残日数より少なく、義務履行が不可能な場合は除きます。

第1章	長時間労働の是正

時間外労働の上限規制① 【過半数代表者と36協定】

改正点のポイント	労働基準法・労働基準法施行規則

- 時間外労働・休日労働に罰則付きの限度時間（上限時間）が規定されます。（法第36条、第119条関係）
- 時間外労働の限度時間は月45時間、年360時間以内が原則とされます。（法第36条第4項関係）
- 臨時的かつ特別の事情がある場合は年6ヵ月までに限り、月45時間を超えて時間外労働させることができますが、その場合でも休日労働を含めて月100時間未満でなければならず、年720時間を超えてはなりません。また、休日労働を含めて2～6ヵ月平均で80時間を超えてはなりません。（法第36条第5項・第6項関係）
- 1年単位の変形労働時間を採用している事業所の時間外労働の限度時間は月42時間、年320時間以内が原則とされます。その他の上限規制は、一般の場合と同じです。（法第36条第4項関係）
- 36協定を締結する労働者の過半数代表者の選出要件に使用者の意向に基づき選出された者ではないことが明確に規定されます。（則第6条の2第1項関係）

施行期日　2019年4月（中小企業は2020年4月）

📖 制度解説 36協定と時間外労働・休日労働 （法第36条第1項関係）

　使用者が労働者に時間外労働・休日労働をさせる場合は、あらかじめ労働者の代表と36協定を締結し、所定の様式（16頁図表6参照）で労働基準監督署に届け出なければなりません。

実務① 労働者の過半数代表者を選出する

　36協定を締結する労働者の代表は、労働者の過半数で組織する労働組合がある場合、その過半数労働組合が担うことになりますが、労働組合がない場合は労働者の過半数代表者の選出が必要です。選出にあたっては、次の点を遵守する必要があります。

図表4　過半数代表者の選出要件（則第6条の2第1項関係）

- 管理監督者ではないこと
- 36協定の締結をする者を選出することを明らかにした上で、投票、挙手等の方法で選出すること
- 使用者の意向に基づき選出された者ではないこと

※過半数代表者の要件を満たさない者と36協定を締結した場合は手続違反となり、その協定は無効です。（則第16条第1項・様式第9号ほか裏面記載心得関係）

●実務のポイント●　使用者の配慮（則第6条の2第4項関係）

　使用者は、過半数代表者が協定締結に関する事務を円滑に遂行できるよう、**必要な配慮をしなければなりません。**

※**必要な配慮**とは、過半数代表者が労働者の意見集約等を行うにあたって必要となる事務機器（イントラネット、社内メール等）や事務スペースの提供を行うことなどが含まれます。（2018年通達基発1228第15号関係）

実務② 36協定を作成し、労働者の過半数代表者と締結する

　36協定において定める事項は**図表5**のとおりです。**限度時間（月45時間、年360時間）**を超える時間外労働をさせる場合は、**特別条項付の36協定を作成し、締結する必要があります。**また、協定の作成・締結にあたって労使当事者は、**36協定指針**（18～19頁参照）の内容に留意しなければなりません。

図表5　36協定における協定事項（法第36条第2項、則第17条関係）

①36協定により労働時間を延長し、または休日に労働させることができる労働者の範囲
②36協定により労働時間を延長し、または休日に労働させることができる対象期間
③労働時間を延長し、または休日に労働させる必要がある場合の具体的事由
④対象期間における1日、1ヵ月及び1年のそれぞれの期間について労働時間を延長して労働させることができる時間、または労働させることができる休日の日数
⑤36協定の有効期間の定め（労働協約による場合を除く）
⑥36協定の対象期間の起算日
⑦時間外労働及び休日労働を月100時間未満、2〜6ヵ月平均80時間以内とする要件を遵守すること
特別条項付の36協定を締結する場合は以下の協定事項が追加されます。
⑧限度時間を超えて労働させることができる場合の具体的事由
⑨限度時間を超えて労働する労働者に対する健康福祉確保措置
⑩限度時間を超えた労働にかかる割増賃金の率
⑪限度時間を超えて労働させる場合における手続

36協定の作成における実務のポイント

　ここでは36協定における協定事項（**図表5参照**）及び様式の記載事項について説明します。

1／ 36協定を作成する場合（一般条項）

●延長時間は、労働者の範囲（業務の種類及び労働者数）ごとに定めます。1ヵ月の限度時間は45時間以内、1年の限度時間は360時間以内で設定します。
●これまでの36協定は、「1日」及び「1日を超える一定の期間」の延長時間等を定めていましたが、「1日」「1ヵ月」及び「1年」に固定されます。なお、「1日」「1ヵ月」及び「1年」に加えて、これ以外の期間について延長時間を定めることも可能です。（2018年通達基発1228第15号関係）
●法定外休日に勤務が予想される場合は、法定外休日に勤務させる時間を念頭に「1日」の延長時間を定めます。
●休日労働（法第35条に定める週1日または4週4日）における「労働させることができる法定休日における始業及び終業の時刻」は、原則として始業及び終業時刻を記載しますが、困難な場合は労働時間数の限度でも構いません。（改正労基法Q＆A2-30関係）
●対象期間は、法第36条の規定により労働時間を延長し、または休日に労働させることができる期間をいい、1年間に限られます。協定届（届出様式）に記入する欄はありません。（2018年通達基発1228第15号関係）
●有効期間は、36協定が効力を有する期間をいいます。対象期間が1年間に限られることや、定期的な見直しを検討する必要があることから、1年間と規定することが適当です。（2018年通達基発1228第15号関係）

2／ 特別条項付の36協定を作成する場合

●限度時間（月45時間）を超えて時間外労働させることができるのは、年6ヵ月（6回）を上限に36協定で定めた月数（回数）までとなります。
●1ヵ月の延長時間は、時間外労働と休日労働の合計の時間数を100時間未満で定めます。また、2ヵ月〜6ヵ月平均で時間外労働と休日労働の合計の時間数が80時間以内になるようにします。
●限度時間を超えて時間外労働させる場合の具体的事由は、臨時的かつ特別の事情がある場合のみ認められるものであり、労使で協議し、事業または業務の態様に即して可能な限り具体的に記入します。「業務の都合上必要なとき」「業務上やむを得ないとき」などの理由は認められません。（2018年通達基発1228第15号関係）
　（例）予算・決算業務、機械トラブルへの対応、ボーナス商戦に伴う業務の繁忙、大規模なクレーム対応　など
※非常災害時等の時間外労働（法第33条）に該当する場合は、これに含まれません。
●手続は、限度時間を超えて労働させる具体的事由が生じた月ごとに必ず行わなければならず、所定の手続を経ることなく限度時間を超えて労働時間を延長した場合は、法違反になります。また、労使当事者間で所定の手続の時期、内容、相手方等を書面等で明らかにする必要があります。（2018年通達基発0907第1号関係）
●限度時間を超えて時間外労働させる労働者に対しては、健康福祉確保措置を実施しなければなりません。具体的な措置の内容は36協定指針（19頁図表9参照）等で例示されています。
●限度時間を超えた労働にかかる割増賃金率は、1ヵ月、1年ごとに定める必要があります。法定の割増賃金率（2割5分）を超える率となるよう努めるとともに、当該割増賃金率は就業規則で規定する必要があります。

36協定の記載例は資料編74〜75頁に掲載しています。

第1章	長時間労働の是正

時間外労働の上限規制② 【36協定の届出と遵守】

改正点のポイント	労働基準法・労働基準法施行規則

- ●36協定を締結した使用者は、当該協定を省令で規定される様式で所轄労働基準監督署に届け出なければなりません。（法第36条第1項、則第16条関係）
- ●36協定の届出・手続違反や36協定で定めた限度時間を超えて労働させた場合には、罰則が適用されることがあります。（法第119条関係）　施行期日　2019年4月（中小企業は2020年4月）

実務③ 36協定を労働基準監督署に届出する

　36協定の届出様式は省令（**図表6参照**）で規定されています。労働者の過半数代表者と締結した協定内容を様式に転記して所轄の労働基準監督署に届け出ますが、この様式自体を使って36協定を締結することも可能です。その場合は労働者代表の署名または記名・押印が必要です。

図表6　36協定の様式（則第16条関係）

限度時間以内で時間外・休日労働を行わせる場合（一般条項）記載例74頁参照	様式第9号
限度時間を超えて時間外・休日労働を行わせる場合（特別条項）記載例75頁参照	様式第9号の2
新技術・新商品の研究開発業務に従事する労働者（適用除外・20頁参照）に時間外・休日労働を行わせる場合	様式第9号の3
適用猶予事業・業務に従事する労働者（21頁参照）に時間外・休日労働を行わせる場合*	様式第9号の4

＊事業場外労働に関する協定の内容を付記して届け出る場合は**様式第9号の5**、労使委員会の決議届として届け出る場合は**様式第9号の6**、労働時間等設定改善委員会の決議届として届け出る場合は**様式第9号の7**を使用します。

実務④ 時間外労働の上限規制及び36協定の限度時間を遵守する

　使用者は36協定の締結・届出をした後、36協定の内容を遵守するよう、労働者の日々の労働時間を管理する必要があります。また、月の時間外労働に応じて**図表7**の措置を実施する必要があります。

●実務のポイント●　労働時間管理の留意点

　主に以下の2つの観点から労働時間を管理するようにします。

①36協定で定めた労働時間等に対する管理

- ●「1日」「1ヵ月」「1年」の時間外労働が36協定で定めた時間を超えないように管理します。*
- ●休日労働の回数・時間が36協定で定めた回数・時間を超えないように管理します。
- ●特別条項付の36協定を締結している場合、時間外労働が**月45時間**を超えた月数（回数）を把握し、36協定で定めた月数（**年6ヵ月が上限**）を超えないように管理します。

＊「1年」の時間外労働は、36協定の対象期間の起算日から計算します。「1ヵ月」の時間外労働は、対象期間の初日から1ヵ月ごとに区分した各期間の初日を起算日として計算します。（改正労基法Q＆A2－27関係）

②時間外労働と休日労働の合計時間の管理

- ●毎月の時間外労働と休日労働の合計が**100時間以上**にならないように管理します。
- ●月の時間外労働と休日労働の合計が、どの2ヵ月、3ヵ月、4ヵ月、5ヵ月、6ヵ月の平均をとっても**月80時間**を超えないように管理します。

📖 制度解説／罰則（法第119条関係）

　36協定を締結せずに時間外労働をさせた場合や、36協定で定めた時間を超えて時間外労働をさせた場合には、法第32条違反となり、使用者には法第119条第1号（**6ヵ月以下の懲役または30万円以下の罰金**）の罰則が適用されることがあります。また、36協定で定めた時間数にかかわらず、時間外労働と休日労働の合計が月100時間以上となった場合や、2～6ヵ月の平均のいずれかが80時間を超えた場合には、法第36条第6項違反となり、使用者には同様に法第119条第1号の罰則が適用されることがあります。

— 16 —

■📖 制度解説／転職等で事業場を変更した労働者に対する上限規制の適用（改正労基法Q＆A関係）

①法第36条第4項・第5項の規定（月45時間・年360時間以内、特別条項を設ける場合は年720時間以内）は、事業場における36協定を規制するものであり、特定の労働者が転職・転勤・出向等で事業場を変更した場合も、前の事業場の労働時間は通算されません。

②法第36条第6項第2号・第3号の規定（休日労働を含めて単月100時間未満、複数月平均80時間以内）は、労働者個人の実労働時間を規制するものであり、特定の労働者が転職・転勤・出向等で事業場を変更した場合は、法第38条第1項の規定（労働時間は、事業場を異にする場合においても、労働時間に関する規定の適用については通算する）により、前の事業場の労働時間を通算して適用されます。

●実務のポイント●　労働者を採用した場合の労働時間の実績の把握

　法第36条第6項第2号・第3号の上限規制を遵守するため、転職等により入職した労働者を採用した使用者は、当該労働者の前の職場等における労働時間の実績を把握する必要があります。

●実務のポイント●　自社以外の労働時間の実績の把握方法（改正労基法Q＆A2-32関係）

　労働者の自社以外の事業場における労働時間の実績については、労働者の自己申告により把握することが考えられます。

●実務のポイント●　副業・兼業をしている労働者に対する上限規制の適用（改正労基法Q＆A2-32関係）

　法第36条第6項第2号・第3号の上限規制は、雇用契約を結んで副業・兼業をしている労働者に対しても、各事業場における労働時間を通算して適用されます。

●複数の事業場を有する企業で対象期間を全社的に統一する場合（2018年通達基発1228第15号関係）

　対象期間の途中で36協定を破棄・再締結し、対象期間の起算日を当初の36協定から変更することは、時間外労働の上限規制の実効性を確保する観点から、原則として認められません。

　ただし、複数の事業場を有する企業において、対象期間を全社的に統一する場合など、やむを得ず対象期間の起算日を変更する場合は、再締結後の36協定を遵守するとともに、当初の36協定の対象期間における1年の延長時間及び限度時間を超えて労働させることができる月数を引き続き遵守しなければなりません。

図表7　労働者の時間外労働に応じた使用者の講ずべき措置

時間外労働	使用者が講ずべき措置または留意事項
月45時間*以上	●36協定で定めた「臨時的に限度時間を超えて労働させることができる場合」に該当するかを確認する（労基法第36条第5項関係） ●当該労働者に限度時間を超えて労働させた月数が、36協定で定めた月数（年6ヵ月が上限）を超えていないかを確認する（労基法第36条第5項関係） ●36協定で定めた「限度時間を超えて労働させる場合における手続」の実施及び手続の時期、内容、相手方等を書面で記録する（2018年通達基発0907第1号関係） ●健康福祉確保措置を実施し、実施状況は記録して3年間保存する（労基則第17条第2項関係） ●限度時間を超えた労働にかかる割増賃金率を別に定めている場合は、以後の時間外労働に適用する（労基則第17条第1項第6号関係）
月60時間以上	●月60時間を超える時間外労働は割増賃金率5割以上の対象とする（法第37条第1項ただし書・法第138条削除関係）⇒中小企業は2023年4月施行（24～25頁参照）
月80時間以上	●休日労働を含めて2～6ヵ月平均月80時間以内の上限を超えないことに留意する（法第36条第6項第3号関係） ●労働者に時間外労働が月80時間を超えたことを速やかに通知する（安衛則第52条の2第3項関係） ●産業医等に時間外労働が月80時間を超えた労働者の情報を速やかに提供する（安衛法第13条第4項・安衛則第14条の2第1項関係） ●労働者から申出があった場合は、医師の面接指導及びその結果に基づく就業上の措置を実施する（安衛法第66条の8、安衛則第52条の2第1項関係）
月100時間未満	●休日労働を含めて月100時間未満の上限を超えないように、時間外・休日労働をさせないようにする（労基法第36条第6項第2号関係）

＊1年単位の変形労働時間制を採用している事業場の場合は月42時間となります。

| 第1章 | 長時間労働の是正 |

時間外労働の上限規制③【36協定指針】

| 改正点のポイント | 労働基準法・労働基準法施行規則 |

- ●36協定で定める労働時間の延長及び休日労働を適正なものとするため、労働時間の延長及び休日の労働に関する留意すべき事項等について指針が定められています。(法第36条第7項関係)
- ●36協定を締結する使用者及び労働組合等は、36協定の内容が指針に適合したものとなるようにしなければなりません。(法第36条第8項関係)
- ●行政官庁は指針に基づき使用者及び労働組合等に必要な助言指導を行うことができます。助言指導を行うにあたっては、労働者の健康確保が特に配慮されます。(法第36条第9項・第10項関係)
- ●使用者は、限度時間(月45時間)を超えて時間外労働させた労働者に対し、36協定で定めた**健康福祉確保措置**を実施し、その実施状況を**3年間保存**しなければなりません。(則第17条第1項、第2項関係)

施行期日　2019年4月(中小企業は2020年4月)

📖 制度解説 36協定の締結にあたっての留意事項 (36協定指針関係)

指針では、36協定を締結する労使当事者に対し、次の留意事項を求めています。(**資料編76〜78頁参照**)

●労使当事者の責務 (指針第2条関係)

労使当事者は、労働時間の延長及び休日労働を必要最小限にとどめるとともに、労働時間の延長は原則として限度時間(月45時間、年360時間)を超えないものとされていることに留意した上で、36協定を締結するように努めなければなりません。

●使用者の責務 (指針第3条関係)

使用者は、36協定で締結した労働時間の延長及び休日労働ができる時間の範囲内で労働させた場合であっても、労働契約法第5条に基づく**安全配慮義務**を負います。また、労働時間が長くなるほど過労死との関連性が強まることに留意しなければなりません。

●業務区分の細分化 (指針第4条関係)

労使当事者は、時間外・休日労働を行う業務区分を細分化し、業務の範囲を明確にしなければなりません。

●限度時間を超えて延長時間を定める場合の留意事項 (指針第5条関係)

1　労使当事者は、限度時間(月45時間)を超えて労働させることができる場合(年6ヵ月まで)を定めるにあたっては、通常予見することのできない業務量の大幅な増加等に伴い臨時的に限度時間を超えて労働させる必要がある場合をできる限り具体的に定めなければなりません。

2　限度時間(月45時間、年360時間)を超えて労働させる時間を定める場合も、限度時間にできる限り近づけるよう努めなければなりません。

3　限度時間(月45時間、年360時間)を超える時間外労働については、25%を超える割増賃金率とするよう努めなければなりません。

●1ヵ月に満たない期間の延長時間の目安 (指針第6条関係)

1ヵ月未満の期間で労働させる労働者は、図表8の目安時間を超えないように努めなければなりません。

図表8　目安時間

期間	目安時間
1週間	15時間
2週間	27時間
4週間	43時間

- ・1日を超え1週間未満の日数を単位とする期間：15時間×当該日数÷7
- ・1週間を超え2週間未満の日数を単位とする期間：27時間×当該日数÷14
- ・2週間を超え4週間未満の日数を単位とする期間：43時間×当該日数÷28 (その時間が27時間を下回るときは27時間)

●実務のポイント● 指針に適合しない36協定 (2018年通達基発1228第15号関係)

指針は、時間外・休日労働を適正なものにするために留意すべき事項を定めたものであり、法定要件を満たしていれば、指針に適合しない36協定であっても直ちに無効とはなりません。ただし、法第36条第9項の規定に基づく助言・指導の対象になります。

— 18 —

参考 中小事業主に対する配慮（働き方改革関連法附則第3条第4項関係）

　行政官庁は当分の間、中小事業主に対し労働基準法第36条第9項の助言及び指導を行うにあたっては、中小企業における労働時間の動向、人材の確保の状況、取引の実態等を踏まえて行うよう配慮するものとされています。

制度解説 健康福祉確保措置（則第17条第1項・第2項・指針第8条関係）

　特別条項付きの36協定を締結する場合は、過重労働による労働者の健康障害を防止する観点から、限度時間（月45時間）を超えて労働させる労働者に対して実施する健康及び福祉を確保するための措置（健康福祉確保措置）を協定することが必要です。その健康福祉確保措置として講ずることが望ましい措置の内容は、指針で例示されています（**図表9参照**）。

　使用者は、健康福祉確保措置の実施状況を記録し、36協定の有効期間中及び有効期間の満了後3年間は、保存しなければなりません。

図表9　健康福祉確保措置として講ずることが望ましい措置

①労働時間が一定時間を超えた労働者に医師による面接指導を実施する
②法第37条第4項に規定する時刻（深夜）の間において労働させる回数を1ヵ月について一定回数以内とする
③終業から始業までに一定時間以上の継続した休息時間（勤務間インターバル）を確保する
④労働者の勤務状況及びその健康状態に応じて、代償休日または特別な休暇を付与する
⑤労働者の勤務状況及びその健康状態に応じて、健康診断を実施する
⑥年次有給休暇についてまとまった日数連続して取得することを含めてその取得を促進する
⑦心とからだの健康問題についての相談窓口を設置する
⑧労働者の勤務状況及びその健康状態に配慮し、必要な場合には適切な部署に配置転換する
⑨必要に応じて産業医等による助言・指導を受け、または労働者に産業医等による保健指導を受けさせる

●実務のポイント●　健康福祉確保措置の実施時期（改正労基法Q&A 2-36関係）

　健康福祉確保措置は、原則として月45時間の限度時間を超えるたびに実施する必要があります。実施時期については、措置の内容によって異なりますが、たとえば**図表9①**の医師による面接指導は、月の時間外労働の時間を算定した日からおおむね1ヵ月以内に実施することが望ましいとされています。

●実務のポイント●　図表9②「深夜業の回数制限」について（2018年通達基発1228第15号関係）

　深夜業の回数制限の対象には、所定労働時間内の深夜業の回数制限も含まれます。

　目安となる回数としては、労働安全衛生法第66条の2の規定に基づく自発的健康診断の要件として、月4回以上の深夜業に従事したことと規定されていることが参考になると考えられます。

●実務のポイント●　図表9③「休息時間の確保」について（2018年通達基発1228第15号関係）

　終業から始業までに一定時間以上の継続した休息時間とは、使用者の拘束を受けない時間を指すもので、労働者の健康及び福祉を確保するため、各事業場の業務の実態等を踏まえて適切な時間数を労使間で協定します。時間数に関しては、労働者の睡眠時間、通勤時間及び生活時間を考慮することが考えられます。

●実務のポイント●　図表9⑦「心とからだの健康問題の相談窓口」について（改正労基法Q&A 2-37関係）

　相談窓口を設置することで、法令上の義務を果たしたことになりますが、労働者に対しては相談窓口が設置されていることを十分周知し、効果的に機能するよう留意が必要です。

　実施状況の記録の保存に関しては、相談窓口を設置し、労働者に周知した旨の記録とともに、36協定の有効期間中に受け付けた相談件数に関する記録もあわせて保存します。

— 19 —

| 第1章 | 長時間労働の是正 |

時間外労働の上限規制④【適用除外・適用猶予等】

| 改正点のポイント | 労働基準法等 |

- ●新たな技術、商品または役務の研究開発に係る業務は、時間外労働の上限規制の**適用除外**とされます。（労働基準法第36条第11項関係）
- ●工作物の建設の事業、自動車の運転の業務、医業に従事する医師、鹿児島県及び沖縄県における砂糖を製造する事業については、施行日（2019年4月）から5年間、時間外労働の上限規制の**適用が猶予**されます。（労働基準法附則第139～142条関係）
- ●労働基準法第36条の規定は、2019年4月（中小企業は2020年4月）以後の期間のみを定めている36協定から適用します。施行日をまたぐ旧36協定は、経過措置としてその協定の定める期間の初日から1年間に限り有効です。（働き方改革関連法附則第2条関係）

施行期日　2019年4月（適用猶予の事業・業務は2024年4月）

実務① 適用除外の労働者に時間外労働・休日労働をさせる

　新たな技術、商品または役務の研究開発に係る業務（研究開発業務）に従事する労働者は、時間外労働の上限規制の適用除外とされますが、当該労働者に時間外労働・休日労働をさせる場合は、36協定の締結と労働基準監督署への届出が必要です。届出様式は省令で規定されており、**様式第9号の3**を使用します。

　なお、時間外労働の上限規制に対応できる場合には、一般の労働者と同じ**様式第9号**、**様式第9号の2**によって届出することも可能です。

📖 制度解説／適用除外とされる研究開発業務の範囲（2018年通達基発1228第15号関係）

専門的、科学的な知識、技術を有する者が従事する新技術、新商品等の研究開発の業務を指します。既存の商品やサービスにとどまる研究開発や、商品を専ら製造する業務などは含まれません。

📖 制度解説／36協定指針の適用除外（指針第9条関係）

　研究開発業務については、36協定指針第5条（限度時間を超えて延長時間を定める場合の留意事項）、第6条（1ヵ月に満たない期間の上限目安）、第8条（健康福祉確保措置）が適用されません。

　ただし、36協定を締結する労使当事者は、延長時間を定めるにあたって、限度時間を勘案することが望ましいことに留意しなければなりません。さらに、限度時間に相当する時間を超えて労働時間を延長して労働させる場合は、**健康福祉確保措置**（19頁図表9参照）を定めるように努めなければなりません。

📖 制度解説／研究開発業務の労働者に対する医師による面接指導（労働安全衛生法第66条の8の2関係）

　事業者は、研究開発業務に従事する労働者に対し、休憩時間を除き1週間あたり40時間（法定労働時間）を超えて労働させた時間が月100時間を超えた場合は、労働者の申出の有無にかかわらず、**医師による面接指導**を実施しなければなりません（60～61頁参照）。

　違反した場合は、罰則（**50万円以下の罰金**）が適用されることがあります。

●医師の意見を勘案した就業上の措置

　事業者は、面接指導を行った医師の意見を勘案し、必要に応じて労働者の就業場所の変更、職務内容の変更、有給休暇の付与（年次有給休暇を除く）などの措置を講じなければなりません。

●研究開発業務の労働者に対する医師の面接指導の経過措置（働き方改革関連法附則第5条関係）

　改正前の労働基準法第36条に基づく36協定が有効である期間は、研究開発業務の労働者に対する医師の面接指導の規定も適用が猶予されます。したがって、36協定の経過措置（**21頁 📖 制度解説** 参照）に該当する場合はその期間終了まで、建設業や砂糖製造業（**21頁図表11参照**）の研究開発業務については、2024年3月31日を含む期間について定めた36協定の初日から1年間まで適用が猶予されます。

— 20 —

実務② 適用猶予期間に時間外労働・休日労働をさせる

　工作物の建設の事業、自動車の運転の業務、医業に従事する医師、鹿児島県及び沖縄県における砂糖を製造する事業については、時間外労働の上限規制の適用が2024年3月末までの5年間猶予されます。

　適用が猶予される期間に時間外労働・休日労働をさせる場合は、36協定の締結及び届出が必要です。届出様式は省令で規定されており、**様式第9号の4**を使用します。事業場外労働のみなし労働時間に係る協定の内容を36協定に付記して届出する場合は**様式第9号の5**、労使委員会の決議を届出する場合は**様式第9号の6**、労働時間等設定改善委員会の決議を届出する場合は**様式第9号の7**を使用します。

　なお、上限規制に対応できる場合には、一般の労働者と同じ**様式第9号**、**様式第9号の2**によって届出することも可能です。

●36協定指針の適用（指針第9条関係）

　時間外労働の上限規制の適用が猶予されている事業・業務について36協定を締結する労使当事者は、延長時間を定めるにあたって、限度時間を勘案することが望ましいことに留意しなければなりません。

制度解説／時間外労働の上限規制の適用が猶予される事業・業務（労働基準法附則第139条〜142条関係）

　時間外労働の上限規制が猶予される事業・業務の範囲や猶予後に適用される上限規制については、**図表10、図表11**のとおりです。

図表10　事業・業務の範囲

工作物の建設の事業	●法別表第一第3号（土木、建築その他工作物の建設、改造、保存、修理、変更、破壊、解体またはその準備の事業）に該当する事業（建設業に属する事業の本店、支店等であって同号に該当しないものも含む） ●建設事業に関連する警備の事業（労働者に**交通誘導警備の業務**を行わせる場合に限る）
自動車の運転の業務	四輪以上の自動車（トラック、バス、タクシーなど）の運転を主として行う業務
医業に従事する医師	労働者として使用され、医行為を行う医師 ※医行為とは、当該行為を行うにあたり、医師の医学的判断及び技術をもってするのでなければ人体に危害を及ぼし、または危害を及ぼすおそれのある行為を指します。

図表11　適用猶予の事業・業務の2024年4月以降の取扱い

事業・業務	2024年3月31日まで	2024年4月以降の適用内容
工作物の建設の事業	上限規制の適用なし	●原則、すべての上限規制を適用 ●災害の復旧・復興の事業については、当分の間、時間外・休日労働が月100時間未満、2〜6ヵ月平均80時間以内とする規制は適用なし
自動車の運転の業務		●当分の間、特別条項で定める時間外労働は年960時間以内 ●当分の間、時間外・休日労働が月100時間未満、2〜6ヵ月平均80時間以内とする規制及び時間外労働が月45時間を超える月数の規制は適用なし
医業に従事する医師		●上限時間等は省令で規定される予定（26〜27頁参照）
鹿児島県及び沖縄県における砂糖を製造する事業	時間外・休日労働が単月100時間未満、2〜6ヵ月平均80時間以内の規制は適用なし	●すべての上限規制を適用

制度解説　36協定に関する経過措置（働き方改革関連法附則第2条関係）

　労働基準法第36条（時間外労働の上限規制等）の規定は、**2019年4月1日**（中小企業は**2020年4月1日**）以後の期間のみを定めている36協定に対して適用されます。2019年3月31日（中小企業は2020年3月31日）を含む期間について定めた36協定は、その協定の初日から1年間は改正前の労働基準法第36条、労働基準法施行規則及び限度基準告示等が適用され、改正後の上限規制は適用されません。

第1章　長時間労働の是正

勤務間インターバル制度の導入

| 改正点のポイント | 労働時間等設定改善法 |

- 労働者の十分な生活時間や睡眠時間を確保し、ワーク・ライフ・バランスを保ちながら働き続けることを可能にすることを目的として、前日の終業時刻と翌日の始業時刻の間に一定時間の休息を確保する「勤務間インターバル制度」の導入が、事業主の**努力義務**になります。（法第1条の2第2項、第2条第1項関係）

施行期日　2019年4月

制度解説　勤務間インターバル制度

（図解）11時間の休息時間を確保する勤務間インターバル制度の場合

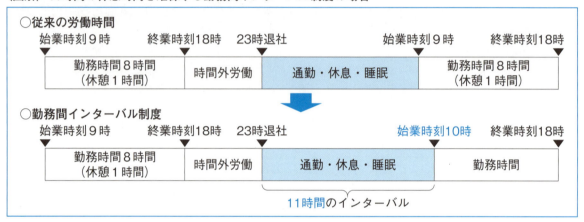

実務①　勤務間インターバル制度の導入を検討する

　勤務間インターバル制度を導入するにあたっては、導入の目的や期待される効果を明確にし、トップのコミットメントを明確にした上で、部長や課長などの管理職の理解はもとより、労働者や労働組合との共通理解をつくることが重要です。労使間で話し合いの機会を持ち、導入の検討を進めることが必要になります。

実務②　労働時間の状況の実態把握を行う

　制度導入の理解が得られたら、企業内の労働時間の状況を把握します。就業規則等で定められている労働時間のしくみや、労働者の実際の労働時間などの現状を踏まえ、課題を把握します。

● **実態把握が必要なこと**
（具体例）労働者の時間外労働等の状況、労働時間の通勤時間や休息時間、交替制勤務の場合はその勤務形態、労働者のニーズ、取引先等との制約　など

実務③　制度設計の検討を行う

　実態把握の結果を踏まえて、休息時間の確保（勤務間インターバル）のあり方を検討します。

図表12　勤務間インターバル制度設計の検討事項

| 対象者 | 全従業員とする場合、一部の従業員に限定する場合などが考えられます。
● 管理職を対象にしない
● 特定の部署の従業員を対象にしない　など
※対象者を限定する場合は、一部を対象から除外する合理的な理由を明らかにすることが望ましいと考えられます。 |

インターバル時間数	労働者の睡眠時間、通勤時間及び生活時間を考慮し、設定します。インターバル時間数は、一律に設定するほか、以下の設定も考えられます。 ●職種・部署によって時間数を変えて設定する ●義務とする時間数と努力義務とする時間数を分けて段階的な設定とする　など
休息時間が次の勤務時間に及ぶ場合の取扱い	①休息時間と次の所定労働時間が**重複する部分を働いたものとみなす方法**、②次の始業時刻を**繰り下げる方法**などがあります。 ①の場合、休息時間と重複する「働いたとみなす時間」の賃金の取扱いが検討事項となりますが、制度の趣旨を踏まえ賃金の控除を行わないほうが望ましいと考えられます。 ②の場合、当日の終業時刻もあわせて繰り下げる方法、終業時刻はそのままとし、勤務時間が短くなった場合でも賃金支払い対象とする方法などが考えられます。
適用除外	特定の事情が生じた場合などを適用除外として運用することも可能です。 ●年末年始など業務の繁忙期 ●納期の逼迫、取引先の事情による納期前倒しに対応する業務 ●労働基準法第33条の規定に基づき、災害その他避けることのできない事由によって臨時の必要がある場合　　など
労働時間管理の方法	制度運用にあたっては、始業時刻・終業時刻を含め、労働時間を適切に把握・管理する必要があります。
制度実施当日の企業内手続	制度が適用された日における社内の申請手続の方法を検討します。手続不要としている企業も多いようです。
制度の拘束力	休息時間を確保できなかった場合の取扱い、対策などを労使で協議します。一定の回数制限や適切な代替措置を取得する方法などがあります。
根拠規定の整備	就業規則や労働協約などの締結により根拠規定を整備します。（規定例は図表13参照）

出典　厚生労働省・勤務間インターバル制度普及促進のための有識者検討会報告書

実務④ 試行期間と検証及び見直しを行う

　本格導入（制度化）の前に試行期間を設けることも考えられます。試行期間を設けた場合は、制度の効果を判定するため、対象者やインターバル時間数などに関する実態調査を行うことや、試行期間が終了する時点で対象者などから意見を求めるなどにより、効果の検証を行い、必要に応じて制度の見直しを検討します。

実務⑤ 勤務間インターバル制度を導入する

　本格導入を図った後でも、一定期間ごとの実態調査などにより制度の検証を行い、必要に応じて見直しを行います。また、適切な運用を図るためには、就業規則等の整備が重要です。

図表13　就業規則の規定例

①休息時間と次の所定労働時間が重複する部分を働いたものとみなす場合

> （勤務間インターバル）
> 第○条　いかなる場合も、労働者ごとに1日の勤務終了後、次の勤務の開始までに少なくとも、○時間の継続した休息時間を与える。
> 　2　前項の休息時間の満了時刻が、次の勤務の所定始業時刻以降に及ぶ場合、当該始業時刻から満了時刻までの時間は労働したものとみなす。

②始業時刻を繰り下げる場合

> （勤務間インターバル）
> 第○条　いかなる場合も、労働者ごとに1日の勤務終了後、次の勤務の開始までに少なくとも、○時間の継続した休息時間を与える。
> 　2　前項の休息時間の満了時刻が、次の勤務の所定始業時刻以降に及ぶ場合、翌日の始業時間は、前項の休息時間の満了時刻まで繰り下げる。

③適用除外を設ける場合（下記を①または②の第1項に追加）

> ただし、<u>災害その他避けることができない場合</u>は、この限りではない。

※下線部分は適用除外の該当事由を入れます。

— 23 —

| 第1章 | 長時間労働の是正 |

月60時間超の時間外労働に対する割増賃金率

| 改正点のポイント | 労働基準法 |

- 使用者が法第33条または法第36条第1項の規定により、延長して労働させた時間が<u>1ヵ月60時間</u>を超えた場合は、その超えた時間の労働について、通常の労働時間の賃金の計算額の<u>5割以上</u>の率で計算した割増賃金を支払わなければなりません。（法第37条第1項ただし書き関係）
- 中小事業主の事業については「当分の間、法第37条第1項ただし書きの規定は適用しない」とする規定が削除され、法第37条第3項の<u>代替休暇</u>の規定とともに2023年4月から適用されます。（法附則第138条関係）

施行期日　2023年4月

📖制度解説 月60時間超の時間外労働に対する割増賃金率の引き上げ（法第37条第1項ただし書き関係）

　中小企業以外には、2010年（平成22年）4月から施行されていますが、法附則第138条の規定の削除により、2023年4月からすべての企業に対し適用されます。

●実務のポイント●　深夜帯の割増賃金率との関係

　時間外労働の累積が月60時間を超えている労働者に深夜帯（22時～5時）の時間外労働をさせたときは、深夜の割増賃金率（2割5分）が上乗せされ、7割5分以上の率で計算した割増賃金を支払わなければなりません。

●実務のポイント●　法定休日との関係

　法定休日に労働させた時間は休日労働にあたり、月60時間の時間外労働の算定には含まれません。

図表14　60時間を超える時間外労働のカウント対象

○法定休日と法定外休日の区分

法定休日労働 は、あくまで休日労働であるため時間外労働とはなりません。

法定休日以外の休日労働 は、時間外労働となり月60時間のカウントの対象となります。

○休日（法定）の特定

第35条は必ずしも休日を特定すべきことを要求していないが、特定することが法の趣旨に沿うものであるから就業規則の中で単に1週間につき1日といっただけでなく具体的に一定の日を休日と定める方法を規定することが望ましいと解されます。（昭和23年5月5日基発第682号、昭和63年3月14日基発第150号）

例：①法定休日を毎週日曜日とした場合　②1ヵ月の起算日を毎月1日とした場合

法定休日 ↓　　　　　　　　　　　　　　　　　　　法定休日以外の休日 ↓

日	月	火	水	木	金	土
	1 5時間	2 5時間	3	4 5時間	5 5時間	6
7 5時間	8	9 5時間	10 5時間	11	12 5時間	13 5時間
14 5時間	15	16	17 5時間	18 5時間	19	20 5時間
21	22 5時間	23	24	25	26 5時間	27
28	29	30 5時間	31 5時間			

□ の法定休日の労働時間数　10時間（60時間のカウント対象としません）

□ の時間外労働時間数　60時間／■ の60時間超え時間外労働時間数　15時間

実務① 割増賃金率を就業規則（または賃金規程）に規定する

　月60時間を超える時間外労働の割増賃金率及び1ヵ月の起算日については、就業規則の絶対的必要記載事項（賃金の決定、計算及び支払の方法）に該当しますので、就業規則または賃金規程に記載しなければなりません。

（規定例）

第○条　時間外労働に対する割増賃金は次の割増賃金率に基づき、次条の計算方法により支給する。
　(1)　1ヵ月の時間外労働時間数に応じた割増賃金率は、次のとおりとする。なお、この場合の1ヵ月は毎月1日を起算日とする。
　　一　時間外労働60時間以下　　　　　　　　　　25%
　　二　時間外労働60時間超　　　　　　　　　　　50%
　　三　二の時間外労働のうち代替休暇を取得した時間　25%（残り25%の割増賃金分は代替休暇に充当）

📖制度解説 代替休暇 （法第37条第３項関係）

　使用者は、労使協定を締結（**図表15参照**）することにより、月60時間を超えて時間外労働をさせた労働者に対し、法定割増賃金率の引き上げ分（２割５分を超える部分）の割増賃金の支払いに代えて、有給の休暇（**代替休暇**）を与えることができます。

図表15　労使協定で定める事項（則第19条の２関係）

①代替休暇の時間数の具体的な算定方法
代替休暇の時間数＝（１ヵ月の時間外労働時間数－60）×**換算率** ※換算率は、代替休暇を取得しなかった場合に支払う割増賃金率（50％以上）から、取得した場合に支払う割増賃金率（25％以上）を引いた率です。
②代替休暇の単位
「１日単位」「半日単位」のいずれかによって付与することを規定します。代替単位に達しない場合でも他の有給休暇等とあわせて取得できます。「半日単位」が２分の１でない場合及び他の有給休暇等とあわせる場合は、労使協定の定めが必要です。
③代替休暇を与えることができる期間
代替休暇は長時間労働をさせた労働者の休息の機会の確保が目的であるため、代替休暇を与えることができる期間は、時間外労働が１ヵ月60時間を超えた月の末日の翌日から２ヵ月間以内の期間で与えることを定めます。
④代替休暇の取得日の決定方法、割増賃金の支払日
代替休暇を取得する場合の意向確認の手続を定めます。また、代替休暇を取得した場合はその分の支払いが不要になることから、割増賃金の支払いに関して、いつどのように支払うかを定めます。

●実務のポイント●　代替休暇の取得

　代替休暇の取得は、個々の労働者の意思に基づき決定されるものであり、取得を義務づけるものではありません。また年次有給休暇と異なり、使用者に時季変更権はありませんが、業務の都合で出勤する必要が生じた場合の取扱いについては、労使協定で定めておくことが考えられます。

実務② 代替休暇を就業規則に規定し、労使協定を締結する

　月60時間を超える時間外労働について、割増賃金の支払いに代えて代替休暇を与える制度を設ける場合は、就業規則の絶対的必要記載事項（休暇）に該当しますので、就業規則に記載しなければなりません。また、労使協定の締結も必要です。

（就業規則　規定例）

第○条　１ヵ月60時間を超える時間外労働を行った従業員が代替休暇に関する労使協定に基づき休暇を希望する場合は、60時間を超える時間外労働に対する引き上げ分の割増賃金の支払いに代わる休暇を付与する。

（労使協定　協定例）

○○株式会社と○○株式会社労働者代表は、月60時間を超える時間外労働に対する引上げ分の割増賃金の支払に代える代替休暇の取得に関し、次のとおり協定する。 1.　代替休暇を取得できる期間は、直前の賃金支払日の翌日から起算して翌々月の賃金支払日まで２ヵ月とする。 2.　代替休暇は半日または１日で与える。この場合の半日とは午前（８時～12時）または午後（13時～17時）のことをいう。 　　なお、代替休暇の取得に当たっては、従業員が希望する場合には別途協定による時間単位年休と合わせて１日単位または半日単位の休暇として取得することができる。 3.　代替休暇として与える時間の時間数の算定は、次の計算式による。 　　代替休暇として与える時間の時間数＝（１ヵ月の時間外労働時間数－60）×0.25 4.　代替休暇を取得しようとする者は、１ヵ月に60時間を超える時間外労働を行った月の賃金締切日の翌日から１週間以内に、会社に申し出ることとする。代替休暇取得日は、従業員の意向を踏まえ決定することとする。ただし、その日に代替休暇、を取得することが正常な運営を妨げる場合には、会社は他の候補日を挙げて協議するものとする。 5.　会社は、前項の申出があった場合には、支払うべき割増賃金額のうち代替休暇に代替される賃金額を除いた部分を通常の賃金支払日に支払うこととする。ただし、当該月の末日から２ヵ月以内に取得がなされなかった場合には、その取得しないことが確定した賃金計算期間の賃金支払日に、引上げ分の割増賃金を支払う。

第1章	長時間労働の是正

時間外労働の上限規制（参考）【医師の働き方改革】

改正点のポイント	労働基準法等

●2024年4月から診療従事勤務医に適用される時間外労働の上限水準は、休日労働を含めて月100時間未満、年960時間以内が上限となります。

●地域医療提供体制の確保に必要な機能等を有する医療機関に適用する特例水準（地域医療確保暫定特例水準）として、休日労働を含めて月100時間未満、年1,860時間以内という上限が設けられます。

●研修医や高度特定技能を有する医師を育成する医療機関に適用する集中的技能向上水準として、休日労働を含めて月100時間未満、年1,860時間以内という上限が設けられます。

●勤務医に対する追加的な健康確保措置（医師による面接指導等）を実施することで、月の上限時間を超えて時間外・休日労働をさせる例外も認められます。　　　　施行期日　2024年4月

> （留意）本書の記述は、厚生労働省の「医師の働き方改革に関する検討会」の報告書に基づき作成しています。
> 今後、報告書に基づき省令等が規定される予定ですが、内容が変更になる可能性もあります。

📖制度解説 医師の時間外労働規制の枠組み

　勤務医に適用される時間外労働の上限規制は**図表16**のとおりです。

図表16　医師の時間外労働規制の全体像

		基本的な上限水準	地域医療確保暫定特例水準	集中的技能向上水準
36協定の上限	通常の時間外労働の上限（休日労働含まない）	月45時間以内・年360時間以内		
	臨時的な必要がある場合 月の上限（休日労働含む）	月100時間未満〔ただし、追加的健康確保措置②（図表18参照）を実施した場合に例外あり〕		
	臨時的な必要がある場合 年の上限（休日労働含む）	年960時間以内	年1,860時間以内	年1,860時間以内
36協定によっても超えられない上限（休日労働含む）		月100時間未満（例外あり）年960時間以内	月100時間未満（例外あり）年1,860時間以内	月100時間未満（例外あり）年1,860時間以内
追加的健康確保措置①（図表17参照）の実施		努力義務（例外あり）	義務	義務（初期研修医はさらに手厚い措置を求める）

●医師の診療業務は臨時的な必要性が生じる時季や頻度が予見不能であることから、45時間を超える月を年6ヵ月までに限る規制は適用されません。

●医師の診療業務は、ある月の時間外労働が長かったため翌月を短くして平均値を調節することが困難なため、休日労働含めて複数月平均80時間以内の規制は適用されず、単月の規制のみ適用されます。

📖制度解説／地域医療確保暫定特例水準が適用される医療機関

地域医療の提供体制の確保の観点から必須とされる機能を果たすため、やむなく長時間労働となることなどの要件を満たした医療機関を都道府県が特定し、適用します。都道府県単位で医師偏在を解消する目標年である2035年度末を経過措置の終了目標年限とします。

📖制度解説／集中的技能向上水準が適用される医療機関

①対象となる医師：初期研修医及び日本専門医機構の定める専門研修プログラムに参加する後期研修医
⇒医療機関で①を対象とする各研修プログラムにおける時間外労働の想定最大時間数（直近の実績）を明示し、それが基本的な上限水準を超える医療機関を都道府県が特定し、適用します。
②対象となる医師：医籍登録後の臨床経験6年目以降の医師
⇒高度な技能を有する医師育成が公益上必要な分野において、②の医師が主体的に申出を行い、医療機関・審査組織の承認を経て、当該医師の育成に必要な体制等を整備している医療機関を都道府県が特定し、適用します。

— 26 —

📖 制度解説 追加的健康確保措置

　勤務医に対しては、一般労働者に対する健康福祉確保措置（**19頁参照**）に加えて、**図表17**の**追加的健康確保措置①**の実施が使用者の努力義務または義務とされます。また、月の時間外労働及び休日労働が100時間の上限を超える場合は、**図表18**の**追加的健康確保措置②**の実施が義務づけられます。

図表17　追加的健康確保措置①

①連続勤務時間制限**28時間**以内
②**9時間**の勤務間インターバル（当直明けは**18時間**）
③上記①②がやむを得ず実施できなかった場合に、代わりに付与する休息（**代償休息**）

（初期研修医に対しては④⑤いずれかの措置が適用されます）
④連続勤務時間制限**15時間**以内・**9時間**の勤務間インターバル
⑤指導医の勤務にあわせて24時間の連続勤務が必要な場合は、その後の勤務間インターバルを**24時間**とする

図表18　追加的健康確保措置②

●**医師による面接指導**
月の時間外労働・休日労働が100時間を超える前に、睡眠及び疲労の状況を客観的に確認し、疲労の蓄積が確認された医師に対しては、医師（医療機関の管理者を除く）による面接指導を実施します。
●**医師の面接指導結果を踏まえた医師の健康確保のために必要な就業上の措置**
面接指導を受けた医師の健康状態に応じて、以下の内容が例示されています。
例）当直・連続勤務の禁止、当直・連続勤務の制限、就業内容・場所の変更、時間外労働の制限、就業日数の制限、就業時間の制限、○日間の休暇・休業　など

※労働安全衛生法上の医師による面接指導との関係、法的位置づけに関しては、今後検討される予定です。

📖 制度解説 医師の労働時間等の取扱い

●医師・看護師等の宿日直許可基準（予定）

　労働基準監督署長の許可を受けた場合に労働時間規制の適用除外とされる「宿直または日直の勤務で断続的な業務」については、所定労働時間外または休日における勤務であって、労働者の本来の業務は処理せず、構内巡視、文書・電話の収受または非常事態に備えて待機するもので、常態としてほとんど労働する必要のない勤務を許可対象としています。（**法第41条第3号、昭和22年9月13日通達 発基第17号関係**）

　ただし、医師、看護師等の宿日直に関しては、医療法で宿直が義務づけられていることから、医師・看護師の本来の業務であっても、「特殊の措置を必要としない軽度の、または短時間の業務」については、宿直勤務中に処理しても差し支えないとされています。（**昭和24年3月22日通達 基発第352号関係**）

　この許可対象となる業務が、現代の実態に即して明確に例示されます。

●労働時間に該当しない研鑽を明確化するための手続等（予定）

　医師の研鑽時間については、労働時間に該当する範囲を医師本人、上司、使用者が明確に認識できるよう、基本となる考え方を示すとともに、労働時間に該当する・しないの判断を明確化する手続等が示されます。

研鑽の類型	考え方	必要な手続等
診療ガイドラインや新しい治療法等の勉強	●一般的に診療の準備行為等として労働時間に該当 ●ただし、自由な意思に基づき、業務上必須ではない行為を所定労働時間外に自ら申し出て、上司の指示なく行っていることが確認されていれば、労働時間に該当しないものとして取り扱う。	●研鑽を行うことについて医師の申告と上司の確認（記録をする） ●通常勤務と明確に切り分ける（突発的な場合を除き診療等を指示しない、白衣を着用しない等）
学会・院内勉強会等への参加や準備、専門医の取得・更新等	●こうした研鑽が奨励されている等の事情があっても、自由な意思に基づき、業務上必須ではない行為を所定労働時間外に自ら申し出て、上司の指示なく行う時間については、一般的に労働時間に該当しない。	
当直シフト外での時間外に待機し、診療や見学を行うこと	●ただし、見学中に診療（手伝いを含む。以下同じ）を行った時間は労働時間として取り扱い、見学の時間中に診療を行うことが慣習化（常態化）している場合は、見学の時間すべてを労働時間として取り扱う。	

| 第2章 | 多様で柔軟な働き方の実現 |

フレックスタイム制の見直し

| 改正点のポイント | 労働基準法・労働基準法施行規則 |

- ●ワーク・ライフ・バランスを一層確保しやすくするため、清算期間の上限が1ヵ月以内から3ヵ月以内に延長され、より柔軟な働き方が可能になります。（法第32条の3第1項関係）
- ●1ヵ月を超える清算期間を定めるフレックスタイム制の労使協定は、行政官庁への届出が必要となります。（法第32条の2第2項、第32条の3第4項関係、則第12条の3第2項）
- ●1ヵ月を超える清算期間を定める場合、1ヵ月の労働時間が週平均50時間を超えたときは、その月において割増賃金を支払わなければなりません。（法第32条の3第2項関係）
- ●完全週休2日制の特例が設けられます。（法第32条の3第3項関係）　　　　施行期日　2019年4月

実務① フレックスタイム制を導入するための社内手続を行う

　フレックスタイム制を導入するには、就業規則等で始業及び終業の時刻を労働者の決定に委ねる旨を定め、図表19の事項を労使協定で定めることが必要です。

図表19　フレックスタイム制導入時に労使協定で締結する事項（法第32条の3、則第12条の3関係）

対象となる労働者の範囲	全従業員または部署、職種、各人ごとに限定してもかまいません。
清算期間	フレックスタイムで労働すべき時間を定める期間で3ヵ月以内に限ります。
清算期間における起算日	毎月●日というように明確に定めます。
清算期間における総労働時間（所定労働時間）	清算期間における所定労働時間で、1週間の労働時間が40時間以内になるよう定めます。完全週休2日制の事業場は特例があります。（下記📖制度解説 参照）
標準となる1日の労働時間	年次有給休暇等を取得した際に賃金を計算する基礎となる時間です。1日●時間と定めます。
コアタイム（任意）	1日で必ず働かなければならない時間帯を設ける場合は、開始及び終了の時刻を明記します。
フレキシブルタイム（任意）	労働者の選択によって労働することができる時間帯を設ける場合は、その時間帯の開始及び終了の時刻を明記します。極端に短い時間帯を設定することは制度の趣旨に反します。
超過時間の取扱い	時間外労働をさせる場合は別途労使協定（36協定）の締結が必要です。また、1ヵ月を超える清算期間を設ける場合、清算期間を1ヵ月ごとに区分した各期間を平均して1週間あたり50時間を超えて労働させたときは、当期間の賃金支払日に割増賃金を支払います。
不足時間の取扱い	清算時に不足時間分の賃金を控除する方法と、所定の賃金は当月に支払い、不足の時間数を翌期間の総労働時間に繰り越す方法があります。
有効期間	1年間とします。

📖 制度解説／完全週休2日制の特例（法第32条の3第3項、2018年通達基発0907第1号関係）

　完全週休2日制（1週間の所定労働日数が5日）の事業場では、曜日のめぐり次第で、1日8時間相当の労働でも清算期間における法定労働時間の総枠を超え得ることがあります。そのため、労使協定により、所定労働日数に8時間を乗じた時間数を清算期間における法定労働時間の総枠とする特例が認められます。

　具体的には、次の計算式で算定した時間数を1週間あたりの労働時間の限度とします。

（計算式） | 8×清算期間における所定労働日数 | （法定労働時間の総枠）÷ | 清算期間における暦日数÷7 |

実務② 労使協定を労働基準監督署に届け出る

　1ヵ月を超える清算期間を定めるフレックスタイム制を導入する場合は、実務①の就業規則等の定め及び労使協定の締結のほか、省令で規定される様式（第3号の3・79頁参照）に当該労使協定の写しを添付して、労働基準監督署に届け出なければなりません。（清算期間が1ヵ月以下の場合は届出不要です）

📖 制度解説／罰則（法第120条関係）

　労使協定の届出義務違反には、罰則（30万円以下の罰金）が適用されることがあります。

— 28 —

実務③ フレックスタイム制の対象労働者に時間外労働をさせる

　フレックスタイム制の対象労働者に時間外・休日労働をさせる場合は、あらかじめ労働者の代表と36協定を締結し、所定の様式で労働基準監督署に届け出なければなりません。（14～17頁参照）

※36協定は１ヵ月及び１年について延長時間を協定すればよく、１日について延長時間を定める必要はありません。

●実務のポイント●　過重労働の防止と労働者への労働時間数の通知（2018年通達基発0907第１号関係）

> ●対象労働者の過重労働を防止する観点から、清算期間が１ヵ月を超える場合には、清算期間を１ヵ月ごとに区分した期間ごとに、１週間あたりの労働時間が**50時間**を超えないようにします。
> ⇒**50時間**を超えた場合は36協定の締結と当期間の賃金支払日における割増賃金の支払いが必要です。
> ●清算期間が１ヵ月を超える場合には、対象労働者が各月の時間外労働時間数を把握しにくくなることが懸念されるため、使用者は対象労働者の各月の労働時間数の実績を対象労働者に通知するようにします。

実務④ 割増賃金の支払いと時間外労働の上限規制の適用

　フレックスタイム制の対象労働者の時間外労働は、次の計算式で算定し、割増賃金を支払います。また、算定された時間外労働に応じて時間外労働の上限規制（14頁参照）が適用されるので留意します。

═══ 時間外労働の算定 ═══

●清算期間が１ヵ月以内の場合（従前どおり）

　法定労働時間の総枠を超えた時間が時間外労働に該当します。

●清算期間が１ヵ月を超えて３ヵ月以内の場合（2018年通達基発1228第15号関係）

　次の①②を合計した時間が時間外労働に該当します。

①清算期間を１ヵ月ごとに区分した各期間（最後に１ヵ月未満の期間が生じたときは、その期）における実労働時間のうち、各期間を平均し１週間あたり**50時間**を超えて労働させた時間

（計算式）　| 清算期間を１ヵ月ごとに区分した期間の実労働時間数 | － | 50×清算期間を１ヵ月ごとに区分した期間の暦日数÷７ |

②清算期間における総実労働時間のうち、清算期間の法定労働時間の総枠を超えて労働させた時間（①で算定された時間外労働時間を控除する）

（計算式）　| 清算期間の実労働時間数 | － | 週の法定労働時間×清算期間の暦日数÷７ | － | ①の時間 |

═══ 割増賃金の支払い ═══

①の割増賃金の支払いに関する留意点

> ●清算期間の途中であっても、該当した期間の賃金支払日に割増賃金を支払わなければなりません。
> ●該当期間の時間外労働が月60時間を超えた場合、超えた分は**５割以上**の率で計算した割増賃金を支払わなくてはなりません。⇒中小企業は2023年４月施行（法第37条第１項ただし書関係、24～25頁参照）

②の割増賃金の支払いに関する留意点

> ●清算期間終了後の賃金支払日に割増賃金を支払います。
> ●法定労働時間の総枠を超えて労働させた時間が月平均60時間を超えた場合、超えた分は**５割以上**の率で計算します。⇒中小企業は2023年４月施行（法第37条第１項ただし書関係、24～25頁参照）
> ●労働させた期間が清算期間よりも短い労働者は、労働させた期間を平均して１週間あたり40時間を超えて労働させた時間について、割増賃金を支払わなければなりません。（法第32条の３の２関係）

═══ 時間外労働の上限規制の適用 ═══　（2018年通達基発1228第15号関係）

　清算期間が１ヵ月を超えるフレックスタイム制の対象労働者に対する時間外労働の上限規制は、次の①②の時間に対して適用されます。清算期間の最終月は②の時間が適用対象となるので、特に留意が必要です。

> ①清算期間を１ヵ月ごとに区分した各期間（最後に１ヵ月未満の期間が生じたときは、その期間）について、１週間あたり**50時間**を超えて労働させた時間
> ②清算期間を１ヵ月ごとに区分した最終月では、①の時間に加えて、清算期間における総労働時間のうち、清算期間の法定労働時間の総枠を超えて労働させた時間から①で算定された時間外労働を控除した時間

※休日労働に対する上限規制は、一般と同様に１ヵ月ごとの休日労働に対して適用されます。

| 第2章 | 多様で柔軟な働き方の実現 |

高度プロフェッショナル制度① 【制度導入手続】

| 改正点のポイント | 労働基準法 |

- ●業務の性質上、従事した時間と従事して得た成果との関連性が通常高くないと認められる高度専門職に就き、かつ高収入の労働者を対象に、36協定の締結や時間外・休日及び深夜の割増賃金等の規定が適用除外とされる高度プロフェッショナル制度が創設されます。（法第41条の2関係）
- ●制度を導入するには、①労使委員会を設置して、②委員の5分の4以上の多数で対象業務、対象労働者、健康確保措置などの事項を決議し、③使用者が決議を行政官庁に届出し、④対象労働者に同意を得ることが必要です。（法第41条の2第1項関係）
- ●使用者は、健康確保措置の実施状況を行政官庁に報告しなければなりません。（法第41条の2第2項関係）
- ●労使の留意事項や決議事項の具体的な内容等を定めた「労働基準法第41条の2第1項の規定により同項第1号の業務に従事する労働者の適正な労働条件の確保を図るための指針」が定められています。（法第41条の2第3項関係）

施行期日　2019年4月

📖制度解説 高度プロフェッショナル制度を導入することができる事業場

　制度を導入できる可能性があるのは、高度の専門的知識等を必要とし、その性質上従事した時間と従事して得た成果との関連性が通常高くないと認められる業務（**32頁図表24参照**）があり、かつその業務に従事し、使用者から支払われると見込まれる賃金額が基準年間平均給与額の3倍の額を相当程度上回る水準（**1,075万円以上**）の労働者がいる事業場です。

実務① 労使委員会を設置する

　高度プロフェッショナル制度を導入しようとする使用者は、**図表20**の要件に適合する労使委員会を設置し、**図表21**の措置を講じる必要があります。労使委員会の設置に先立ち、設置にかかる日程や手順などについてあらかじめ労使間で十分に話し合い、定めておくことが望ましいと考えられます。

図表20　労使委員会を設置する要件（法第41条の2第3項、指針関係）

| ①委員の半数は、過半数労働組合（過半数労働組合がない場合は過半数代表者）＊が任期を定めて管理監督者以外の者から指名しなければなりません。
②労使を代表する委員それぞれ1名計2名で構成される委員会は労使委員会として認められません。 |

＊過半数労働組合や過半数代表者については14頁 実務① 参照。

●実務のポイント●　労使委員会の要件を満たしていない場合（指針関係）

　過半数代表者が適正に選出されていない場合や労側委員に管理監督者が指名されている場合、当該労使委員会の決議は無効になります。

図表21　労使委員会の運営上の要件（法第41条の2第3項、則第34条の2の3関係）

| ①使用者は、労使委員会の招集、定足数、議事その他労使委員会の運営について必要な事項に関する規程（運営規程）を作成し、労使委員会の同意を得て定めなければなりません。
②使用者は労使委員会の開催の都度、議事録を作成して労働者に周知し、3年間保存しなければなりません。
③使用者は、労働者が委員であること等を理由として不利益な取扱いをしてはなりません。 |

●実務のポイント●　労使委員会に対する使用者の情報開示（指針関係）

　使用者は、労使委員会が適切な決議を行えるようにするため、対象労働者に適用される予定の評価制度及び賃金制度、対象業務の具体的内容を開示し、十分に説明することが求められます。

実務② 労使委員会で決議する

　労使委員会が委員の5分の4以上の多数で決議する法定事項は、**図表22**の10事項です。このほか制度の運用にあたって必要な事項を決議します。

— 30 —

図表22　決議事項（法第41条の２第１項、則第34条の２第15項関係）

決議事項① 対象業務（32頁参照）	決議事項⑥ 健康管理時間の状況に応じた健康確保措置（35頁参照）
決議事項② 対象労働者の範囲（33頁参照）	決議事項⑦ 同意の撤回（36頁参照）
決議事項③ 健康管理時間の把握（34頁参照）	決議事項⑧ 苦情処理措置（36頁参照）
決議事項④ 休日の確保（34頁参照）	決議事項⑨ 不利益取扱いの禁止（36頁参照）
決議事項⑤ 選択的健康確保措置（35頁参照）	決議事項⑩ その他省令で定める事項（37頁参照）

実務③ 労使委員会の決議を労働基準監督署に届け出る

　使用者は、労使委員会の決議を**様式第14号の２**により、所轄労働基準監督署に届出します。様式には、法定の決議事項の記入欄のほか、本人の同意を得る方法、対象業務ごとに支払われると見込まれる賃金の最低額などを記入する欄が設けられています。（**則第34条の２第１項関係**）

※労働基準監督署は、高度プロフェッショナル制度を導入するすべての事業場に対して立入調査を行い、法の趣旨に基づき適用の可否をきめ細かく確認して必要な監督指導を行うとされています。（参議院厚生労働委員会附帯決議）

実務④ 対象労働者の同意を得る

　使用者は、書面等により図表23（左）の内容について対象労働者本人の同意を得ます。また、本人同意を得るにあたっては、図表23（右）の内容を書面で明示します。なお、本人同意を得る時期や方法等の手続についても労使委員会の決議で明らかにしておくことが望まれます。

図表23　対象労働者に同意を得る内容と明示事項（則第34条の２第２項、指針関係）

対象労働者に同意を得る内容	同意を得るにあたって本人に明示する内容
①制度が適用される旨 ②少なくとも支払われる賃金額 ③同意の対象となる期間	①制度の概要 ②事業場における決議の内容 ③同意をした場合に適用される評価制度及びこれに対応する賃金制度 ④同意をしなかった場合の配置及び処遇 ⑤同意は撤回できること ⑥同意をしなかったこと、または同意の撤回に対する不利益取扱いは行ってはならないこと

●**実務のポイント**●　制度適用後の賃金額（指針関係）
　使用者は、高度プロフェッショナル制度の対象とすることで、当該労働者の賃金額が制度の対象前よりも減ることがないようにする必要があります。

●**実務のポイント**●　同意の対象となる期間（指針関係）
　本人同意の対象となる期間は、無期または１年以上の期間の定めのある有期雇用労働者については**長くとも１年**、１年未満の有期雇用労働者はその**契約の期間**とし、当該期間が終了するごとに、必要に応じて処遇等を見直した上で、改めて同意を取得しなおすことが必要です。なお、対象期間を１ヵ月未満とすることは認められません。

●**実務のポイント**●　使用者による制度適用の解除（指針関係）
　使用者が一方的に制度の適用を解除することはできません。

実務⑤ 対象労働者を対象業務に就かせる

　対象労働者に対する労働時間等の規定は適用除外とされますが、使用者の安全配慮義務が免れるものではありませんので、健康管理時間の把握など、労働者の健康確保には特に留意が必要です。

実務⑥ 実施状況を労働基準監督署に定期報告する

　使用者は、労使委員会による決議が行われた日から起算して**６ヵ月以内**ごとに、対象労働者の健康管理時間の状況（図表22 決議事項③）及び健康確保措置（図表22 決議事項④ ～ 決議事項⑥）の実施状況を**様式第14号の３**で所轄労働基準監督署長に報告します。

　様式には、報告の対象期間（６ヵ月以内）における同意をした者の数、同意を撤回した者の数などを記入する欄が設けられています。（**則第34条の２の２関係**）

| 第2章 | 多様で柔軟な働き方の実現 |

高度プロフェッショナル制度②【対象業務と対象労働者】

| 改正点のポイント | 労働基準法・労働基準法施行規則 |

●制度を導入するには、省令で**限定列挙**された業務の中から、対象労働者に就かせる対象業務を労使委員会で決議しなければなりません。（法第41条の２第１項第１号、則第34条の２第３項関係）

●制度を導入するために労使委員会の決議が必要な対象労働者の範囲は、使用者と労働者との間の合意に基づき職務が明確に定められており、使用者から支払われると見込まれる賃金額が基準年間平均給与額の３倍の額を相当程度上回る水準（**1,075万円以上**）であることが要件とされます。（法第41条の２第１項第２号、則第34条の２第４項〜第６項関係）　　　　　　　　施行期日　2019年４月

決議事項① 対象業務 （法第41条の２第１項第１号関係）

　対象業務は、高度の専門的知識等を必要とし、その性質上従事した時間と従事して得た成果との関連性が通常高くないと認められるものとして、省令で**限定列挙**された業務（**図表24参照**）のうち、労働者に就かせることとする業務の具体的範囲を決議します。

　対象業務に該当する業務であっても、業務に従事する時間に関し、使用者から**具体的な指示**を受けている場合（**図表25参照**）は除外され、高度プロフェッショナル制度は適用されません。

図表24　対象業務 （則第34条の２第３項第１号〜第５号、指針関係）

限定列挙業務	対象になり得ると考えられる業務例	対象になり得ないと考えられる業務例
金融商品の開発業務	●資産運用会社における新興国企業の株式を中心とする富裕層向け商品（ファンド）の開発の業務　　　　　　　　　　　　　　など	●金融商品の販売、提供、運用に関する企画立案または構築の業務 ●保険商品または共済の開発に際してアクチュアリーが通常行う業務　　　　　　　　など
金融商品のディーリング業務	●資産運用会社等における投資判断に基づく資産運用の業務（いわゆるファンドマネジャーの業務） ●資産運用会社等における投資判断に基づく資産運用として行う有価証券の売買その他の取引の業務（いわゆるトレーダーの業務） ●証券会社等における投資判断に基づき自己の計算において行う有価証券の売買その他の取引の業務（いわゆるディーラーの業務）など	●有価証券の売買その他の取引業務のうち、投資判断を伴わない顧客からの注文の取次の業務 ●ファンドマネジャー、トレーダー、ディーラーの指示を受けて行う業務 ●金融機関における窓口業務 ●個人顧客に対する預金、保険、投資信託等の販売・勧誘の業務　　　　　　　　　など
アナリストの業務（企業・市場等の高度な分析業務）	●特定の業界の中長期的な企業価値予測について調査分析を行い、その結果に基づき、推奨銘柄の投資判断に資するレポートを作成する業務　　　　　　　　　　　　　　など	●一定の時間を設定して行う相談業務 ●専ら分析のためのデータ入力・整理を行う業務　　　　　　　　　　　　　　など
コンサルタントの業務（事業・業務の企画運営に関する高度な考案または助言の業務）	●コンサルティング会社において行う顧客の海外事業展開に関する戦略企画の考案の業務　　　　　　　　　　　　　　　　など	●調査または分析のみを行う業務 ●調査または分析を行わず、助言のみを行う業務 ●専ら時間配分を顧客の都合に合わせざるを得ない相談業務 ●サプライヤーが代理店に対して行う助言または指導の業務　　　　　　　　　など
研究開発業務	●メーカーにおいて行う要素技術の研究の業務 ●特許等の取得につながり得る研究開発の業務 ●製薬企業において行う新薬の上市に向けた承認申請のための候補物質の探索や合成、絞り込みの業務　　　　　　　　　　など	●作業工程、作業手順等の日々のスケジュールが使用者からの指示により定められ、そのスケジュールに従わなければならない業務 ●既存の技術等の単なる組み合わせにとどまり、新たな価値を生み出すものではない業務　　　　　　　　　　　　　　　　　　など

— 32 —

図表25　使用者の「具体的な指示」にあたるもの（則第34条の２第３項、指針関係）

①出勤時間の指定など、始業・終業時間や深夜・休日労働など労働時間に関する業務命令や指示
②労働者の働く時間帯の選択や時間配分に関する裁量を失わせるような成果・業務量の要求や納期・期限の設定
③特定の日時を指定して会議に出席することを一方的に義務づけること
④作業工程、作業手順等の日々のスケジュールに関する指示　　　　　　　　　　　　　　　　　など

●実務のポイント●　管理者教育の実施（指針関係）

　使用者には、高度プロフェッショナル制度の内容に関し、業務に従事する時間に関して具体的な指示をすることができないなど、必要な管理者教育を行うことが求められます。

決議事項② 対象労働者の範囲（法第41条の２第１項第２号関係）

　下記①～③の要件を満たした対象労働者の範囲を決議します。

①職務の内容が明確に定められていること（則第34条の２第４項、指針関係）

職務の内容が明確とは、対象労働者の業務の内容、責任の程度、職務において求められる成果等の水準が具体的に定められており、対象労働者の職務の内容とそれ以外の職務の内容とが客観的に区別されていることが要件となります。

●実務のポイント●　職務の内容の変更（指針関係）

　使用者の一方的な指示により業務を追加することはできません。対象業務の範囲内で職務の内容を変更する場合は、対象労働者に再度合意を得る必要があります。

●実務のポイント●　対象業務以外の業務にも従事している労働者（指針関係）

　対象労働者になり得るのは、対象業務に常態として従事していることが原則であり、対象業務以外の業務にも常態として従事している者は、対象労働者にはなれません。

●実務のポイント●　対象業務の要件（指針関係）

　対象業務ごとに必要となる職務経験年数や資格等の要件を決議で定めることも可能です。

②対象労働者と職務にかかる合意を得る方法（則第34条の２第４項関係）

合意の方法は、上記①の職務の内容を記載した書面に労働者が署名することで行います。労働者が希望した場合は、署名した書面をＰＤＦで読み込み、電子メールで送付することも可能です。

③対象労働者の年収要件（則第34条の２第５項・第６項関係）

基準年間平均給与額（毎月勤労統計における毎月きまって支給する給与の額の１月分から12月分までの各月分の合計額）の３倍を相当程度上回る水準として、<u>1,075万円以上</u>が規定されます。

●実務のポイント●　年収要件に算定される賃金（指針関係）

　名称にかかわらず、あらかじめ具体的な額をもって支払われることが確実に見込まれる賃金が該当します。成果に応じて支払われる賞与等は支給額があらかじめ確定されていないので、算定する賃金には含まれません。ただし、賞与や業績給において最低保障額が定められている場合は、その最低保障額は含まれます。

●実務のポイント●　年収要件よりも高い決議（指針関係）

　年収要件（1,075万円以上）よりも高い額を決議で定めることも可能です。

第2章	多様で柔軟な働き方の実現

高度プロフェッショナル制度③【健康確保措置】

改正点のポイント	労働基準法

●制度を導入するには、①対象労働者の健康管理時間を使用者が把握すること及び②健康管理時間の把握方法を労使委員会で決議し、適正に実施しなければなりません。**(法第41条の2第1項第3号関係)**
●制度を導入するには、対象労働者に年間104日以上、かつ4週間を通じ4日以上の休日を与えることを労使委員会で決議し、適正に実施しなければなりません。**(法第41条の2第1項第4号関係)**
●制度を導入するには、①勤務間インターバルの確保及び深夜業の制限、②健康管理時間の上限措置、③1年に1回以上2週間連続の休日を付与、④臨時の健康診断、いずれかの措置を選択して実施することを労使委員会で決議し、適正に実施しなければなりません。**(法第41条の2第1項第5号関係)**
●制度を導入するには、対象労働者の健康管理時間の状況に応じた健康確保措置の実施を労使委員会で決議しなければなりません。**(法第41条の2第1項第6号関係)**　　　　施行期日　2019年4月

決議事項③ 健康管理時間の把握 （法第41条の2第1項第3号関係）

　健康管理時間の把握に関しては、労使委員会で決議し、適正に実施することが高度プロフェッショナル制度の導入要件の1つとなります。
　使用者が把握すべき健康管理時間とは、対象労働者が**「事業場内にいた時間と事業場外で労働した時間の合計」**です。労使委員会において事業場内の労働時間以外の時間を除くことを決議した場合は、休憩時間その他労働者が労働していない時間を健康管理時間から除くことができます。また、健康管理時間を把握する方法は、**図表26**の要件にいずれも該当し、事業場の実態に応じて適切なものを具体的に決議することが求められます。

図表26　健康管理時間の把握方法等 （則第34条の2第7項・第8項、指針関係）

①「事業場内にいた時間」を把握する方法は、タイムカードによる打刻の記録、パソコン等の使用時間の記録（社内システムへのログオン・ログオフの記録）、ICカードによる出退勤記録など、**客観的な方法**で行います。
②「事業場外において労働した時間」を把握する方法も①と同様に客観的な方法で行います。客観的な方法で把握できないやむを得ない理由（顧客先に直行直帰し、社内システムにログイン・ログオフできないなど）がある場合は、**自己申告**による把握が認められます。
③「事業場内にいた時間」から「労働時間以外の時間」を除くことを決議する場合は、除くこととする時間の内容や性質を具体的に明らかにするとともに、①と同様に客観的な方法で把握します。
④健康管理時間の把握にあたっては、対象労働者ごとに日々の健康管理時間の始期及び終期、健康管理時間の時間数が記録されているとともに、労働安全衛生法第66条の8の4の規定に基づく医師の面接指導を適切に実施するため、使用者は少なくとも1ヵ月あたりの健康管理時間の時間数の合計を把握しなければなりません。

●実務のポイント● 労働者の健康状態の把握 （指針関係）

　対象労働者の求めに応じて健康管理時間を開示することの手続や、労働者の健康管理時間の状況とあわせて健康状態を把握することを、労使委員会で決議することが望ましいと考えられます。

決議事項④ 休日の確保 （法第41条の2第1項第4号関係）

　労使委員会の決議では、対象労働者の休日取得の手続について、具体的内容を明らかにすることが必要です。休日の確保に関しては、その決議と適正な休日の確保が高度プロフェッショナル制度の導入要件となるため、制度の適用開始日を起算日として、1年間を通じ104日以上の休日を与えることができないと確定したときから、制度の法的効果がなくなります。

— 34 —

●労働者の健康確保（指針関係）

　使用者は、対象労働者の疲労の蓄積を防止する観点から、長期間の連続勤務にならないよう休日を適切に取得することが重要であると労働者に周知するとともに、対象労働者の年間の休日の取得予定及び実際の取得状況を通知させ、把握することが望ましいと考えられます。

決議事項⑤ 選択的健康確保措置（法第41条の２第１項第５号関係）

　選択的健康確保措置に関しては、**図表27**のいずれかを選択して労使委員会で決議し、適正に実施することが高度プロフェッショナル制度の導入要件の１つとなります。

　使用者は、決議にあたって対象となり得る労働者の意見を聴くようにします。また、必要に応じて業務ごとに異なる措置を選択することも検討します。

図表27　選択的健康確保措置（法第41条の２第１項第５号、則第34条の２第９項〜第13項関係）

①11時間以上の勤務間インターバルの確保と、１ヵ月あたりの深夜業の回数を4回以内とする。
②健康管理時間の上限について、１週間あたり40時間を超えた場合のその超えた時間が１ヵ月あたり100時間、３ヵ月あたり240時間とする。
③１年に１回以上、年次有給休暇とは別に2週間連続の休日を与えること（本人が請求した場合は１週間連続の休日を２回以上与えること）とする。
④健康管理時間が１週間あたり40時間を超えた場合のその超えた時間が１ヵ月あたり80時間を超えたとき、または本人から申出があったとき、臨時の健康診断を実施する。

決議事項⑥ 健康管理時間の状況に応じた健康確保措置（法第41条の２第１項第６号関係）

　対象労働者の健康管理時間の状況に応じた健康確保措置については、**図表28**のいずれかを選択して労使委員会で決議します。適正に決議されていることが高度プロフェッショナル制度の導入要件であり、措置が未実施の場合は行政指導の対象となります。

図表28　健康管理時間の状況に応じた健康確保措置（則第34条の２第14項関係）

①選択的健康確保措置（図表27参照）で選択していない措置
②医師による面接指導
③代償休日または特別な休暇の付与
④心とからだの相談窓口の設置
⑤配置転換
⑥産業医の助言指導に基づく保健指導

●**実務のポイント**●　健康管理時間及び健康状態に応じた見直し（指針関係）

　対象労働者の健康管理時間及び健康状態に応じて、高度プロフェッショナル制度の適用の見直しを行うこと（たとえば健康管理時間が一定時間を超えた労働者を制度の適用から外すなど）を労使委員会の決議に含めることが望ましいと考えられます。

制度解説 医師による面接指導（労働安全衛生法第66条の８の４、法第66条の９関係）

　事業者は、健康管理時間が「休憩時間を除き１週間あたり40時間を超えて労働させた場合に、その超えた時間が１ヵ月あたり100時間を超える」時間を算定した対象労働者を把握したときは、当該労働者の申出の有無にかかわらず、医師による面接指導を行わなければなりません。（則第52条の7の4関係）

　また、面接指導の義務対象とならない対象労働者であっても、健康への配慮が必要なものについては、医師による面接指導を実施するよう努めなければなりません。

※医師による面接指導及び必要な就業上の措置については60〜61頁参照

📖 制度解説／罰則（労働安全衛生法第120条関係）

　高度プロフェッショナル制度の対象労働者に対する医師による面接指導規定違反に対しては、罰則（50万円以下の罰金）が適用されることがあります。

第2章 多様で柔軟な働き方の実現

高度プロフェッショナル制度④ 【同意の撤回等】

改正点のポイント	労働基準法・労働基準法施行規則

- ●制度を導入するには、対象労働者の同意の撤回に関する手続を労使委員会で決議しなければなりません。（法第41条の2第1項第7号関係）
- ●制度を導入するには、対象労働者からの苦情の処理に関する措置を使用者が実施すること及びその具体的内容について、労使委員会で決議しなければなりません。（法第41条の2第1項第8号関係）
- ●制度を導入するには、同意しなかった労働者に対する不利益取扱いをしてはならないことを労使委員会で決議しなければなりません。（法第41条の2第1項第9号関係）
- ●その他省令で定める決議事項には、①決議の有効期間、②労使委員会の開催頻度及び開催時期、③50人未満の事業場の場合の医師の選任、④記録の保存があります。（法第41条の2第1項第10号、則第34条の2第15項第1号～第4号関係） 施行期日　2019年4月

決議事項⑦ 同意の撤回 （法第41条の2第1項第7号関係）

　労使委員会で決議する同意の撤回に関する手続とは、撤回の申出先となる部署及び担当者、撤回の申出の方法等の手続を具体的に明らかにすることが必要です。同意の撤回を申し出た労働者については、申出の時点から高度プロフェッショナル制度の法的効果がなくなります。

●不利益取扱いの禁止 （指針関係）

　使用者は、本人同意を撤回した労働者の配置及び処遇について、同意を撤回したことを理由として不利益に取り扱ってはなりません。

●実務のポイント● 撤回後の配置及び処遇等 （指針関係）

　本人同意を撤回した後の労働者の配置及び処遇またはその決定方法については、あらかじめ労使委員会で決議しておくことが望ましいと考えられます。なお、使用者が意図的に高度プロフェッショナル制度の導入要件を満たさず、制度適用が外れた場合など、本人同意の撤回にあたらない場合には適用されないよう定めることが適当です。

決議事項⑧ 苦情処理措置 （法第41条の2第1項第8号関係）

　労使委員会で決議する苦情処理措置については、苦情の申出先となる部署及び担当者、取り扱う苦情の範囲、処理の手順、方法等を具体的に明らかにすることが必要です。

●実務のポイント● 取り扱う苦情の範囲 （指針関係）

　取り扱う苦情の範囲については、高度プロフェッショナル制度の実施に関する苦情のほか、対象労働者に適用される評価制度及び賃金制度など、制度に付随する事項に関する苦情も含めることが適当です。

●実務のポイント● 既存の苦情処理制度を利用する場合 （指針関係）

　すでに事業場において実施されている苦情処理制度を利用することも可能です。労使委員会でその旨を決議した場合は、対象労働者にその旨を周知するとともに、既存の苦情処理制度が高度プロフェッショナル制度の運用の実態に応じて機能するよう配慮しなければなりません。

決議事項⑨ 不利益取扱いの禁止 （法第41条の2第1項第9号関係）

　使用者は、本人同意をしなかった労働者の配置及び処遇について、本人同意をしなかったことを理由として不利益に取り扱ってはなりません。その旨を労使委員会で決議します。

決議事項⑩ その他省令で定める事項 （法第41条の２第１項第10号関係）

　省令で定められる決議事項は、**図表29**の４つです。

図表29　省令で定める決議事項（則第34条の２第15項第１号〜第４号、指針関係）

①決議の有効期間の定め及び当該決議は再度決議しない限り更新されないこと
●有効期間の定めは１年とすることが望ましいとされます。 ●決議の自動更新は認められません。

②労使委員会の開催頻度及び開催時期
●労使委員会の開催については、健康確保措置の実施状況等に関する定期報告（31頁 **実務⑥** 参照）の内容に関して労使委員会で調査審議し、必要に応じて決議を見直す観点から、少なくとも６ヵ月に１回、定期報告の時期に開催する必要があります。 ●労使委員会の決議の時点では、予見し得なかった事情の変化に対応するため、委員の半数以上から決議の変更等のための労使委員会の開催の申出があった場合は、①の有効期間の途中であっても決議変更等のための調査審議を行うと決議することが適当です。

③常時50人未満の労働者を使用する事業場である場合の医師の選任
●産業医が選任されていない事業場では、労働者の健康管理等にあたる医師を選任します。

④記録の保存
●使用者は、次の(1)〜(8)の事項の対象労働者ごとの記録、及び(9)の事項の記録について、①の有効期間中及び有効期間満了後３年間保存しなければなりません。 　(1)本人同意及びその撤回　　　　　　　(6)選択的確保措置として講じた措置の実施状況 　(2)合意に基づき定められた職務の内容　(7)健康管理時間の状況に応じた健康確保措置の実施状況 　(3)支払われると見込まれる賃金の額　　(8)苦情処理措置の実施状況 　(4)健康管理時間の状況　　　　　　　　(9)③の医師の選任 　(5)休日の確保の実施状況

制度解説 高度プロフェッショナル制度が適正に導入されていない場合

　高度プロフェショナル制度を導入した後も、労使委員会の決議事項と実態に乖離があった場合や、使用者が対象労働者に対する健康確保措置（**法第41条の２第１項第３号〜第５号**）を実施していなかった場合などは、高度プロフェッショナル制度の法的効果がなくなります。対象労働者であった者には、原則に戻り、法定労働時間や時間外労働等に対する割増賃金等の規定が適用されます。

| 第3章 | 短時間労働者・有期雇用労働者の同一労働同一賃金 |

不合理な待遇の禁止【均衡待遇】

| 改正点のポイント | 短時間・有期雇用労働法 |

● 事業主は、雇用する短時間・有期雇用労働者の基本給、賞与その他のあらゆる待遇について、通常の労働者の待遇との間に不合理と認められる相違を設けてはなりません。（法第8条関係）

● 短時間・有期雇用労働者と通常の労働者の待遇の相違の合理性は、個々の待遇ごとに①業務の内容及び当該業務に伴う責任の程度（職務の内容）、②職務の内容及び配置の変更の範囲、③その他の事情のうち、当該待遇の性質及び目的に照らして適切と認められるものを考慮して判断されます。（法第8条関係）

施行期日　2020年4月（中小企業2021年4月）

📖制度解説 法第8条で禁止される不合理な待遇差

　禁止される不合理な待遇差とは、短時間・有期雇用労働者と通常の労働者の待遇に違いがある場合に、その違いが、法第8条で列挙されている要素（**図表30**参照）のうち、待遇の性質や目的に照らして適切と認められる事情を考慮要素として、不合理と認められるかどうかが判断材料となります。つまり、両者に待遇差があれば直ちに不合理とされるものではなく、**待遇差を設けている理由**が、その**待遇の性質や目的**に照らして、両者の**職務の内容等の違いに応じた合理的なもの**であれば、不合理な待遇差に該当しません。

※通常の労働者とは、同じ事業主に雇用されるフルタイムの無期雇用労働者を指し、一般的に正社員が該当します。旧パートタイム労働法の事業所単位から、事業主（企業）単位に改正されています。

図表30　考慮要素の定義（2019年通達雇均発0130第1号等関係）

①職務の内容	業務の内容：職業上継続して行う仕事の内容
	責任の程度：権限の範囲（単独で契約締結可能な金額の範囲、管理する部下の数、決裁権限の範囲等）、業務の成果に求められる役割、臨時・緊急時に求められる対応の程度、ノルマ等の成果への期待の程度のほか、補足的指標として所定時間外労働の有無及び頻度
②職務の内容及び配置の変更の範囲	転勤、昇進を含む人事異動や本人の役割の変化等の有無など人材活用のしくみ、運用等
③その他の事情	職務の成果、能力、経験、合理的な労使の慣行、労使交渉の経緯、**定年後の継続雇用**など。①②の関連する事情に限定されるものではなく、考慮すべきその他の事情がある場合に考慮されるもの

●実務のポイント● 待遇差の合理性の判断

　待遇差の合理性の判断に関しては、運送会社でドライバーとして働く正社員と契約社員（有期雇用労働者）の各種手当に関する待遇の違い（正社員にのみ支給、もしくは多額の支給をしていた）が、不合理かどうか争われた事件の裁判例（**図表31**参照）などが参考になると考えられます。

図表31　待遇差に関する裁判例（ハマキョウレックス事件：平成30年6月1日最高裁判所第二小法廷判決）

手当名	待遇の性質・目的	判断	判決理由
無事故手当	優良ドライバーの育成や安全な輸送による顧客の信頼の獲得を目的として支給	不合理	正社員と契約社員の職務の内容は同じであり、安全運転及び事故防止の必要性は同じである
作業手当	特定の作業をした対価として作業そのものを金銭的に評価して支給される性質の賃金	不合理	正社員と契約社員の職務の内容は同じであり、作業に対する金銭的評価は同じである
給食手当	従業員の食事にかかる補助として支給	不合理	正社員や契約社員が勤務時間中に食事をとる必要性は同じである
住宅手当	従業員の住宅に要する費用を補助する趣旨で支給	不合理ではない	正社員は転居を伴う配転が予定されており、契約社員より住居に要する費用が多額になる可能性がある
皆勤手当	出勤する運転手を一定数確保する必要があることから、皆勤を奨励する趣旨で支給	不合理	正社員と契約社員の職務の内容は同じであり、出勤する者を確保する必要性も同じである
通勤手当	通勤に要する交通費を補填する趣旨で支給	不合理	労働契約の期間の定めがあるか否かによって通勤に必要な費用が異なるわけではない

注：判決は改正前（労働契約法第20条）に基づくものですが、改正後も参考になり得るものと考えられます。

― 38 ―

実務 ① 労働者の雇用形態及び待遇の状況を確認する

　パート社員、契約社員、準社員などの名称にかかわらず、短時間労働者や有期雇用労働者を雇用している事業主は、賃金や福利厚生などの待遇について、通常の労働者の待遇と違いがあるかを確認します。

●実務のポイント●　待遇を比較すべき通常の労働者

　通常の労働者（正社員）の中に総合職、一般職、限定正社員などさまざまな雇用管理区分がある場合は、それらすべての通常の労働者との間で不合理な待遇差の解消を図らなければなりません。

●実務のポイント●　「待遇」に含まれるもの（2019年通達雇均発0130第1号等関係）

　賃金、教育訓練、福利厚生施設、休憩、休日、休暇、安全衛生、災害補償、解雇等のすべての待遇が含まれますが、短時間・有期雇用労働者を定義づけるものである「労働時間」及び労働契約の「期間」は含まれません。また、事業主ではなく、労使が運営する共済会等が実施しているものも、待遇には含まれません。

実務 ② 待遇に違いがある場合、違いを設けている理由を確認する

　短時間・有期雇用労働者の待遇と通常の労働者の待遇に違いがある場合は、個々の待遇ごとになぜ違いを設けているのかの理由・考え方を確認するとともに、違いのある待遇の性質・目的に照らして、通常の労働者との職務の内容等の違いに応じた「不合理ではない待遇差」であるかどうかを確認します。

図表32　待遇差と理由の具体例

待遇（性質・目的）	待遇の違い	待遇に違いを設けている理由
A社の賞与 （会社の利益を分配することによって、社員の士気を高めるために支給）	正社員は会社の業績等への貢献に応じ最大4ヵ月分を支給するが、短時間・有期社員は一律1ヵ月分の支給とする	短時間・有期社員の業務は定型業務であり、ノルマを課しておらず、業務による貢献が一定のため、一律の支給としている
B社の賞与 （会社の利益を分配することによって、功労報償のための支給）	正社員は人事評価C以上の者について最大4ヵ月分を支給するが、短時間・有期社員には支給しない	短時間・有期社員に対しては、人事評価を行っておらず、貢献度を評価できないため支給していない

⇒B社については、正社員と短時間・有期社員の職務の内容等の違いに応じた待遇差とはいえないため、「不合理な待遇差」に該当する可能性が高いと考えられます。

実務 ③ 待遇の違いの内容及び理由を説明できるようにする

　事業主には、短時間・有期雇用労働者から説明を求められた場合に、通常の労働者との待遇差の内容及び理由について説明する義務がありますので、不合理な待遇差ではないことを説明できるよう、あらかじめ文書等で整理しておくことが望ましいと考えられます。（事業主の説明義務は44〜45頁参照）

実務 ④ 不合理な待遇の違いを改善する

　短時間・有期雇用労働者と通常の労働者の待遇の違いが「不合理ではない待遇差」といいがたい場合は、短時間・有期雇用労働者の待遇改善に向けた検討を行います。

　検討にあたっては、図表31の裁判例などのほか、短時間・有期雇用労働者及び派遣労働者に対する不合理な待遇の禁止等に関する指針（以下「同一労働同一賃金ガイドライン（指針）」という）における下記の考え方や具体例（41頁・43頁・資料編106〜122頁参照）が参考になると考えられます。

- ●正社員の労働条件を引き下げることによって同一労働同一賃金を図ることは法趣旨に反し、望ましくありません。また、労働者と合意することなく就業規則等を変更することによって労働条件を労働者の不利益に変更する場合は、労働契約法第10条の不利益変更法理に抵触することもあります。
- ●新たに低処遇の正社員の雇用管理区分を設けた場合でも、他の正社員との不合理な待遇の解消が求められます。
- ●正社員と短時間・有期雇用労働者の職務の内容等を分離しても、正社員との不合理な待遇の解消は免れません。

📖 制度解説　法第8条違反の判断とその効力（2019年通達雇均発0130第1号等関係）

　法第8条で禁止される不合理な待遇差に該当するか否かは、最終的に司法で判断され、同条に違反する待遇の相違は無効となり、故意・過失による権利侵害（不法行為）として民事上の損害賠償が認められ得ると解されます。ただし、無効とされた待遇が直ちに通常の労働者と同一になると解されるものではありません。

| 第3章 | 短時間労働者・有期雇用労働者の同一労働同一賃金 |

差別的取扱いの禁止【均等待遇】

| 改正点のポイント | 短時間・有期雇用労働法 |

- ●事業主は、①職務の内容が通常の労働者と同一であって、事業主との雇用関係が終了するまでの全期間において、②職務の内容及び配置が通常の労働者と同一の範囲で変更されることが見込まれる短時間・有期雇用労働者は、短時間・有期雇用労働者であることを理由として、基本給、賞与その他の待遇のそれぞれについて、差別的取扱いをしてはなりません。(法第9条関係)
- ●これまで通常の労働者との均等待遇規定がなかった有期雇用労働者にも適用されます。(法第9条関係)

施行期日　2020年4月（中小企業2021年4月）

制度解説 差別的取扱いが禁止される短時間・有期雇用労働者 (法第9条関係)

　差別的取扱いが禁止され、通常の労働者と均等の待遇にしなければならないのは、**図表33**の適用要件に該当する短時間・有期雇用労働者です。

図表33　均等待遇の対象となる短時間・有期雇用労働者の適用要件

①職務の内容が通常の労働者と同一であること
②職務の内容及び配置の変更の範囲が、事業所における慣行その他の事情からみて、事業主との雇用関係が終了するまでの全期間において、その職務の内容及び配置が、その通常の労働者と同一範囲で変更されることが見込まれるものであること

※はじめに①を判断し、①が通常の労働者と同一と判断された短時間・有期雇用労働者について②を判断します。

●**職務の内容、職務の内容及び配置の変更の範囲の判断基準**（2019年通達雇均発0130第1号等関係）

①**職務の内容が通常の労働者と同一であることの判断**

　個々の作業まで完全に一致していることを求めるものではなく、それぞれの労働者の業務の内容が実質的に同一であり、責任の程度が著しく異なっていないのであれば、職務の内容が同一と判断します。

| 業務の内容が実質的に同一 | それぞれの労働者の業務の種類が同じで、中核的業務が同じであること。中核的業務とは、ⓐ与えられた職務の本質的または不可欠な要素である業務、ⓑその成果が事業に対して大きな影響を与える業務、ⓒ労働者本人の職務全体に占める時間的割合・頻度が大きい業務、の3つの基準で総合的に判断します。 |
| 責任の程度が著しく異なっていない | それぞれの労働者の責任の程度（38頁図表30参照）を比較し、責任の程度の差異が「著しい」といえるかどうかを判断します。 |

②**職務の内容及び配置の変更の範囲が通常の労働者と同一であることの判断**

　以下の順で通常の労働者と比較をし、違いがあればその時点で同一ではないと判断します。④まで実質的に同じであれば、職務の内容及び配置の変更の範囲が同一であると判断します。

①転勤の有無を比較	双方に転勤があり、同じであれば②へ 双方に転勤がなく、同じであれば③へ
②転勤による移動の範囲（全国・エリア限定など）を比較	同じであれば③へ
③事業所内における職務の内容の変更の有無を比較	双方に職務の内容の変更があり、同じであれば④へ 双方に職務の内容の変更がなく、同じであれば⑤へ
④職務の内容の変更により経験する可能性のある範囲を比較	同じであれば、 ⑤職務の内容及び配置の変更の範囲は同一と判断

●**実務のポイント**●　**事業主の雇用関係が終了するまでの全期間**（2019年通達雇均発0130第1号等関係）

　一時的に短時間・有期雇用労働者と通常の労働者が従事する職務の内容や配置等が同じかどうかを判断するのではなく、長期的な同一性を判断する趣旨であり、職務の内容が通常の労働者と同一で、かつ職務の内容及び配置の変更が通常の労働者と同一になった時点から、将来に向かって雇用される期間を指します。事業主に雇い入れられた後に**図表33**の要件を満たすまでの期間を含めた「全期間」ではありません。

実務 ① 差別的取扱いが禁止される短時間・有期雇用労働者の有無を確認する

　パート社員、契約社員、準社員などの名称にかかわらず、短時間労働者や有期雇用労働者を雇用している事業主は、**図表33**の適用要件の観点から、通常の労働者と就業の実態が同様と判断される短時間・有期雇用労働者の有無を確認します。

●実務のポイント● 　職務の内容等を比較する通常の労働者

　通常の労働者（正社員）の中に総合職、一般職、限定正社員などの雇用管理区分がある場合は、すべての通常の労働者と適用要件の観点から比較し、いずれかの通常の労働者と就業の実態が同様と判断される短時間・有期雇用労働者の有無を確認します。

実務 ② 就業の実態が同様と判断される通常の労働者との待遇を比較する

　就業の実態が通常の労働者と同様と判断される短時間・有期雇用労働者がいるときは、それが一時的なものではなく、継続的に該当していることを確認した上で、通常の労働者とすべての待遇（労働時間及び労働契約の期間を除く）を比較し、異なる取扱いをしている待遇の有無を確認します。

●実務のポイント● 　差別的取扱いではない待遇の違い（2019年通達雇均発0130第1号等関係）

　個々の労働者の成果、能力、経験等に対する評価の違いにより賃金水準が異なることや、労働時間が短いことに比例して賃金等が少ないなど、合理的な待遇差は差別的取扱いにあたりません。

実務 ③ 待遇の取扱いの違いを解消する

　短時間・有期雇用労働者と就業の実態が同様と判断される通常の労働者との間に待遇の取扱いに関する違いがある場合は、当該短時間・有期雇用労働者の待遇を通常の労働者の待遇とあわせて、待遇の取扱いの違いの解消を図る必要があります。

●実務のポイント● 　解雇等の対象選定における差別的取扱い（2019年通達雇均発0130第1号等関係）

　経営上の理由により解雇等の対象者を選定するにあたり、通常の労働者と同視すべき短時間・有期雇用労働者について、労働時間が短いことや労働契約に期間の定めがあることのみをもって通常の労働者より先に解雇等をすることは、解雇等の対象者の選定基準において差別的取扱いがなされていると解されます。

【重要】同一労働同一賃金ガイドライン（指針）における均等・均衡待遇の考え方（資料編106〜122頁参照）

基本給	労働者の①能力または経験、②業績または成果、③勤務年数、に応じて基本給を支給する場合、①②③の応じた部分について、短時間・有期雇用労働者が通常の労働者と同一であれば同一の支給をしなければなりません。一定の相違があった場合は、その相違に応じた支給をしなければなりません。	
昇給	労働者の勤続による職業能力の向上に応じて昇給を行う場合、勤続による職業能力の向上に応じた部分について、通常の労働者と同一であれば同一の昇給を行わなければなりません。一定の相違がある場合は、その相違に応じた昇給を行わなければなりません。	
賞与	会社の業績等への労働者の貢献に応じて賞与を支給する場合、通常の労働者と同一の貢献である短時間・有期雇用労働者には、貢献に応じた部分について、通常の労働者と同一の賞与を支給しなければなりません。一定の相違がある場合は、その相違に応じた賞与を支給しなければなりません。	
定年後の継続雇用	通常の労働者と定年に達した後に継続雇用された有期雇用労働者との間の賃金の相違について、実際に両者の間に①職務の内容、②職務の内容及び配置の変更の範囲、③その他の事情の相違がある場合は、その相違に応じた賃金の相違は許容されます。さらに、有期雇用労働者が定年に達した後に継続雇用された者であることは、通常の労働者と当該有期雇用労働者との間の待遇の相違の合理性の判断に当たり、法第8条の「その他の事情」として考慮される事情に当たり得ると解されます。	
手当 福利厚生 教育訓練	均等待遇が求められるもの	●通勤手当及び出張旅費 ●労働時間の途中に食事のための休憩時間がある労働者に対する食事手当 ●福利厚生施設（食堂、休憩室、更衣室）の利用　　　　　　　　　　　　　　　など
	均等・均衡待遇が求められるもの	●役職の内容に応じて支給する役職手当 ●現在の職務に必要な技能・知識を習得するために実施する教育訓練

— 41 —

第3章	短時間労働者・有期雇用労働者の同一労働同一賃金

事業主の説明義務の強化① 【雇い入れ時】

改正点のポイント | 短時間・有期雇用労働法

●事業主は、短時間・有期雇用労働者を雇い入れたときは、速やかに雇用管理上の措置の内容について説明しなければなりません。（法第14条第1項関係）
●これまで説明義務の対象ではなかった**有期雇用労働者**にも適用されます。（法第14条第1項関係）

施行期日　2020年4月（中小企業2021年4月）

📖制度解説 雇い入れ時の事業主の説明義務（法第14条第1項関係）

短時間・有期雇用労働者を雇い入れた事業主は、当該短時間・有期雇用労働者に対して、文書の交付等により労働条件を明示するとともに、**図表34**の事項を速やかに、**図表35**の方法により説明しなければなりません。

図表34　雇い入れ時の説明事項（2019年通達雇均発0130第1号等関係）

①不合理な待遇の禁止（法第8条）	短時間・有期雇用労働者の待遇について、通常の労働者の待遇との間で不合理な相違を設けていない旨を説明します。
②差別的取扱いの禁止（法第9条）	通常の労働者と同視すべき短時間・有期雇用労働者の要件に該当する場合に、通常の労働者と差別的取扱いをしない旨を説明します。
③賃金（法第10条）	職務の内容、職務の成果等のうち、どの要素を勘案した賃金制度となっているかを説明します。
④教育訓練（法第11条）	短時間・有期雇用労働者にどのような教育訓練を実施するかを説明します。（通常の労働者も含めて実施していない場合は、説明不要）
⑤福利厚生施設（法第12条）	短時間・有期雇用労働者がどのような福利厚生施設を利用できるかを説明します。（通常の労働者も含めて利用させていない場合は、説明不要）
⑥通常の労働者への転換（法第13条）	実施している通常の労働者への転換推進措置を説明します。

図表35　説明方法（2019年通達雇均発0130第1号等関係）

基本的な方法
●資料（就業規則、賃金規程、正社員の待遇のみを記載した資料等）を活用して口頭により説明します。 ●交付可能な資料であれば、説明に使用した資料を交付することがより望ましい措置といえます。

説明事項をすべて記載し、短時間・有期雇用労働者が容易に理解できる資料を用いる場合
●資料を交付する等の方法でも差し支えありません。

●実務のポイント●　有期雇用労働者に対する説明義務（2019年通達雇均発0130第1号等関係）

有期雇用労働者については、労働契約の更新をもって「雇い入れ」となるため、契約更新の都度、**図表34**の事項を説明しなければなりません。（**図表36**の**明示事項**も更新の都度、明示する必要があります）

📖制度解説 雇い入れ時の労働条件の明示義務（法第6条第1項・第2項、則第2条関係）

事業主は、短時間・有期雇用労働者を雇い入れたときに、労働基準法第15条第1項で定める賃金、労働時間その他の労働条件のほか、**図表36**の事項を文書の交付等により明示しなければなりません。

図表36　雇い入れ時の明示事項と明示方法

明示事項（則第2条第1項）	明示方法（法第6条第1項、則第2条第3項・第4項）
●昇給の有無 ●退職手当の有無 ●賞与の有無 ●相談窓口	●文書の交付 【短時間・有期雇用労働者が希望した場合】 ●ＦＡＸを利用して送信する方法 ●電子メール等で送信する方法（出力して書面にできるものに限る）

※事業主が短時間・有期雇用労働者に対して明示する労働条件について、事実と異なるものとしてはならないことが法令で明確化されます。（則第2条第2項関係）

— 42 —

実務① 短時間・有期雇用労働者の雇い入れ時に説明する資料等をまとめておく

　事業主は、短時間・有期雇用労働者の雇い入れ時に備えて、説明すべき事項が記載された資料（就業規則、賃金規程、正社員の待遇のみを記載した資料等）を用意するとともに、それ以外に説明すべき事項があれば、あらかじめ文書等でまとめておくことが有効です。労働条件通知書とあわせて、雇い入れ時の労働条件の明示事項とともに、文書化しておくことも考えられます。

実務② 雇い入れた短時間・有期雇用労働者に説明する

　事業主が短時間・有期雇用労働者について、どのような雇用管理上の措置を講じているのか、雇い入れた短時間・有期雇用労働者が十分に理解できるよう説明を尽くすことが、不安や不満をつのらせることを防ぎ、納得性を高め、能力を発揮することにつながると考えられます。短時間・有期雇用労働者からの質問等に対しても、誠実に対応することが必要です。

●**実務のポイント**● 雇い入れ時の説明会 （2019年通達雇均発0130第1号等関係）

　複数の短時間・有期雇用労働者を雇用した場合に、雇い入れ時の説明会において、複数の短時間・有期雇用労働者に対して同時に説明をしても差し支えありません。

【重要】 同一労働同一賃金ガイドライン（指針）の主な具体例（資料編106～122頁参照）

主な具体例	問題の有無と解説
基本給　A社においては、定期的に職務の内容及び勤務地の変更がある通常の労働者の総合職であるXは、管理職となるためのキャリアコースの一環として、新卒採用後の数年間、店舗等において、職務の内容及び配置に変更のない短時間労働者であるYの助言を受けながら、Yと同様の定型的な業務に従事している。A社はXに対し、キャリアコースの一環として従事させている定型的な業務における能力または経験に応じることなく、Yに比べ基本給を高く支給している。	問題なし
基本給　基本給の一部について、労働者の業績または成果に応じて支給しているB社において、通常の労働者が販売目標を達成した場合に行っている支給を、短時間労働者であるXについて通常の労働者と同一の販売目標を設定し、それを達成しない場合には行っていない。	問題あり 労働時間に比例した販売目標を設定していれば、問題ないと考えられます。
役職手当　役職手当について、役職の内容に対して支給しているC社において、通常の労働者であるXの役職と同一の役職名であって同一の内容の役職に就く有期雇用労働者であるYに、Xに比べ役職手当を低く支給している。	問題あり Yが短時間労働者で、労働時間に比例した手当額であれば、問題ないと考えられます。
精皆勤手当　D社においては、考課上、欠勤についてマイナス査定を行い、かつ、そのことを待遇に反映する通常の労働者であるXには、一定の日数以上出勤した場合に精皆勤手当を支給しているが、考課上、欠勤についてマイナス査定を行っていない有期雇用労働者であるYには、マイナス査定を行っていないこととの見合いの範囲内で、精皆勤手当を支給していない。	問題なし
通勤手当　E社においては、本社の採用である労働者に対しては、交通費実費の全額に相当する通勤手当を支給しているが、それぞれの店舗の採用である労働者に対しては、当該店舗の近隣から通うことができる交通費に相当する額に通勤手当の上限を設定して当該上限の額の範囲内で通勤手当を支給しているところ、店舗採用の短時間労働者であるXが、その後、本人の都合で通勤手当の上限の額では通うことができないところへ転居してなお通い続けている場合には、当該上限の額の範囲内で通勤手当を支給している。	問題なし 通勤手当は、通常の労働者と同一の支給が基本ですが（41頁**【重要】**参照）、左記のような合理的な理由があれば待遇差を設けても問題ないと考えられます。

— 43 —

| 第3章 | 短時間労働者・有期雇用労働者の同一労働同一賃金 |

事業主の説明義務の強化② 【求めがあったとき】

| 改正点のポイント | 短時間・有期雇用労働法 |

- ●事業主は、雇用する短時間・有期雇用労働者から求めがあったときは、当該短時間・有期雇用労働者と通常の労働者との間の**待遇の相違の内容及び理由**、**待遇決定に際しての考慮した事項**について説明しなければなりません。**(法第14条第2項関係)**
- ●事業主は、短時間・有期雇用労働者が上記の説明を求めたことを理由として、解雇その他不利益な取扱いをしてはなりません。**(法第14条第3項関係)** 施行期日 2020年4月（中小企業2021年4月）

📖制度解説 比較対象となる通常の労働者の選定 （短時間・有期雇用労働指針関係）

　短時間・有期雇用労働者から、通常の労働者との待遇の相違及び理由に関する説明を求められた事業主は、説明にあたって、まず職務の内容、職務の内容及び配置の変更の範囲等が、当該短時間・有期雇用労働者の職務の内容、職務の内容及び配置の変更の範囲等に最も近いと判断する通常の労働者（**比較対象となる通常の労働者**）を選定しなければなりません。

● **実務のポイント** ● 比較対象となる通常の労働者の判断基準 （2019年通達雇均発0130第1号等関係）

　「比較対象となる通常の労働者」の選定は、**図表37**の順に「短時間・有期雇用労働者の職務の内容、職務の内容及び配置の変更の範囲等が近い」と判断します。

図表37 職務の内容、職務の内容及び配置の変更の範囲等が「近い」と判断する基準

説明を求めた短時間・有期雇用労働者		比較対象となる通常の労働者					
		近い ←					遠い
職務の内容	業務の内容	○	○	○（または）—		—	—
	責任の程度	○	○	—（または）○		—	—
職務の内容及び配置の変更		○	—			○	—

※○：説明を求めた短時間・有期雇用労働者と同一である　—：同一ではない

● **実務のポイント** ● 選定方法と理由 （2019年通達雇均発0130第1号等関係）

　比較対象となる通常の労働者は、最も近いと判断される1人を選定する方法のほか、**複数人の選定や複数人が含まれる雇用管理区分を選定**することも考えられます。また、通常の労働者の**標準的なモデル**（新入社員、勤続3年目の一般職など）を設けて、比較対象とすることも可能です。なお、比較対象として選定した通常の労働者及びその**選定の理由**についても、説明を求められた場合は説明する必要があります。

● **実務のポイント** ● 同じ区分に複数の労働者が該当する場合 （2019年通達雇均発0130第1号等関係）

　図表37の各区分に複数の労働者がいる場合は、以下の観点から最も近いと考える者を選定します。

- ●基本給の決定等において重要な要素（職能給であれば能力・経験、成果給であれば成果など）における実態
- ●説明を求めた短時間・有期雇用労働者と同一の事業所に雇用されるかどうか　　　　　　　　　　など

📖制度解説 待遇の相違の内容に関する説明事項 （短時間・有期雇用労働指針関係）

　事業主が短時間・有期雇用労働者に説明しなければならない待遇の相違の内容は、次の2点です。

- ●比較対象となる通常の労働者と短時間・有期雇用労働者の間の待遇に関する**基準の相違の有無**
- ●比較対象となる通常の労働者と短時間・有期雇用労働者の**待遇の個別具体的な内容**または**待遇に関する基準**

　説明を求めた短時間・有期雇用労働者が、比較対象となる通常の労働者の待遇の水準を把握できるように説明することが必要であり、たとえば「賃金は各人の能力、経験等を考慮して総合的に決定する」などの説明では十分ではありません。（説明方法は**42頁図表35参照**）

— 44 —

●**実務のポイント**● 待遇に関する基準（2019年通達雇均発0130第１号等関係）

待遇に関する基準は、たとえば賃金であれば、賃金規程や等級表等の支給基準などが該当します。

●**実務のポイント**● 待遇の個別具体的な内容（2019年通達雇均発0130第１号等関係）

比較対象となる通常の労働者の選び方に応じて、次のとおり説明する内容も異なります。

> ●比較対象となる通常の労働者が１人：たとえば賃金であれば、その金額、教育訓練であれば、受けた内容。
> ●比較対象となる通常の労働者が複数：たとえば賃金などの数量的な待遇については平均額または上限・下限。教育訓練などの数量的でない待遇については標準的な内容または最も高い水準・最も低い水準の内容。

📖 制度解説 待遇の相違の理由に関する説明事項（短時間・有期雇用労働指針関係）

事業主が短時間・有期雇用労働者に説明しなければならない**待遇の相違の理由**は、比較対象となる通常の労働者と短時間・有期雇用労働者の①職務の内容、②職務の内容及び配置の変更の範囲、③その他の事情（成果、能力、経験など）のうち、個々の待遇の性質・目的に照らして適切と認められるものに基づいて、待遇差を設けている理由を説明します。（説明方法は42頁図表35参照）

●**実務のポイント**● 待遇に関する基準が同一である場合の説明（2019年通達雇均発0130第１号等関係）

同一の基準のもとで待遇に違いが生じている理由を説明します。

例）勤続年数の違い、経験・能力の違い、成果の違い、労働時間の違い（短時間労働者の場合）など

●**実務のポイント**● 待遇に関する基準が異なる場合の説明（2019年通達雇均発0130第１号等関係）

待遇の性質・目的を踏まえ、待遇に関する基準に違いを設けている理由と、それぞれの基準を通常の労働者及び短時間・有期雇用労働者にどのように適用しているかを説明します。

例）職務の内容の違い、職務の内容及び配置の変更の範囲の違い、労使交渉の経緯など

📖 制度解説 待遇決定に関する考慮事項の説明（法第14条第2項、2019年通達雇均発0130第1号等関係）

事業主が短時間・有期雇用労働者に説明しなければならない**待遇決定に際しての考慮事項**は、法第14条第２項で列挙された各条（法第６条〜法第13条）について、各条の観点から、①事業主が実施している各種制度等がなぜそのような制度であるのか、または②説明を求めた短時間・有期雇用労働者にどのような理由で適用されているか（もしくは適用されていないか）を説明します。（説明方法は42頁図表35参照）

●**実務のポイント**● 賃金決定等に際しての考慮事項

賃金（法第10条）の説明に関しては、職務の内容、職務の成果等のうち、どの要素を勘案したのか、なぜその要素を勘案したのか、について客観的かつ具体的な説明をします。

実務① 説明する資料等をあらかじめ準備しておく

事業主は、短時間・有期雇用労働者から説明を求められたときに備えて、①比較対象となる通常の労働者（正社員）、②比較対象となる通常の労働者（正社員）の選定理由、個々の待遇について③待遇の違いの有無とその内容、理由などをまとめた「説明書のひな形」を準備しておくことが考えられます。

実務② 短時間・有期雇用労働者が説明を求める窓口を用意する

事業主は、短時間・有期雇用労働者が説明を求めるときの窓口を設置し、短時間・有期雇用労働者に周知しておくことが望ましいと考えられます。相談窓口（法第16条）とあわせて設置することも考えられます。

実務③ 求めに応じて短時間・有期雇用労働者に説明する

事業主は、42頁図表35の説明方法で、説明を求めた短時間・有期雇用労働者の納得を得られるように、真摯で丁寧な説明に努める必要があります。

●**実務のポイント**● 説明に納得しない労働者への対応（2019年通達雇均発0130第１号等関係）

法令に則した説明を行ったにもかかわらず繰り返し説明を求める労働者に対し、職務に戻るよう命じ、従わない場合に就業規則に基づき不就労部分の賃金カットを行うこと等は、法第14条第３項の不利益取扱いには該当しません。

| 第3章 | 短時間労働者・有期雇用労働者の同一労働同一賃金 |

行政による履行確保措置及び裁判外紛争解決手続の整備

| 改正点のポイント | 短時間・有期雇用労働法、労働者派遣法 |

●短時間労働者を雇用する事業主のみならず、**有期雇用労働者を雇用する事業主に対しても**、雇用管理の改善等を図るため必要があると認めるときは、行政による報告の徴収、または助言、指導、勧告、公表の対象になります。（短時間・有期雇用労働法第18条第1項、第2項関係）
●不合理な待遇の禁止や待遇差の内容・理由に関する説明に関する紛争は、行政による裁判外紛争手続の対象になります。（短時間・有期雇用労働法第24条～第26条関係）
●短時間労働者のみならず、**有期雇用労働者及び派遣労働者も**、行政による裁判外紛争解決手続の対象になります。（短時間・有期雇用労働法第24条～第26条、労働者派遣法第47条の5～9関係）

施行期日　2020年4月（短時間・有期雇用労働法に関しては中小企業2021年4月）

📖 制度解説 行政による報告の徴収、助言、指導、勧告等 （短時間・有期雇用労働法第18条関係）

　行政が短時間・有期雇用労働者を雇用する事業主に対して、報告の徴収、助言、指導、勧告を行う対象となる「雇用管理の改善等を図るために必要があると認めるとき」とは、以下のような場合を指します。

●法令や短時間・有期雇用労働指針等によって事業主が講ずべき措置の実施状況を確認するとき
●上記の措置が十分に講じられていないと考えられる場合

●**実務のポイント**●　不合理な待遇の禁止に関する助言、指導等　（2019年通達雇均0130第1号等関係）

　不合理な待遇の禁止（法第8条）については、短時間・有期雇用労働者であることを理由とする不支給など、同条違反が明確な場合とされます。

📖 制度解説 短時間・有期雇用労働法に基づく裁判外紛争解決手続 （法第24条～第26条関係）

　短時間・有期雇用労働法に基づく裁判外紛争解決手続（行政ADR）には、下記の2種類があります。いずれも無料で利用でき、公開もされません。対象となるのは図表38の事項に関する紛争です。

①都道府県労働局長による紛争解決の援助 （法第24条関係）

都道府県労働局長が、紛争の当事者（短時間・有期雇用労働者または事業主）の双方または一方から解決についての援助を求められた場合に、当事者双方の意見を聴取した上で、双方の意見を尊重しつつ、紛争解決に必要な具体策を提示（助言、指導、勧告）することで紛争の解決を図る制度。

②均衡待遇調停会議による調停 （法第25条、第26条関係）

都道府県労働局長が、紛争の当事者（短時間・有期雇用労働者または事業主）の双方または一方から調停の申請があった場合において、紛争解決のために必要と認められるときに紛争調整委員会（個別労働関係紛争解決促進法第6条第1項）に調停を行わせることができる。委員会に指名された調停委員が均衡待遇調停会議を主宰し、当事者双方から事情を聴き、紛争解決の方法として調停案を作成し、当事者双方に調停案の受諾を勧告することにより紛争の解決を図る制度。

図表38　対象となる紛争事項

●労働条件に関する文書の交付等（法第6条第1項）	●福利厚生施設の利用（法第12条）
●不合理な待遇の禁止（法第8条）	●通常の労働者への転換を推進するための措置（法第13条）
●差別的取扱いの禁止（法第9条）	
●職務の遂行に必要な教育訓練（法第11条第1項）	●事業主の待遇に関する説明（法第14条）

※上記に該当しても労働組合と事業主の間の紛争や、労働者同士の紛争は対象外です。

📖 制度解説 不利益取扱いの禁止 （短時間・有期雇用労働法第24条第2項、法第25条第2項関係）

　事業主は、短時間・有期雇用労働者が都道府県労働局長による紛争解決の援助、または調停を求めたことを理由として、解雇その他不利益な取扱いをしてはなりません。

— 46 —

実務① 都道府県労働局長による紛争解決の援助を申立する

　都道府県労働局長に紛争解決の援助を申立する場合の手続の流れは**図表39**にあるとおりです。紛争当事者のどちらか一方から申立が行われた場合、被申立者が事情聴取に応じるか否かは任意です。また、都道府県労働局長が提示する解決策（援助内容）については、紛争当事者双方に自発的な受け入れを促すものであり、従うことを強制するものではありません。

実務② 均衡待遇調停会議による調停を申請する

　均衡待遇調停会議による調停を申請する場合の手続の流れは**図表40**にあるとおりです。紛争当事者のどちらか一方から申請が行われた場合、被申請者は調停への参加を拒否することができます。また、紛争調整委員会から受諾勧告される調停案は、受諾を勧めるものであり、受諾を義務づけられるものではありません。

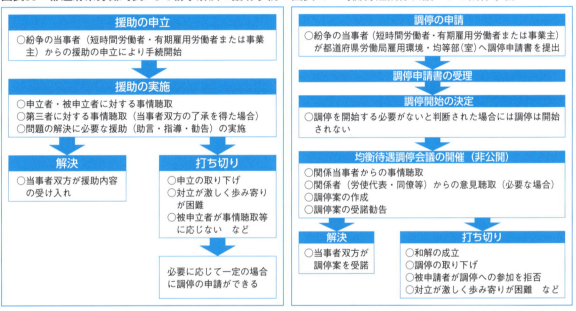

図表39　都道府県労働局長による紛争解決の援助手続
図表40　均衡待遇調停会議による調停手続

　なお、調停案に基づき紛争当事者双方で成立した合意は、民法上の和解契約になり、当事者一方が義務を履行しない場合は、債務不履行として訴訟の対象となり得ます。また、調停が打ち切られた場合、打ち切りの通知を受けた日から30日以内に訴えを提起したときは、時効が調停の申請時に遡って中断されます。

制度解説　労働者派遣法に基づく裁判外紛争解決手続（労働者派遣法第47条の5〜9関係）

　労働者派遣法に関しても、**図表41**の事項に関する派遣労働者と派遣元事業主との間の紛争、**図表42**の事項に関する派遣労働者と派遣先との間の紛争について、裁判外紛争解決手続（行政ＡＤＲ）の規定が整備されます。都道府県労働局長による紛争解決の援助（助言、指導、勧告）、紛争調整委員会における調停の内容や申立・申請をしたことによる不利益取扱いの禁止は、短時間・有期雇用労働法と同様です。

図表41　対象となる紛争事項（派遣元事業主）

- ●派遣先均等・均衡方式の不合理な待遇の禁止等（法第30条の3）
- ●労使協定方式（法第30条の4）
- ●雇い入れ時の説明義務（法第31条の2第2項）
- ●派遣しようとしたときの説明義務（法第31条の2第3項）
- ●派遣労働者から求めがあったときの説明義務（法第31条の2第4項）
- ●説明を求めたことによる不利益取扱いの禁止（法第31条の2第5項）

図表42　対象となる紛争事項（派遣先）

- ●業務の遂行に必要な能力を付与するための教育訓練の実施（法第40条第2項）
- ●福利厚生施設の利用の機会の付与（法第40条第3項）

第4章	派遣労働者の同一労働同一賃金

派遣労働者の同一労働同一賃金①【派遣先均等・均衡方式】

改正点のポイント	労働者派遣法

- ●派遣労働者を受け入れようとする者（派遣先）は、派遣労働者と派遣先の通常の労働者との均等・均衡待遇を図るため、あらかじめ派遣元事業主に対し、派遣労働者が従事する業務ごとに、比較対象労働者の賃金その他の待遇に関する情報等を提供しなければなりません。（法第26条第7項関係）
- ●比較対象労働者は、派遣労働者を受け入れようとする者（派遣先）に雇用される通常の労働者であって、その職務の内容、職務の内容及び配置の変更の範囲が、派遣労働者と同一であると見込まれる者等から、選定しなければなりません。（法第26条第8項関係）
- ●派遣元事業主は、派遣労働者を受け入れようとする者（派遣先）から上記の情報提供がないときは、当該者との間で労働者派遣契約を締結してはなりません。（法第26条第9項関係）

施行期日　2020年4月

📖制度解説 派遣労働者の同一労働同一賃金の考え方

　派遣労働者の同一労働同一賃金は、派遣労働者の就業場所である**派遣先の通常の労働者（正社員）**と均等・均衡待遇を図ることが基本となります。ただ、派遣労働者の立場からすると、派遣先が変わるごとに均等・均衡を図る待遇の比較対象も変わることになるため、待遇が不安定になることも想定されます。そこで、派遣元において、派遣労働者の待遇について**一定の要件を満たした労使協定**を締結した場合は、派遣先の労働者との均等・均衡待遇に関する規定は適用されず、その協定に基づく待遇となります。

図表43　派遣労働者の待遇方式

- ●派遣先の通常の労働者（比較対象労働者）との均等・均衡待遇（**派遣先均等・均衡方式**）
- ●一定の要件を満たした労使協定による待遇（**労使協定方式**）⇒52〜53頁参照

　派遣元事業主は、**図表43**のいずれかの待遇方式を選択して、派遣労働者の待遇を確保することが義務づけられます。また、派遣先についても、派遣労働者の待遇方式に応じて、待遇確保のために必要な情報提供等の措置及び派遣料金への配慮などが求められます。

派遣労働者を受け入れようとする者（派遣先）の実務

　以下の実務手順は、**派遣先均等・均衡方式の対象となる派遣労働者のみを受け入れる場合**、または**協定対象となる派遣労働者が一部に含まれる場合**のものです。協定対象派遣労働者に限定して受け入れる場合（52〜53頁参照）でも同様の実務が必要なときは（**共通**）と表記します。

実務① 派遣労働者の待遇方式等に関する情報を確認する（共通）

　派遣労働者を受け入れようとする者（派遣先）は、派遣会社を選ぶにあたって重要な判断要素となる労働者派遣の実績、派遣料金におけるマージン率、教育訓練に関する事項等のほか、派遣労働者の待遇方式に関する情報を**図表44**のように確認することができます。

図表44　派遣会社からの情報提供事項と提供方法（派遣元指針関係）

情報提供する事項	情報提供の方法
●労使協定の締結の有無 ●労使協定を締結している場合は、 ・労使協定の対象となる派遣労働者の範囲 ・労使協定の有効期間の終期	●事業所への書類の備付け ●インターネットの利用その他の適切な方法 ・特にマージン率と労使協定の締結の有無等の情報提供は、常時インターネットの利用により広く情報提供をすることが原則です。

実務② 派遣労働者を受け入れる業務ごとに比較対象労働者を選定する（共通）

　派遣労働者を受け入れようとする者（派遣先）は、労働者派遣契約を締結するにあたり、あらかじめ派遣元事業主に対して待遇に関する情報を提供するため、**比較対象労働者**を選定します。

📖 制度解説／比較対象労働者（法第26条第8項、則第24条の5関係）

　比較対象労働者は、雇用する通常の労働者（正社員）のうち、①「職務の内容」と「職務の内容及び配置の変更の範囲」が派遣労働者と同じと見込まれる者を、従事させる業務ごとに選定しますが、①の労働者がいない場合は**図表45**の優先順位に基づき、①に近い労働者を選定します。

図表45　比較対象労働者の優先順位

受け入れようとする派遣労働者		比較対象となる通常の労働者					
		近い ←					遠い
		①	②	③	④	⑤	⑥
職務の内容	業務の内容	○	○	○ （または） —	—	①～④に相当する短時間・有期雇用労働者	派遣労働者と同一の職務に従事させるため新たに雇い入れたと仮定した場合の通常の労働者
	責任の程度	○	○	— （または） ○	—		
職務の内容及び配置の変更		○	—	—	○		

※○：派遣労働者と同じと見込まれる　—：同じではないと見込まれる

●実務のポイント●　①～④に相当する通常の労働者がいない場合（法第40条第5項関係）

　図表45の⑤に関しては、短時間・有期雇用労働法に基づき均衡待遇が確保されていることが条件となります。⑥に関しては、派遣先の他の通常の労働者の間で適切な待遇が確保されていることが条件となります。いずれも派遣元事業主の求めに応じて、その根拠となる情報を提供する対象に含まれます。

●実務のポイント●　比較対象労働者の選定

　同じ区分（**図表45**の①～⑥）に複数の該当者がいる場合の絞り込みは、**比較対象となる通常の労働者の選定（44頁参照）**と同様です。複数人や標準的モデルを比較対象労働者とすることも可能です。

実務③ 比較対象労働者の待遇に関する情報を派遣元に提供する（派遣先均等・均衡方式）

　派遣労働者を受け入れようとする者（派遣先）は、あらかじめ派遣元事業主に対し、**実務②**で選定した比較対象労働者の**待遇に関する情報**（**図表46参照**）を提供します。

図表46　比較対象労働者の待遇に関する情報（則第24条の4第1項第1号関係）

①比較対象労働者の「職務の内容」、「職務の内容及び配置の変更の範囲」と「雇用形態」
②比較対象労働者を選定した理由
③比較対象労働者の待遇のそれぞれの内容（昇給、賞与等の主な待遇がない場合にはその旨を含む）
④比較対象労働者の待遇のそれぞれの性質及び当該待遇の目的
⑤比較対象労働者の待遇のそれぞれを決定するにあたって考慮した事項

●実務のポイント●　比較対象労働者の待遇のそれぞれの内容（図表46③）として提供する内容

　比較対象労働者の選定に応じて、次のいずれかを選択して提供します。

●比較対象労働者（1人）の個別具体的な待遇の内容（賃金であれば、その金額）
●比較対象労働者（複数人）に対する個別具体的な待遇の内容（数量的な待遇は、平均額または上下限額、数量的ではない待遇は標準的な内容または最も高い水準・最も低い水準の内容）
●比較対象労働者（1人または複数人）に適用している待遇の実施基準（賃金であれば賃金テーブル、等級表等の支給基準）

📖 制度解説／情報提供の方法と保存義務（則第24条の3関係）（共通）

　比較対象労働者の待遇に関する情報の提供は、**書面の交付等**（書面、ＦＡＸ、電子メール等）により行わなければなりません。また、派遣元事業主はその書面等を、派遣先は書面の写しを労働者派遣が終了した日から起算して**3年**を経過する日まで保存しなければなりません。

📖 制度解説／待遇情報の取扱い（派遣元指針関係）（共通）

　派遣労働者を受け入れようとする者（派遣先）から派遣元事業主に提供された比較対象労働者の待遇等に関する情報は、**秘密保持義務（法第24条の4）**の対象となります。

第4章　派遣労働者の同一労働同一賃金

派遣労働者の同一労働同一賃金②【適正な派遣就業の確保】

改正点のポイント	労働者派遣法・派遣先が講ずべき措置に関する指針

- ●派遣先は、適正な派遣就業を確保するため、派遣労働者に対し教育訓練の実施及び福利厚生施設の利用機会の付与などの措置を講じなければなりません。（法第40条関係）
- ●派遣先は比較対象労働者の待遇等の情報に変更があったときは、遅滞なく派遣元事業主に対し、変更の内容に関する情報を提供しなければなりません。（法第26条第10項関係）
- ●派遣労働者を受け入れようとする者及び派遣先は、派遣元事業主が派遣労働者と派遣先の労働者との均等・均衡待遇を図ることができるよう、派遣料金について配慮しなければなりません。（法第26条第11項関係）
- ●派遣先の派遣料金についての配慮は、労働者派遣契約の締結または更新時だけではなく、当該締結または更新がなされた後にも求められます。（派遣先指針関係）　　　　　施行期日　2020年4月

実務④ 労働者派遣契約を締結する（共通）

　派遣元事業主との間で締結する労働者派遣契約に記載する事項（法第26条、則第22条）に、図表47の内容が追加されます。また、派遣料金については、派遣元事業主において派遣労働者の待遇の確保が図られるよう、配慮しなければなりません。

図表47　労働者派遣契約に追加される記載事項（則第22条関係）

●派遣労働者が従事する業務に伴う責任の程度 ●労使協定方式の対象となる派遣労働者に限るか否かの別

※派遣元事業主は労働者派遣をする際に、協定対象派遣労働者であるか否かを派遣先に通知します。

実務⑤ 適正な派遣就業の確保のために派遣先が講ずべき措置を実施する（共通）

　派遣先は、派遣労働者の適正な就業環境を確保するため、図表48の措置を実施します。

図表48　適正な派遣就業を確保するための措置（法第40条第1項～第5項関係）

措置	要件	派遣先に求められる内容
苦情の処理	派遣労働者から派遣就業に関する苦情の申出を受けたとき	苦情の内容を派遣元事業主に通知するとともに、派遣元事業主と密接に連携し、誠意をもって、遅滞なく、苦情に適切かつ迅速な処理を図らなければなりません。
教育訓練	派遣元事業主から求めがあったとき	派遣労働者と同種の業務に従事する労働者に対し、業務の遂行に必要な能力を付与するための教育訓練を実施する場合は、派遣労働者に対しても実施する等の必要な措置を講じなければなりません＊。
福利厚生施設	派遣先の労働者が利用できるとき	給食施設、休憩室、更衣室については、派遣労働者にも利用する機会を与えなければなりません。
上記以外の福利厚生施設	派遣先の労働者が利用できるとき （配慮義務）	派遣先が設置・運営している物品販売所、病院、診療所、浴場、理髪室、保育所、図書館、講堂、娯楽室、運動場、体育館、保養施設等の施設については、利用に関する便宜を供与するなどの措置を講ずるよう配慮しなければなりません。（派遣先指針関係）
情報提供	派遣元事業主から求めがあったとき （配慮義務）	派遣元において教育訓練、派遣労働者の待遇決定及び待遇に関する事項等の説明が適切に講じられるようにするため、派遣先の労働者に関する情報や派遣労働者の業務の遂行状況の情報を提供するなど、必要な協力をするよう配慮しなければなりません。

＊派遣労働者がすでに必要な能力を有している場合や派遣元事業主が教育訓練を実施できる場合等は除外されます。（法第40条第2項、則第32条の2関係）

参考 協定対象派遣労働者に対する安全管理（派遣元指針関係）

　派遣元事業主が協定対象派遣労働者に対して行う安全管理に関する措置及び給付のうち、協定対象派遣労働者の職務の内容に密接に関連するものについては、派遣先の通常の労働者との間で不合理と認められる相違等が生じないようすることが望ましいとされています。

制度解説／派遣先管理台帳（法第42条第1項、則第36条関係）

　派遣先が、受け入れる派遣労働者ごとに派遣先管理台帳に記載すべき事項に以下の内容が追加されます。

●協定対象派遣労働者であるか否かの別 ●派遣労働者が従事する業務に伴う責任の程度

※派遣先管理台帳は3年間保存しなければなりません。（法第42条第2項関係）
※派遣先管理台帳の記載事項は、派遣元事業主に通知します。（法第42条第3項関係）

実務 ⑥ 比較対象労働者の待遇に変更が生じた場合の対応（派遣先均等・均衡方式）

　派遣先は、比較対象労働者の待遇に関する情報に変更が生じた場合は、**図表49**に該当する場合を除き、遅滞なく派遣元事業主に対して、変更の内容に関する情報を提供しなければなりません。

※提供方法及び提供後の取扱いは、契約締結時の情報提供と同様（49頁参照）です。

図表49　待遇に変更が生じても情報提供が不要な場合（則第24条の6第2項・第3項関係）

①派遣されている派遣労働者が**協定対象派遣労働者のみ**である場合
・労使協定方式に限定せず派遣労働者を受け入れている派遣先であっても、現に派遣されている派遣労働者が、協定対象派遣労働者のみだった場合は、情報提供は不要です。 　（ただし、教育訓練、福利厚生施設に関する情報提供は必要です）
②労働者派遣契約終了間際の軽微な変更の場合（下記のすべてに該当すれば不要）
・労働者派遣契約の期間が終了する日前の1週間以内における変更 ・当該変更を踏まえて派遣労働者の待遇を変更しなくても、派遣先均等・均衡方式の規定に違反しない ・労働者派遣契約で定めた変更の範囲を超えない

実務 ⑦ 比較対象労働者の待遇の変更に伴う派遣料金への配慮（派遣先均等・均衡方式）

　派遣先の比較対象労働者の待遇に変更があった場合、その変更の内容によっては、派遣労働者と派遣先の通常の労働者の待遇との間で不合理な待遇差（**下記 制度解説** 参照）が生じる可能性があります。

　派遣元事業主は、比較対象労働者の変更の内容に関する情報をもとに派遣労働者の待遇の変更を検討し、必要な対応を行う一方で、派遣先は派遣元事業主による派遣労働者の均等・均衡待遇が図れるよう、必要な原資となる**派遣料金への配慮**（再交渉）が求められます。

●**派遣料金への勘案事項**（派遣先指針関係）

派遣先は、派遣料金の決定にあたって派遣労働者の就業実態、労働市場の状況、従事する業務の内容、業務に伴う責任の程度、派遣労働者に要求する技術水準の変化等を勘案するように努めなければなりません。

制度解説 不合理な待遇の禁止等（法第30条の3第1項・第2項関係）（派遣先均等・均衡方式）

　派遣元事業主は、派遣労働者の基本給、賞与その他の待遇のそれぞれについて、職務の内容、職務の内容及び配置の変更範囲、その他の事情のうち、当該待遇の性質及び目的に照らして適切と認められるものを考慮して、派遣先の通常の労働者との間に不合理と認められる相違を設けてはなりません（**均衡待遇**）。

　また、派遣元事業主は、職務の内容、職務の内容及び配置の変更範囲が派遣先の通常の労働者と同一と見込まれる派遣労働者については、基本給、賞与その他の待遇のそれぞれについて、派遣先の通常の労働者の待遇に比して不利なものとしてはなりません（**均等待遇**）。

※派遣労働者が、短時間・有期雇用労働者である場合は、短時間・有期雇用労働法に基づき、派遣元において雇用される通常の労働者との間の均等・均衡待遇も求められます。（38～41頁参照）

— 51 —

| 第4章 | 派遣労働者の同一労働同一賃金 |

派遣労働者の同一労働同一賃金③【労使協定方式】

| 改正点のポイント | 労働者派遣法・労働者派遣法施行規則 |

- ●派遣元事業主は、労働者の過半数労働組合等との間で一定の事項を定めた労使協定を書面で締結し、労使協定で定めた事項を遵守しているときは、協定対象となる派遣労働者の待遇について、派遣先の通常の労働者との均等・均衡待遇は一部を除き適用されず、労使協定に基づき決定されることになります。（法第30条の4関係）
- ●上記の労使協定が適切な内容で定められていない場合や、労使協定で定めた事項を遵守していない場合は、協定対象派遣労働者に対しても派遣先均等・均衡方式が適用されます。（法第30条の4関係）
- ●協定対象派遣労働者であっても、派遣先が業務の遂行に必要な能力を付与するために実施する教育訓練及び福利厚生施設の利用に関する待遇は、派遣先の労働者と均等・均衡を図る必要があります。（法第30条の4、法第40条第2項・第3項関係）
- ●協定対象派遣労働者に限定して受け入れようとする者（派遣先）は、あらかじめ派遣元事業主に対し、派遣労働者が従事する業務ごとに、教育訓練及び福利厚生施設の利用に関する待遇の情報を提供しなければなりません。（法第26条第7項、則第24条の4第1項第2号関係）
- ●派遣元事業主は、派遣労働者を受け入れようとする者（派遣先）から上記の情報提供がないときは、当該者との間で労働者派遣契約を締結してはなりません。（法第26条第9項関係）

施行期日　2020年4月

派遣労働者を受け入れようとする者（派遣先）の実務

以下の実務手順は、労使協定方式の対象となる派遣労働者に限定して受け入れる場合のものです。
実務① 実務② は48～49頁参照

実務③ 比較対象労働者の待遇に関する情報を派遣元に提供する（労使協定方式）

労使協定方式の対象となる派遣労働者（協定対象派遣労働者）に限定して派遣労働者を受け入れようとする者（派遣先）が、あらかじめ派遣元事業主に対し提供しなければならない比較対象労働者の待遇に関する情報は、図表50のとおりです。

図表50　協定対象派遣労働者のみを受け入れる場合の提供情報（則第24条の4第1項第2号関係）

- ●派遣労働者と同種の業務に従事する派遣先の労働者に対して業務の遂行に必要な能力を付与するために実施する教育訓練（法第40条第2項の教育訓練）の内容
- ●給食施設、休憩室、更衣室（法第40条第3項の福利厚生施設）の内容
- ●上記の教育訓練または福利厚生施設がない場合は、その旨

実務④ 実務⑤ は50～51頁参照

実務⑥ 比較対象労働者の待遇に変更が生じた場合の対応（労使協定方式）

派遣先は、比較対象労働者の待遇に関する情報（図表50参照）に変更が生じた場合は、図表51に該当する場合を除き、遅滞なく派遣元事業主に対して、変更の内容に関する情報を提供しなければなりません。
※提供方法及び提供後の取扱いは、契約締結時の情報提供と同様（49頁参照）です。

図表51　待遇に変更が生じても情報提供が不要な場合（則第24条の6第3項関係）

●労働者派遣契約終了間際の軽微な変更の場合（下記のすべてに該当すれば不要）

- ・労働者派遣契約の期間が終了する日前の1週間以内における変更
- ・当該変更を踏まえて派遣労働者の待遇を変更しなくても、派遣先均等・均衡方式の規定に違反しない
- ・労働者派遣契約で定めた変更の範囲を超えない

実務 ⑦ 派遣料金への配慮（労使協定方式）

派遣先は、派遣元事業主が労使協定の定めによる事項を遵守できるものとなるよう、労働者派遣契約の締結・更新後も派遣料金について配慮しなければなりません。**（派遣先指針関係）**

制度解説 労使協定に定める事項 （法第30条の４第１項、則第25条の８～10関係）

派遣元事業主は、派遣労働者を含む過半数労働組合（労働組合がない場合は労働者の過半数代表者）*と**図表52**の事項を定めた労使協定を書面で締結し、定めた事項を遵守しているときは、一部の待遇を除き、労使協定に基づき派遣労働者の待遇が決定されます。

*過半数労働組合や過半数代表者については14頁 実務 ① 参照。

図表52　労使協定で定める内容

①労使協定の対象となる**派遣労働者の範囲**（客観的な基準により範囲を定めることが必要）	
②**賃金の決定方法** （いずれも該当するもの）	●派遣労働者が従事する業務と同種の業務に従事する**一般労働者の賃金の額と同等以上の賃金額**（派遣先の事業所等の所在地を含む地域において、派遣労働者が従事する業務と同種の業務に従事する一般の労働者であって、当該派遣労働者と同程度の能力及び経験を有する者の平均的な賃金額以上）となるもの
	●派遣労働者の職務の内容、成果、意欲、能力または経験等の向上があった場合に賃金が改定されるもの（通勤手当、家族手当、住宅手当など、職務の内容に密接に関連して支払われる賃金以外の賃金を除く）
③派遣労働者の職務の内容、成果、意欲、能力または経験等を**公正に評価して賃金を決定**すること	
④「**労使協定の対象とならない待遇及び賃金**」を除く待遇の決定方法 ・派遣元事業主に雇用される通常の労働者（派遣労働者を除く）との間で不合理な相違がないものに限る	
⑤派遣労働者に対して**段階的・計画的な教育訓練**を実施すること	
⑥その他の事項 ・有効期間（２年以内が望ましい） ・労使協定の対象となる派遣労働者の範囲を派遣労働者の一部に**限定する場合は、その理由** ・特段の事情がない限り、一の労働契約の期間中に派遣先の変更を理由として、協定の対象となる派遣労働者であるか否かを変えようとしないこと	

●労働者への周知 （法第30条の４第２項関係）

派遣元事業主は、労使協定を締結したときは、その協定の内容を**図表53**のいずれかの方法により、雇用する労働者に周知しなければなりません。

図表53　周知方法 （則第25条の11関係）

①書面の交付の方法
②派遣労働者が希望した場合に、ＦＡＸまたは電子メール等による方法
③電子計算機に備えられたファイル、磁気ディスクその他これらに準ずる物に記録し、かつ、労働者が当該記録の内容を常時確認できる方法
④常時、派遣元事業主の各事業所の見やすい場所に掲示し、または備え付ける方法（労使協定の概要を①または②の方法であわせて周知する場合に限る）

●労使協定の書面の保存 （則第25条の12関係）

派遣元事業主は、労使協定にかかる書面を、その有効期間が終了した日から３年を経過する日まで保存しなければなりません。

●行政機関への報告 （則第17条第３項関係）

労使協定を締結した派遣元事業主は、毎年度６月30日までに提出する「労働者派遣事業報告書」に労使協定を添付するとともに、労使協定の対象となる派遣労働者の職種ごとの人数、職種ごとの賃金額の平均額を報告しなければなりません。

第4章	派遣労働者の同一労働同一賃金

派遣労働者に対する説明義務の強化

改正点のポイント	労働者派遣法

- ●派遣元事業主は、派遣労働者の雇い入れ時に、省令で定める労働条件の事項について、あらかじめ文書の交付等で明示しなければなりません。**(法第31条の2第2項関係)**
- ●派遣元事業主は、派遣労働者の雇い入れ時に、不合理な待遇差を解消するために講ずる措置について、あらかじめ説明しなければなりません。**(法第31条の2第2項関係)**
- ●派遣元事業主は、労働者派遣をしようとするときに、厚生労働省令で定める労働条件の事項について、あらかじめ文書の交付等で明示しなければなりません。**(法第31条の2第3項関係)**
- ●派遣元事業主は、労働者派遣をしようとするときに、不合理な待遇差を解消するために講ずる措置について、あらかじめ説明しなければなりません。**(法第31条の2第3項関係)**
- ●派遣元事業主は、派遣労働者から求めがあったときに、派遣労働者と比較対象労働者との間の待遇の相違の内容及び理由について、説明しなければなりません。**(法第31条の2第4項関係)**

施行期日　2020年4月

📖制度解説 派遣労働者の待遇に関する事項の明示・説明義務**(法第31条の2関係)**

1　派遣労働者の雇い入れ時

　派遣元事業主は、あらかじめ**図表54**の事項を文書の交付等で明示しなければなりません。また、**図表55**の説明事項を書面の活用その他適切な方法により説明しなければなりません。

図表54　雇い入れ時の労働条件の明示事項（則第25条の16関係）

①昇給の有無
②退職手当の有無
③賞与の有無
④協定対象派遣労働者であるか否か（対象となる場合は労使協定の有効期間の終期）
⑤派遣労働者から申出を受けた苦情の処理に関する事項

※上記のほか労働基準法第15条に基づく労働条件の明示も必要です。

図表55　雇い入れ時の説明事項（法第31条の2第2項関係）

- ●派遣先均等・均衡方式による不合理な待遇の禁止等**（法第30条の3）**に関して講ずる措置の内容
- ●労使協定方式**（法第30条の4）**に関して講ずる措置の内容
- ●職務の内容、職務の成果、意欲、能力または経験その他の就業の実態に関する事項を勘案して賃金の決定に努めなければならない**（法第30条の5）**規定に関して講ずる措置の内容

2　労働者派遣をしようとするとき

　派遣元事業主は、あらかじめ**図表56**の事項を文書の交付等で明示しなければなりません。また、55頁の説明事項を書面の活用その他適切な方法により説明しなければなりません。

図表56　派遣時の労働条件の明示事項（法第31条の2第3項関係）

①賃金（退職手当等を除く）の決定等に関する事項
②休暇に関する事項
③昇給の有無
④退職手当の有無
⑤賞与の有無
⑥協定対象派遣労働者であるか否か（対象となる場合は労使協定の有効期間の終期）

※**図表56**のほか、法第34条第1項に基づく就業条件の明示も必要です。
※協定対象派遣労働者の場合は、⑥のみを明示します。

— 54 —

●**派遣時の説明事項**

図表55と同じです。ただし、労使協定方式に関する措置の内容については、法第40条第2項の教育訓練及び法第40条第3項の福利厚生施設にかかる事項に限ります。

3　派遣労働者から求めがあったとき

派遣元事業主は、派遣先から提供を受けた比較対象労働者の待遇等に関する情報に基づき、派遣労働者と比較対象労働者との間の待遇の相違の内容及び理由等（**図表57参照**）について説明しなければなりません。
※説明方法は短時間・有期雇用労働者に対する方法（42頁図表35参照）と同様です。

図表57　派遣労働者から求めがあったときの説明事項（派遣元指針関係）

派遣先均等・均衡方式の場合
①派遣労働者及び比較対象労働者の待遇のそれぞれを決定するにあたって考慮した事項の相違の有無
②派遣労働者及び比較対象労働者の待遇の個別具体的な内容、または派遣労働者及び比較対象労働者の待遇の実施基準
③派遣労働者及び比較対象労働者の職務の内容、職務の内容及び配置の変更の範囲その他の事情のうち、待遇の性質及び待遇を行う目的に照らして適切と認められるものに基づき、待遇差を設ける理由

労使協定方式の場合
①派遣労働者が従事する業務と同種の業務に従事する一般労働者の平均的な賃金額と同等以上であるものとして労使協定に定めた事項
②労使協定で定めた公正な評価
③協定対象派遣労働者の待遇が派遣元の通常の労働者（派遣労働者を除く）との間で不合理な相違がなく決定されていること等⇒派遣先均等・均衡方式の場合の説明の内容（上段）に準じて説明します。

●**不利益取扱いの禁止**（**法第31条の2第5項関係**）

派遣元事業主は、派遣労働者が説明を求めたことを理由として、解雇その他不利益な取扱いをしてはなりません。

●**比較対象労働者の待遇等に変更があった場合**（**派遣元指針関係**）

派遣元事業主は、派遣労働者から求めがない場合でも、比較対象労働者との間の待遇の相違の内容及び理由、派遣労働者の待遇を決定するにあたって考慮した事項等に変更があったときは、派遣労働者に対してその内容を情報提供することが望ましいとされます。

実務① 派遣元事業主から求められた場合の情報提供

派遣元事業主は、派遣先から提供された比較対象労働者の待遇に関する情報をもとに、派遣労働者に対して待遇差の内容やその理由等について説明をしますが、派遣労働者の理解・納得を得るためには、追加的な情報が必要となる場合も考えられます。

派遣先は、派遣元事業主が派遣労働者に対する説明義務（**法第31条の2第4項**）を適切に履行できるよう、派遣元事業主の求めに応じ、派遣先に雇用される労働者に関する情報、派遣労働者の業務の遂行状況その他の情報であって必要なものを提供するなどの配慮をしなければなりません。（**法第40条第5項関係**）
⇒50頁 実務⑤ 図表48 情報提供 参照

第5章	産業医・産業保健機能の強化

産業医の活動環境の整備①【産業医の周知と権限付与】

改正点のポイント　労働安全衛生法・労働安全衛生規則

- ●産業医を選任した事業者は、産業医の業務等を労働者に周知しなければなりません。（法第101条第２項関係）
- ●事業者は、産業医に対し、安衛則第14条第１項各号に掲げる職務をなし得る権限を与えなければなりません。（則第14条の４関係）
- ●事業者は、産業医等による労働者の健康管理等の適切な実施を図るため、産業医等が労働者の健康相談に応じ、適切に対応するために必要な体制の整備その他の必要な措置を講ずるように努めなければなりません。（法第13条の３関係）　　　　　　　　　　　　　　　施行期日　2019年４月

📖制度解説 産業医等の選任 （法第13条・第13条の2、則第13条・第15条の２関係）

　常時使用する労働者50人以上の事業場は、産業医を選任し、労働者の健康管理等を行わせなければなりません。50人未満の事業場であっても、労働者の健康管理等に必要な医学に関する知識を有する医師または保健師（以下、医師等）に、労働者の健康管理等の全部または一部を行わせるように努めなければなりません。

※労働者数3,001人以上の事業場は２名以上、常時1,000人以上の労働者を使用する事業場及び一定の業務に該当する常時500人以上の労働者を使用する事業場は、その事業場に専属の産業医を選任しなければなりません。

実 務① 産業医等の業務等を労働者に周知する

　産業医を選任した事業者は、図表58の内容を図表59の方法で、労働者に周知しなければなりません。

※医師等を選任した事業者は、同様に周知に努めなければなりません。

図表58　周知させる内容 （則第98条の２第２項関係）

- ●事業場における産業医の業務の具体的内容
- ●産業医に対する健康相談の申出の方法（日時や場所等も含む）
- ●産業医による労働者の心身の状態に関する情報の取扱いの方法

●実務のポイント●　産業医の業務の具体的内容 （2018年通達基発1228第16号関係）

　産業医の業務の具体的内容は、産業医が事業場において遂行する業務を指します。安衛則第14条第１項（下記 参考 ）等で規定される産業医の職務と対比できるようにしておくことがわかりやすいと考えられます。

参考 産業医の職務 （則第14条第１項関係）

①健康診断の実施及びその結果に基づく労働者の健康を保持するための措置に関すること
②長時間労働者、新たな技術、商品または役務の研究開発業務の労働者、高度プロフェッショナル制度の対象労働者に対する面接指導、必要な措置の実施及びその結果に基づく労働者の健康を保持するための措置に関すること
③ストレスチェック検査の実施、面接指導の実施及びその結果に基づく労働者の健康を保持するための措置に関すること
④作業環境の維持管理に関すること
⑤作業の管理に関すること
⑥上記のほか、労働者の健康管理に関すること
⑦健康教育、健康相談その他労働者の健康の保持増進を図るための措置に関すること
⑧衛生教育に関すること
⑨労働者の健康障害の原因の調査及び再発防止のための措置に関すること

参考 産業医の定期巡視 （則第15条関係）

産業医は、少なくとも毎月１回*作業場等を巡視し、作業方法または衛生状態に有害のおそれがあるときは、直ちに、労働者の健康障害を防止するため必要な措置を講じなければならない。

*産業医が事業者から毎月１回以上、一定の情報提供を受けて事業者の同意を得ているときは、少なくとも２月に１回。

●**実務のポイント**● 産業医による健康相談（法第13条の３、2018年通達基発1228第16号関係）

　事業者は、労働者が産業医等による健康相談を安心して受けられるようにするため、プライバシーを確保できる場所で実施するよう配慮するとともに、その結果については、心身の状態の情報の指針に基づき事業場ごとに策定された取扱規程により適切に取り扱う必要があります。

図表59　周知の方法（法第101条第２項・則第98条の２第１項関係）

①常時各作業場の見やすい場所に掲示し、または備え付けること
②書面を労働者に交付すること
③磁気テープ、磁気ディスクその他これらに準ずる物に記録し、かつ、各作業場に労働者が当該記録の内容を常時　確認できる機器を設置すること（イントラネットでの電子掲示板への掲載など）

実務② 産業医に職務を遂行する権限を付与する

　事業者は、産業医が安衛則第14条第１項各号に掲げる職務（56頁 参考 参照）をなし得る権限を、産業医に対して付与しなければなりません。**（則第14条の４第１項関係）**

　また、その権限には図表60の内容が含まれるものと法令で明確化されています。

図表60　産業医に付与する権限（則第14条の４第２項関係）

①事業者または総括安全衛生管理者に対して意見を述べること
②労働者の健康管理等を実施するために必要な情報を労働者から収集すること
③労働者の健康を確保するための緊急の必要がある場合に、労働者に対して必要な措置をとるべきことを指示する　こと

●**実務のポイント**● 産業医の情報収集の方法と必要な配慮（2018年通達基発1228第16号関係）

　産業医が図表60②労働者の健康管理等を実施するために必要な情報を労働者から収集する方法としては、以下の方法などが考えられます。また、その際は事業者及び産業医に以下の配慮が求められます。

●作業場等を巡視する際などに、対面により労働者から必要な情報を収集する方法
●文書により労働者から必要な情報を収集する方法（事業者から提供された労働時間に関する情報等を勘案して選　定した労働者を対象に、職場や業務の状況に関するアンケート調査を実施するなど）

産業医が労働者から情報を収集する際の必要な配慮

産業医：労働者が提供した情報が本人の同意なしに、事業者、人事担当者、上司等に伝わらないようにする
事業者：産業医が情報を収集する際の具体的な取扱いを、あらかじめ衛生委員会等で審議し、決定しておく

●**実務のポイント**● 労働者の健康を確保するための緊急の必要がある場合（2018年通達基発1228第16号関係）

　図表60③の緊急の必要がある場合とは、以下の場合が考えられます。

●保護具等を使用せずに、有害な化学物質を取り扱うことにより、労働災害が発生する危険のある場合
●熱中症等の徴候があり、健康を確保するために緊急の措置が必要と考えられる場合　など

制度解説 産業医の誠実職務遂行義務（法第13条第３項・則第14条第７項関係）

　産業医は、産業医学の専門的立場から、誠実に職務を遂行する義務が求められます。また、労働者の健康管理等を行うために必要な医学に関する知識及び能力の維持向上に努める義務も求められます。

制度解説 産業医の辞任または解任（則第13条第４項関係）

　事業者は、産業医が辞任したとき、または解任したときは、衛生委員会または安全衛生委員会に遅滞なく、その旨及びその理由を報告しなければなりません。

●**実務のポイント**● 産業医の辞任または解任理由（2018年通達1228第16号関係）

　辞任または解任の理由が産業医自身の健康上の問題など、機微な内容が含まれる場合は、産業医の意向を確認した上で、「一身上の都合により」「契約期間満了により」などと報告しても差し支えありません。

| 第5章 | 産業医・産業保健機能の強化 |

産業医の活動環境の整備②【産業医への情報提供と勧告】

| 改正点のポイント | 労働安全衛生法・労働安全衛生規則 |

●産業医を選任した事業者は、労働者の健康管理等を適切に行うために必要な情報を<u>産業医に提供しな</u><u>ければなりません</u>。（法第13条第4項関係）
●事業者は、産業医の勧告を受けたときは、その内容を尊重するとともに、勧告の内容等を<u>衛生委員会</u><u>等に報告しなければなりません</u>。（法第13条第5項・第6項関係）
●産業医が法第13条第5項の勧告をしようとするときは、あらかじめ当該勧告の内容について、事業者の意見を求めるとしています。（則第14条の3関係）　　　　　　　　　　施行期日　2019年4月

長時間労働等の労働者がいる場合

実務③ 産業医に労働者の健康管理等に関して必要な情報を提供する

　産業医を選任した事業者は、産業医に対し、労働者の労働時間に関する情報その他産業医が労働者の健康管理等を適切に行うために必要な情報を適切な時期に提供しなければなりません。（**図表61参照**）
※医師等を選任した事業者は、同様に必要な情報を医師等へ提供するよう努めなければなりません。

図表61　産業医等に提供する情報と提供の時期　（則第14条の2第1項・第2項・第15条の2第3項関係）

産業医等に提供が必要な情報	提供する時期
●健康診断実施後に講じた措置（または講じようとする措置） ●長時間労働者に対する医師による面接指導実施後に講じた措置（または講じようとする措置） ●ストレスチェック検査結果に基づく医師による面接指導後に講じた措置（または講じようとする措置） ●これらの措置を講じなかった場合は、その旨と理由	措置の結果について医師から意見聴取を行った後遅滞なく
●休憩時間を除き1週間あたり40時間（法定労働時間）を超えて労働させた場合におけるその超えた時間（時間外労働及び休日労働の時間）が1ヵ月あたり80時間を超えた労働者の氏名及び超えた時間に関する情報	超えた時間の算定を行った後速やかに
●上記のほか、労働者の業務に関する情報であって産業医等が労働者の健康管理等を適切に行うために必要と認められるもの ⇒労働者の作業環境、労働時間、作業態様、作業負荷の状況、深夜業等の回数・時間数などのうち、産業医等が労働者の健康管理等を適切に行うために必要なもの （2018年通達基発1228第16号関係）	産業医等から提供を求められた後速やかに

●**実務のポイント**●　産業医等への情報提供　（2018年通達基発0907第2号、2018年通達1228第16号関係）
●「遅滞なく」とは、おおむね1ヵ月以内とされます。
●「速やかに」とは、おおむね2週間以内とされます。
●提供方法は書面による交付のほか、磁気テープ、磁気ディスクその他これらに準ずるものに記録して提供する方法、電子メールなどの方法があり、提供情報は記録・保存しておくことが望ましいとされます。
●休憩時間を除き1週間あたり40時間を超えて労働させた時間が1ヵ月あたり80時間を超えた労働者がいない場合は、「該当者がいない」ことを産業医等に情報提供します。

■ 制度解説／労働者への情報提供　（則第52条の2第3項関係）
　事業者は、休憩時間を除き1週間あたり40時間を超えて労働させた場合におけるその超えた時間が1ヵ月あたり80時間を超えた情報を、**当該労働者に対しても速やかに通知**しなければなりません。

産業医から勧告を受けた場合

実務④ 産業医の勧告を受けた場合の事業者の対応

　産業医は、労働者の健康を確保するため必要があると認めるときは、事業者に対し、労働者の健康管理等について必要な勧告をすることができます。**(法第13条第5項関係)**

　この勧告がその趣旨を含めて事業者に理解され、労働者の健康管理等のために有効に機能するようにするため、産業医が勧告をするにあたっては、あらかじめ当該勧告の内容について事業者に意見を求めることとしています。**(則第14条の3第1項関係)**

　産業医から勧告を受けた事業者は、遅滞なく、当該勧告の内容及び勧告を踏まえて講じた措置の内容、措置を講じない場合はその旨とその理由を**衛生委員会等に報告**しなければなりません。また、事業者はこれらを記録し、**3年間保存**しなければなりません。**(則第14条の3第2項〜第4項関係)**

● **実務のポイント**　勧告の内容及び措置の記録の保存（2018年通達1228第16号関係）

　安全委員会、衛生委員会等の意見及び当該意見を踏まえて講じた措置の内容等が具体的に記載された議事録であれば、当該議事録を保存することで足りるとしています。

■ **制度解説／安全委員会・衛生委員会等の意見等の記録・保存**（則第23条第4項関係）

　事業者は、安全委員会、衛生委員会等の開催の都度、これらの委員会の意見及び当該意見を踏まえて講じた措置の内容、委員会における議事で重要なものを記録し、3年間保存しなければなりません。

　また、産業医は、衛生委員会等に対して労働者の健康を確保する観点から必要な調査審議を求めることができます。なお、調査審議を求める場合は、その趣旨等を説明する必要から、産業医は衛生委員会等に出席する必要があります。**(則第23条第5項、2018年通達1228第16号関係)**

参考　安全委員会、衛生委員会等について

委員会の種類	設置基準	委員構成	主な役割（調査審議事項）
安全委員会	①常時使用する労働者50人以上の事業場（林業、鉱業、建設業、製造業の一部、道路貨物運送業、港湾運送業、自動車整備業等） ②常時使用する労働者100人以上の事業場（製造業の一部、①以外の運送業、電気業、ガス業、水道業、通信業、旅館業等）	●総括安全衛生管理者等1名 ●安全管理者1名以上 ●安全に関し経験を有する労働者 【委員の指名】 総括安全衛生管理者以外の委員は事業者が指名する。そのうち半数は労働者の過半数代表者等の推薦に基づき指名する。 ※衛生委員会も同様	●労働者の危険を防止するための対策 ●労働災害の原因及び再発防止対策で安全に関すること 　　　　　　　　　　など
衛生委員会	常時使用する労働者が50人以上の事業場（全業種）	●総括安全衛生管理者等1名 ●衛生管理者 ●産業医 ●衛生に関し経験を有する労働者	●労働者の健康障害の防止、健康増進等を図るための対策 ●労働災害の原因及び再発防止対策で衛生に関すること 　　　　　　　　　　など
安全衛生委員会	安全委員会及び衛生委員会の両方を設置しなければいけない事業場が、両委員会に代えて設置することができる。		

※委員会は毎月1回以上開催し、議事の概要は労働者に周知します。
※労働者が50人未満の事業場など、委員会の設置義務がない事業者は、安全または衛生に関する事項について、関係労働者の意見を聴取する機会を設けるようにしなければなりません。**(則第23条の2関係)**

第5章	産業医・産業保健機能の強化

医師による面接指導

改正点のポイント	労働安全衛生法・労働安全衛生規則

●事業者は、「休憩時間を除き1週間あたり40時間を超えて労働させた場合におけるその超えた時間が1ヵ月あたり80時間を超え、かつ疲労の蓄積が認められる」労働者から申出があった場合には、医師による面接指導を行わなければなりません。**(法第66条の8第1項、則第52条の2第1項、則第52条の3第1項関係)**

●事業者は、上記の労働時間の算定を行ったときは、当該労働者に対し、速やかに当該時間に関する情報を通知しなければなりません。**(則第52条の2第3項関係)**

●事業者は、新技術、商品または役務の研究開発に係る業務に従事し、「休憩時間を除き1週間あたり40時間を超えて労働させた場合におけるその超えた時間が1ヵ月あたり100時間を超える」労働者には、本人の申出の有無にかかわらず、医師による面接指導を行わなければなりません。**(法第66条の8の2第1項、則第52条の7の2第1項関係)**

●事業者は、高度プロフェッショナル制度の対象労働者であって、その健康管理時間が「休憩時間を除き1週間あたり40時間を超えて労働させた場合に、その超えた時間が1ヵ月あたり100時間を超える」場合には、本人の申出の有無にかかわらず、医師による面接指導を行わなければなりません。**(法第66条の8の4第1項、則第52条の7の4関係)**

施行期日　2019年4月

実務① 医師による面接指導の対象となる労働者を把握し、面接指導の申出を促す

　事業者は、法定労働時間（週40時間）を超えて労働させた場合におけるその超えた時間（時間外労働及び休日労働）が1ヵ月あたり80時間を超える時間を算定した労働者を把握したときは、当該労働者に対し、速やかに当該労働時間に関する情報を通知し、面接指導の申出を促します。

制度解説／労働時間の状況の把握　（法第66条の8の3関係）

　事業者は、過重労働にある労働者を見逃さないよう、管理監督者及びみなし労働時間制が適用される労働者を含めて、すべての労働者の労働時間の状況を把握する義務があります。**(62～63頁参照)**

●実務のポイント●　労働者に通知する情報の内容と時期と方法　（2018年通達1228第16号関係）

通知する情報：労働時間に関する情報のほか、面接指導の実施方法や時期等の案内もあわせて行います。
通知する時期：労働時間の算定後、速やかに（おおむね2週間以内）に行います。
通知する方法：書面や電子メール等で通知します。給与明細に時間外・休日労働時間数が記載されている場合には、これをもって労働時間に関する情報の通知としても差し支えありません。

●実務のポイント●　産業医への情報提供　（法第13条第4項、則第14条の2第1項関係）

　産業医を選任している事業者は、産業医に対しても、法定労働時間（週40時間）を超えて労働させた場合におけるその超えた時間（時間外労働及び休日労働）が1ヵ月あたり80時間を超える時間を算定した労働者の氏名及び超えた時間に関する情報を、速やかに提供しなければなりません。**(58頁参照)**

実務② 申出があった労働者に医師による面接指導を行う

　事業者は、労働者からの申出があった場合、遅滞なく医師による面接指導を行います。**(則第52条の3関係)**
　面接指導の結果は医師の意見とともに記録して、5年間保存しなければなりません。**(法第66条の8第3項、則第52条の6関係)**

※同80時間を超えない労働者から申出があった場合、面接指導を行うように努めなければなりません。

— 60 —

実務 ③ 医師の意見を勘案し、必要な就労上の措置を講じる

　事業者は、医師による面接指導を実施後、その結果に基づき、遅滞なく当該労働者の健康保持に必要な措置について医師から意見を聴取しなければなりません。**（法第66条の８第４項、則第52条の７関係）**

　また事業者は、聴取した医師の意見を勘案し、その必要があると認めるときは、当該労働者の実情を考慮して、**①就業場所の変更、②作業の転換、③労働時間の短縮、④深夜業の回数の減少等の措置を講じなけれ**ばなりません。**（法第66条の８第５項関係）**

※医師の意見は、衛生委員会等に報告しなければなりません。

新技術、商品または役務の研究開発業務の従事する労働者に対する医師の面接指導

実務 ④ 医師による面接指導の対象となる労働者を把握し、面接指導を行う

　事業者は、時間外労働の上限規制等の適用除外とされる「新技術、商品または役務の研究開発業務に従事する労働者」に対して、法定労働時間（週40時間）を超えて労働させた場合におけるその超えた時間（時間外労働及び休日労働）が１ヵ月あたり100時間を超える時間を算定した労働者を把握したときは、当該労働者の申出の有無にかかわらず、医師による面接指導を行わなければなりません。

📖 **制度解説／100時間を超えない労働者に対する医師の面接指導（法第66条の８第１項関係）**

　研究開発業務に従事する労働者に対しても、**法第66条の８第１項の規定（ 実務① 参照）は適用されます**ので、１ヵ月あたりの時間外労働及び休日労働が80時間を超え、かつ疲労の蓄積が認められる労働者から申出があった場合は、事業者は医師による面接指導を行わなければなりません。

📖 **制度解説／医師による面接指導の実施及び必要な就業上の措置（法第66条の８の２第２項関係）**

　面接指導の実施、医師の意見聴取などの事項（ 実務②
実務③ 参照）は、準用されます。ただし、医師の意見を勘案して事業者が講じなければいけない就業上の措置については、右記に変更されます。

①就業場所の変更
②職務内容の変更
③有給休暇（年次有給休暇を除く）の付与
④労働時間の短縮
⑤深夜業の回数の減少　など

高度プロフェッショナル制度の対象労働者に対する医師の面接指導

実務 ⑤ 医師による面接指導の対象となる労働者を把握し、面接指導を行う

　事業者は、高度プロフェッショナル制度の対象者であって、その**健康管理時間**が、「休憩時間を除き１週間あたり40時間を超えて労働させた場合に、その超えた時間が１ヵ月あたり100時間を超える」時間を算定した労働者を把握したときは、当該労働者の申出の有無にかかわらず、医師による面接指導を行わなければなりません。**（高度プロフェッショナル制度に関しては30〜37頁参照）**

参考 健康管理時間

事業場内にいた時間と事業場外において労働した時間の合計時間。使用者は、対象労働者の健康管理を行うために労使委員会で決議した方法で把握しなければならない。

📖 **制度解説／医師による面接指導の実施及び必要な就業上の措置（法第66条の８の４第２項関係）**

　面接指導の実施、医師の意見聴取などの事項（ 実務② 実務③ 参照）は、準用されます。ただし、医師の意見を勘案して事業者が講じなければいけない就業上の措置については、下記に変更されます。

①職務内容の変更
②有給休暇（年次有給休暇を除く）の付与
③健康管理時間が短縮されるための配慮　など

📖 **制度解説／医師による面接指導義務違反に対する罰則（法第120条関係）**

　下記の違反に対しては、罰則（**50万円以下の罰金**）が適用されることがあります。

・新技術、商品または役務の研究開発業務に従事する労働者に対する医師の面接指導（法第66条の８の２第１項）
・高度プロフェッショナル制度の対象労働者に対する医師の面接指導（法第66条の８の４第１項）

第5章	産業医・産業保健機能の強化

労働時間の状況の把握

改正点のポイント	労働安全衛生法・労働安全衛生規則

- ●事業者は、長時間労働者等に対して適切な健康確保措置を図るため、タイムカードによる記録、パーソナルコンピュータ等の電子計算機の使用時間の記録等の客観的な方法その他の適切な方法により、労働者の労働時間の状況を把握しなければなりません。（法第66条の8の3、則第52条の7の3第1項関係）
- ●事業者は、上記の方法により把握した労働時間の状況の記録を作成し、3年間保存するための必要な措置を講じなければなりません。（則第52条の7の3第2項関係）

施行期日 2019年4月

📖制度解説 労働時間の状況を把握しなければならない労働者（2018年通達1228第16号関係）

事業者が労働時間の状況を把握しなければならない労働者は、高度プロフェッショナル制度が適用される労働者を除き、すべての労働者が対象です（**図表62**参照）。

図表62　労働時間の状況の把握が必要な労働者の範囲

- ●管理監督者等（時間外労働等に対する割増賃金の支払義務のない労働者も対象となります）
- ●事業場外労働みなし労働時間制の適用者、裁量労働制の適用者（みなし時間に基づき割増賃金の算定をする労働者も対象となります）
- ●新技術、商品または役務の研究開発に係る業務に従事する労働者（時間外労働の上限規制が適用除外となる労働者も対象となります）
- ●派遣労働者（直接雇用していない労働者も対象となります）

※高度プロフェッショナル制度が適用される労働者は、別途、健康管理時間の把握が必要となります。

実務① 労働者の労働時間の状況を客観的な方法で把握する

事業者は、労働者に対する健康確保措置を適切に実施する観点から、労働時間の状況（労働者がいかなる時間帯にどの程度の時間、労務を提供し得る状態にあったか）を把握します。

労働時間の状況を把握する方法としては、**図表63**の方法が原則となります。

図表63　労働時間の状況の把握方法〔原則〕

- ●タイムカードの記録
- ●パーソナルコンピュータ等の電子計算機の使用時間（ログインからログアウトまでの時間）の記録
- ●事業者（事業者から労働時間の状況を管理する権限を委譲された者含む）の現認等による記録

⇒上記の客観的な記録により、労働者の労働日ごとの出退勤時刻や入退室時刻の記録等を把握しなければなりません。（2018年通達1228第16号関係）

●**実務のポイント**● 賃金台帳に記入する労働時間数（労基則第54条第1項、2018年通達1228第16号関係）

賃金台帳に記入した労働時間数をもって労働時間の状況の記録とすることは可能です。ただし、管理監督者等、事業場外労働のみなし労働時間制の適用者、裁量労働制の適用者はこの限りではありません。

実務② 労働者の労働時間の状況を労働者の自己申告で把握する

事業者は、労働者の労働時間の状況を**図表63**の方法で把握するのが原則ですが、やむを得ず客観的な方法により把握しがたい場合は、**図表64**の措置をすべて講じた上で、労働者の自己申告により把握することも認められます。

● **実務のポイント** ● やむを得ず客観的な方法により把握しがたい場合（2018年通達1228第16号関係）

　やむを得ず客観的な方法により把握しがたい場合とは、労働者が事業場外において行う業務に直行または直帰するなど、事業者の現認を含め、労働時間の状況を客観的に把握する手段がない場合を指します。事業場外からも社内システムにアクセスすることにより客観的な方法で把握できる場合もあるため、単に直行または直帰を理由として自己申告とすることは認められません。

● **実務のポイント** ● 自己申告の時期（2018年通達1228第16号関係）

　労働時間の状況を労働者の自己申告により把握する場合は、その日の労働時間の状況を翌労働日までに自己申告させることが適当です。ただし、宿泊を伴う出張に出ているなど、労働日ごとに自己申告により把握することが困難な場合は、後日一括して自己申告させることとしても差し支えありません。

図表64　労働者の自己申告で労働時間の状況を把握する場合に必要な措置（2018年通達1228第16号関係）

①自己申告制の対象となる労働者に対して、労働時間の状況の実態を正しく記録し、適正に自己申告を行うことなどについて十分な説明を行うこと
②実際に労働時間の状況を管理する者に対して、自己申告制の適正な運用を含め、講ずべき措置について十分な説明を行うこと
③自己申告により把握した労働時間の状況が実際の労働時間と合致しているか否かについて、必要に応じて実態調査を実施し、所要の労働時間の状況の補正をすること
④自己申告した労働時間の状況を超えて事業場内にいる時間または事業場外において労務を提供し得る状態であった時間について、その理由等を労働者に報告させる場合には、当該報告が適正に行われているかについて確認すること。その際に、休憩や自主的な研修、教育訓練、学習等であるため労働時間の状況ではないと報告されていても、実際には、事業者の指示により業務に従事しているなど、事業者の指揮命令下に置かれていたと認められる時間については、労働時間の状況として扱わなければならないこと
⑤自己申告制は、労働者による適正な申告を前提として成り立つものであり、事業者は労働者が自己申告できる労働時間の状況に上限に設け、上限を超える申告を認めないなど、労働者による労働時間の状況の適正な申告を阻害する措置を講じてはならないこと。また、時間外労働時間の削減のために社内通達や時間外労働手当の定額払いなど、労働時間にかかる事業場の措置が、労働者の労働時間の状況の適正な申告を阻害する要因となっていないか確認し、阻害要因となっている場合は改善のための措置を講ずること。さらに、実際には36協定により延長することができる時間数を超えて労働しているにもかかわらず、記録上これを守っているようにすることが、実際に労働時間の状況を管理する者や労働者等において、慣習的に行われていないか確認すること

参考 ▶ 労働時間の考え方（労働時間の適正な把握のために使用者が講ずべき措置に関するガイドライン）

　労働時間とは、使用者の指揮命令下に置かれている時間のことをいい、使用者の明示または黙示の指示により労働者が業務に従事する時間は労働時間に該当します。そのため、次の①〜③のような時間は、労働時間として扱わなければなりません。

①使用者の指示により、就業を命じられた業務に必要な準備行為（着用を義務付けられた所定の服装への着替え等）や業務終了後の業務に関連した後始末（清掃等）を事業場内において行った時間
②使用者の指示があった場合には即時に業務に従事することを求められており、労働から離れることが保障されていない状態で待機等している時間（いわゆる「手待時間」）
③参加することが業務上義務づけられている研修・教育訓練の受講や、使用者の指示により業務に必要な学習等を行っていた時間

※上記以外の時間でも、使用者の指揮命令下に置かれていると評価される時間は労働時間として取り扱います。
※労働時間に該当するか否かは、労働契約、就業規則、労働協約等の定めのいかんによらず、労働者の行為が使用者の指揮命令下に置かれたものと評価することができるか否かにより客観的に定まるものです。客観的に見て使用者の指揮命令下に置かれていると評価されるかどうかは、労働者の行為が使用者から義務づけられ、またはこれを余儀なくされていた等の状況の有無等から、個別具体的に判断されます。

| 第5章 | 産業医・産業保健機能の強化 |

労働者の心身の状態に関する情報の取扱い

| 改正点のポイント | 労働安全衛生法・じん肺法 |

- ●事業者は、労働者の健康の確保に必要な範囲内で労働者の心身の状態に関する情報を**収集**し、当該収集の目的の範囲内でこれを**保管**し、及び**使用**しなければなりません。ただし、本人の同意がある場合その他正当な事由がある場合は、この限りではありません。**(安衛法第104条第1項、じん肺法第35条の3第1項関係)**
- ●事業者は、労働者の心身の状態に関する情報を適正に管理するために必要な措置を講じなければなりません。**(安衛法第104条第2項、じん肺法第35条の3第2項関係)**
- ●厚生労働大臣は、事業者が講ずべき措置の適切かつ有効な実施を図るため、「労働者の心身の状態に関する情報の適正な取扱いのために事業者が講ずべき措置に関する指針」に基づき、事業者等に対し、必要な指導を行うことができます。**(安衛法第104条第3項・第4項、じん肺法第35条の3第3項・第4項関係)**

施行期日　2019年4月

制度解説　労働者の心身の状態の情報の取扱い（労働者の心身の状態に関する情報の取扱い指針関係）

　事業者が労働安全衛生法に基づき実施する健康診断等の健康確保措置や、任意に行う労働者の健康管理活動を通じて得た労働者の心身の状態に関する情報（**心身の状態の情報**）は、そのほとんどが個人情報保護法第2条第3項に定める「要配慮個人情報」に該当する機微な情報です。

　事業者が心身の状態の情報を取り扱うことができるのは、労働者の健康確保措置の実施や事業者が負う安全配慮義務の履行の目的の範囲内で適正に収集、保管、使用する場合で、具体的には、情報の性質の分類に応じて**図表66**のように整理されます。

実務①　労働者の心身の状態の情報の適正な取扱いのための規程を策定する

　事業者は、心身の状態の情報を適正に取り扱うため、**図表65**の事項について規程（**取扱規程**）を策定します。策定にあたっては、事業場ごとに衛生委員会等を活用して労使で検討することが考えられます*。

　策定した取扱規程は、常時見やすい場所に掲示、または備え付けるか、イントラネットに掲載する等の方法により労働者に周知します。

図表65　取扱規程に定めるべき事項

①心身の状態の情報を取り扱う目的及び取扱方法
②心身の状態の情報を取り扱う者及びその権限並びに取り扱う心身の状態の情報の範囲
③心身の状態の情報を取り扱う目的等の通知方法及び本人同意の取得方法
④心身の状態の情報の適正管理の方法
⑤心身の状態の情報の開示、訂正等（追加及び削除を含む）及び使用停止等（消去及び第三者への提供停止を含む）の方法
⑥心身の状態の情報の第三者提供の方法
⑦事業承継、組織変更に伴う心身の状態の情報の引継ぎに関する事項
⑧心身の状態の情報の取扱いに関する苦情の処理
⑨取扱規程の労働者への周知の方法

*企業及び事業場の実情を踏まえ、**事業場単位ではなく、企業単位で策定する**ことも考えられます。

実務②　労働者の心身の状態の情報の適正な取扱いのための規程を運用する

　事業者は、取扱規程について、心身の状態の情報を取り扱う者等の関係者に教育し、適切に運用するとともに、適宜、その運用状況を確認して取扱規程の見直し等を検討することが必要です。取扱規程の運用が適切に行われていない場合、事業者は労働者にその旨を説明し、再発防止に取り組まなければなりません。

— 64 —

図表66　心身の状態の情報の取扱いの原則（情報の性質による分類）

心身の状態の情報の分類	分類に該当する情報の例	取扱いの原則
①労働安全衛生法令に基づき事業者が直接取り扱うこととされており、労働安全衛生法令に定める義務を履行するために、事業者が必ず取り扱わなければならない心身の状態の情報	・健康診断の受診・未受診の情報 ・長時間労働者による面接指導の申出の有無 ・ストレスチェックの結果、高ストレスと判定された者による面接指導の申出の有無 ・健康診断の事後措置について医師から聴取した意見 ・長時間労働者に対する面接指導の事後措置について医師から聴取した意見 ・ストレスチェックの結果、高ストレスと判定された者に対する面接指導の事後措置について医師から聴取した意見	すべての情報をその取扱いの目的の達成に必要な範囲を踏まえて、事業者等が取り扱う必要がある。 ただし、それらに付随する健康診断の結果等の心身の状態の情報については、②の取扱いの原則に従って取り扱う必要がある。
②労働安全衛生法令に基づき事業者が労働者本人の同意を得ずに収集することが可能であるが、事業場ごとの取扱規程により事業者等の内部における適正な取扱いを定めて運用することが適当である心身の状態の情報	・健康診断の結果（法定の項目） ・健康診断の再検査の結果（法定の項目と同一のものに限る） ・長時間労働者に対する面接指導の結果 ・ストレスチェックの結果、高ストレスと判定された者に対する面接指導の結果	事業者等は、当該情報の取扱いの目的の達成に必要な範囲を踏まえて、取り扱うことが適切である。そのため、事業場の状況に応じて、 ・情報を取り扱う者を制限する ・情報を加工する など、事業者等の内部における適切な取扱いを取扱規程に定め、また、取扱いの目的及び方法等について労働者が十分に認識できるよう、丁寧な説明を行う等の取扱いに対する労働者の納得性を高める措置を講じた上で、取扱規程を運用する必要がある。
③労働安全衛生法令において事業者が直接取り扱うことについて規定されていないため、あらかじめ労働者本人の同意を得ることが必要であり、事業場ごとの取扱規程により事業者等の内部における適正な取扱いを定めて運用することが必要である心身の状態の情報	・健康診断の結果（法定外項目） ・保健指導の結果 ・健康診断の再検査の結果（法定の項目と同一のものを除く） ・健康診断の精密検査の結果 ・健康相談の結果 ・がん検診の結果 ・職場復帰のための面接指導の結果 ・治療と仕事の両立支援等のための医師の意見書 ・通院状況等疾病管理のための情報	個人情報の保護に関する法律に基づく適切な取扱いを確保するため、事業場ごとの取扱規程に則った対応を講じる必要がある。

●**実務のポイント**●　労働者の理解の促進（労働者の心身の状態に関する情報の取扱い指針関係）

　図表66の①②に分類される情報は、法令上、労働者本人の同意を得る必要はありませんが、取り扱う目的や取扱い方法等について、労働者に周知した上で収集することが必要です。特に②の情報については、目的や取扱い方法等について労働者の十分な理解を得ることが望ましく、取扱規程に定めた上で、受診案内等にあらかじめ記載し、労働者に通知することが考えられます。

●**実務のポイント**●　労働者本人の同意の取得（労働者の心身の状態に関する情報の取扱い指針関係）

　図表66の③の情報は、あらかじめ労働者本人の同意が必要ですが、労働者の生命、身体または財産の保護のために必要がある場合で本人の同意を得ることが困難であるときなど（**個人情報保護法第17条第2項各号**に該当する場合）は、同意は不要です。なお、労働者が自発的に事業者に提出した情報は「あらかじめ労働者本人の同意」を得たものと解されますが、当該情報を事業者等が医療機関等に直接問い合わせる場合は、別途本人の同意が必要です。

📖 **制度解説／労働者に対する不利益な取扱いの防止（労働者の心身の状態に関する情報の取扱い指針関係）**

　事業者は、心身の状態の情報の取扱いに労働者が同意しないことを理由として、または労働者の健康確保措置及び安全配慮義務の履行に必要な範囲を超えて、労働者に対して不利益な取扱いをしてはなりません。

働き方改革の主な支援機関等一覧

法令の内容に関する相談について

労働基準監督署 労働時間相談・支援コーナー	時間外労働の上限規制や年次有給休暇などに関する相談に対応しています。所管の労働基準監督署にお問い合わせください。
都道府県労働局 雇用環境・均等部（室） 需給調整事業部（課・室）	正社員と非正規労働者（短時間労働者・有期雇用労働者・派遣労働者）の間の不合理な待遇差の解消に関する相談に対応しています。所管の都道府県労働局にお問い合わせください。

働き方改革の推進に向けた課題を解決するための相談について

働き方改革推進支援センター	働き方改革関連法に関する相談のほか、労働時間管理のノウハウや賃金制度等の見直し、助成金の活用など、労務管理に関する課題について、社会保険労務士等の専門家が相談に対応します。
産業保健総合支援センター	医師による面接指導等、労働者の健康確保に関する課題について、産業保健の専門家が相談に対応します。
よろず支援拠点	生産性向上や人手不足への対応など、経営上のあらゆる課題について、専門家が相談に対応します。
ハローワーク	求人の充足に向けたコンサルティング、事業所見学会や就職面接会などを実施しています。
医療勤務環境改善支援センター（いきサポ）	医療機関に特化した支援機関として、個々の医療機関のニーズに応じて、総合的なサポートをしています。

※上記の支援機関は全国47都道府県に設置されていますので、所在地や連絡先は支援機関名を検索し、ご確認ください。

働き方改革の推進に向けた主な助成金について

時間外労働等改善助成金	中小企業・小規模事業者が時間外労働の上限規制等に円滑に対応するため、生産性を高めながら労働時間の短縮等に取り組む事業主に対して助成します。
業務改善助成金	中小企業・小規模事業者が生産性を向上するための設備投資やサービスの利用等を行い、事業場内で最も低い賃金（事業場内最低賃金）を一定額以上引き上げた場合、その費用の一部を助成します。
キャリアアップ助成金	有期雇用労働者、短時間労働者、派遣労働者など非正規労働者の企業内でのキャリアアップを促進するため、正社員化や処遇改善などを実施した事業主に対して助成します。

※助成金の内容は平成31年4月1日現在のものです。

資料編

- 時間外・休日労働に関する協定届（36協定届）【一般条項】
- 時間外・休日労働に関する協定届（36協定届）【特別条項】
- 36協定届記載例
- 労働基準法第36条第1項の協定で定める労働時間の延長及び休日の労働について留意すべき事項等に関する指針
- 清算期間が1箇月を超えるフレックスタイム制に関する協定届
- 改正労働基準法に関するQ＆A
- 短時間・有期雇用労働者及び派遣労働者に対する不合理な待遇の禁止等に関する指針
- 法令新旧対照表

36協定届（一般条項）

様式第9号（第16条第1項関係）

時間外労働
休日労働　に関する協定届

労働保険番号	都道府県	所掌	管轄	基幹番号	枝番号	被一括事業場番号
法人番号						

事業の種類	事業の名称	事業の所在地（電話番号）	協定の有効期間
		（〒　　－　　　　） （電話番号：　　－　　　　－　　　　）	

時間外労働をさせる必要のある具体的事由

	業務の種類	労働者数（満18歳以上の者）	所定労働時間（1日）（任意）	延長することができる時間数			延長することができる時間数 1年（①については360時間まで、②については320時間まで）起算日（年月日）	
				1日	1箇月（①については45時間まで、②については42時間まで）			
				法定労働時間を超える時間数	所定労働時間を超える時間数（任意）	法定労働時間を超える時間数	所定労働時間を超える時間数（任意）	法定労働時間を超える時間数	所定労働時間を超える時間数（任意）

時間外労働

① 下記②に該当しない労働者

② 1年単位の変形労働時間制により労働する労働者

休日労働をさせる必要のある具体的事由

	業務の種類	労働者数（満18歳以上の者）	所定休日（任意）	労働させることができる法定休日の日数	労働させることができる法定休日における始業及び終業の時刻

休日労働

上記で定める時間数にかかわらず、時間外労働及び休日労働を合算した時間数は、1箇月について100時間未満でなければならず、かつ2箇月から6箇月までを平均して80時間を超過しないこと。（チェックボックスに要チェック）　□

協定の成立年月日　　　　年　　　月　　　日

協定の当事者である労働組合（事業場の労働者の過半数で組織する労働組合）の名称又は労働者の過半数を代表する者の　職名　　　　　　　氏名

協定の当事者（労働者の過半数を代表する者の場合）の選出方法（　　　　　　　　　　　）

　　　　　年　　　月　　　日

　　　使用者　職名
　　　　　　　氏名　　　　　　　　　　　㊞

労働基準監督署長殿

様式第9号（第16条第1項関係）（裏面）

（記載心得）

1 「業務の種類」の欄には、時間外労働又は休日労働をさせる必要のある業務を具体的に記入し、労働基準法第36条第6項第1号の健康上特に有害な業務について協定をした場合には、当該業務を他の業務と区別して記入すること。なお、業務の種類を記入するに当たっては、業務の区分を細分化することにより当該業務の範囲を明確にしなければならないことに留意すること。

2 「労働者数（満18歳以上の者）」の欄には、時間外労働又は休日労働をさせることができる労働者の数を記入すること。

3 「延長することができる時間数」の欄の記入に当たっては、次のとおりとすること。時間数は労働基準法第32条から第32条の5まで又は第40条の規定により労働させることができる最長の労働時間（以下「法定労働時間」という。）を超える時間数にかかわらず、時間外労働及び休日労働を合算した時間数について1箇月について100時間以上となった場合、及び2箇月から6箇月までを平均して80時間を超えた場合には労働基準法違反（同法第119条の規定により6箇月以下の懲役又は30万円以下の罰金）となることに留意すること。

(1) 「1日」の欄には、法定労働時間を超えて延長することができる時間数であって、1日についての延長することができる限度となる時間数を記入すること。なお、所定労働時間を超える時間数について記入する場合においては、併せて所定労働時間を超える時間数についても協定することができる。

(2) 「1箇月」の欄には、法定労働時間を超えて延長することができる時間数であって、「1年」の欄において定める「起算日」において定める日から1箇月ごとについての延長することができる限度となる時間数を45時間（対象期間が3箇月を超える1年単位の変形労働時間制により労働させる場合にあっては、42時間）以下の範囲内で記入すること。なお、所定労働時間を超える時間数について協定する場合においては、併せて所定労働時間を超える時間数についても協定することができる。

(3) 「1年」の欄には、法定労働時間を超えて延長することができる時間数であって、「起算日」において定める日から1年についての延長することができる限度となる時間数を360時間（対象期間が3箇月を超える1年単位の変形労働時間制により労働させる場合にあっては、320時間）以下の範囲内で記入すること。なお、所定労働時間を超える時間数について協定する場合においては、併せて所定労働時間を超える時間数についても協定することができる。

4 ②の欄は、労働基準法第32条の4の規定による労働時間により労働する労働者（対象期間が3箇月を超える1年単位の変形労働時間制により労働する者）について記入すること。なお、延長することができる時間の上限は①の欄の労働者よりも短い（1箇月42時間、1年320時間）ことに留意すること。

5 「労働させることができる法定休日の日数」の欄には、労働基準法第35条の規定による休日（1週1休又は4週4休である必要がある。）に労働させることができる日数を記入すること。

6 「労働させることができる法定休日における始業及び終業の時刻」の欄には、労働基準法第35条の規定による休日であって労働させることができる日の始業及び終業の時刻を記入すること。

7 チェックボックスは労使協定の締結当事者が労働基準法第36条第6項第2号及び第3号の要件をチェックし、これらのケースを含め、チェックボックスにチェックがない場合には、有効な協定とはならないこと。

8 協定については、労働者の過半数で組織する労働組合がある場合はその労働組合と協定し、労働者の過半数で組織する労働組合は労働者の過半数を代表する者と協定すること。なお、労働者の過半数を代表する者は、労働基準法施行規則第6条の2第1項の規定により、労働基準法第41条第2号に規定する監督又は管理の地位にある者でなく、かつ、同法に規定する協定等をする者を選出することを明らかにして実施される投票、挙手等の方法による手続により選出された者であって、使用者の意向に基づき選出されたものでないこと。これらの要件を満たさない場合には、有効な協定とはならないことに留意すること。この場合、チェックボックスを使用すること。

9 本様式で記入部分が不足する場合は同一様式を使用すること。この場合、これらの記入部分が不足する場合においては記入することとして差し支えない。

（備考）

1 労働基準法施行規則第24条の2第4項の規定により、労働基準法第38条の2第2項の協定（事業場外で従事する業務の遂行に通常必要とされる時間を協定する場合の当該協定）の内容を本様式に付記して届け出る場合においては、事業場外労働の対象業務については他の業務とは区別し、事業場外労働の対象業務の遂行に通常必要とされる時間を括弧書きすること。また、「所定労働時間」の欄には当該事業場外労働の対象業務の遂行に通常必要とされる時間を括弧書きすること。また、「協定の有効期間」の欄には事業場外労働に関する協定の有効期間を括弧書きすること。

2 労働基準法第38条の4第5項の規定により、労使委員会が設置されている事業場において、本様式を労使委員会の決議として届け出る場合には、委員の5分の4以上の多数による議決により行われたものである旨、委員会の委員数、委員会の委員の氏名を記入した用紙を本様式に添付すること。この場合、「協定の当事者である労働組合（労働者の過半数を代表する者の場合）の選出方法」とあるのは「委員会の委員の半数について任期を定めて指名する事業場にあっては、任期を定めて指名された委員とそれ以外の委員とを区別することとし、労働者の過半数で組織する労働組合がない場合においてはその労働者の過半数を代表する者が指名した委員の氏名を記入すること。同条第2項第1号の規定により、労働者の過半数で組織する労働組合がない場合においては労働者の過半数を代表する委員の氏名を記入すること。

3 労働時間等の設定の改善に関する特別措置法第7条の規定により、労働時間等設定改善委員会が設置されている事業場において、本様式を労働時間等設定改善委員会の決議として届け出る場合には、委員の5分の4以上の多数による決議である旨、委員会の委員数、委員会の委員の氏名を記入した用紙を本様式に添付することとし、「協定」を「労働時間等設定改善委員会の決議」と読み替えるものとする。なお、この場合、「協定の当事者である労働組合（労働者の過半数を代表する者の場合）の選出方法」とあるのは「委員会の委員の半数の推薦（「委員会の委員の半数について労働者の過半数で組織する労働組合の推薦に基づき指名する者に当たっては、推薦に基づき指名された委員とその他の委員とを区別することとし、労働者の過半数で組織する労働組合がない場合においては労働者の過半数を代表する者の推薦に基づき指名された委員の氏名を記入すること。

— 69 —

36協定届（特別条項）

様式第9号の2（第16条第1項関係）

時間外労働　に関する協定届
休日労働

労働保険番号	都道府県 所掌 管轄 基幹番号 枝番号 被一括事業場番号
法人番号	

事業の種類	事業の名称	事業の所在地（電話番号）	協定の有効期間
		（〒 　－　　　） （電話番号：　－　　　－　　　）	

	業務の種類	労働者数（満18歳以上の者）	所定労働時間（1日）（任意）	延長することができる時間数					
				1日		1箇月（①については45時間まで、②については42時間まで）		1年（①については360時間まで、②については320時間まで）起算日（年月日）	
				法定労働時間を超える時間数	所定労働時間を超える時間数（任意）	法定労働時間を超える時間数	所定労働時間を超える時間数（任意）	法定労働時間を超える時間数	所定労働時間を超える時間数（任意）
時間外労働　① 下記②に該当しない労働者									
時間外労働　② 1年単位の変形労働時間制により労働する労働者									

時間外労働をさせる必要のある具体的事由

	業務の種類	労働者数（満18歳以上の者）	所定休日（任意）	労働させることができる法定休日の日数	労働させることができる法定休日における始業及び終業の時刻
休日労働					

休日労働をさせる必要のある具体的事由

上記で定める時間数にかかわらず、時間外労働及び休日労働を合算した時間数は、1箇月について100時間未満でなければならず、かつ2箇月から6箇月までを平均して80時間を超過しないこと。☐（チェックボックスに要チェック）

様式第９号の２（第16条第１項関係）（裏面）

（記載心得）

1 「業務の種類」の欄には、時間外労働又は休日労働をさせる必要のある業務を具体的に記入し、労働基準法第36条第６項第１号に該当して記入する者は、業務の種類を他の業務と区別して記入すること。なお、業務の種類を細分化することにより当該業務の範囲を明確にしなければならないことに留意すること。

2 「労働者数（満18歳以上の者）」の欄には、時間外労働又は休日労働をさせることができる労働者の数を記入すること。

3 「延長することができる時間数」の欄の記入に当たっては、次のとおりとすること。時間数は労働基準法第32条から第32条の５まで又は第40条の規定により労働させることができる最長の労働時間（以下「法定労働時間」という。）を超える時間数を記入する欄であり、労働基準法第36条第６項第２号及び第３号の規定により、時間外労働及び休日労働を合算した時間数が１箇月について100時間以上となった場合、及び２箇月から６箇月までを平均して80時間を超えた場合には労働基準法第119条の規定により罰則（６箇月以下の懲役又は30万円以下の罰金）が科されるので留意すること。

(1) 「１日」の欄には、法定労働時間を超えて延長することができる時間数であって、１日についての延長することができる限度となる時間数を超えない範囲内で、所定労働時間を超える時間数を併せて記入することができる。

(2) 「１箇月」の欄には、法定労働時間を超えて延長することができる時間数であって、「１年」の欄に記入する「起算日」において定める日から１箇月ごとについての延長することができる限度となる時間数を45時間（対象期間が３箇月を超える１年単位の変形労働時間制により労働させる者については、42時間）を超えない範囲内で、所定労働時間を超える時間数を併せて記入することができる。

(3) 「１年」の欄には、法定労働時間を超えて延長することができる時間数であって、「起算日」において定める日から１年についての延長することができる限度となる時間数を360時間（対象期間が３箇月を超える１年単位の変形労働時間制により労働させる者については、320時間）を超えない範囲内で、所定労働時間を超える時間数を併せて記入することができる。なお、所定労働時間を超える時間数については区分して、「所定労働時間を超える時間数」の欄に記入すること。

4 ②の欄は、労働基準法第32条の４の規定により労働時間により記入する労働者（対象期間が３箇月を超える１年単位の変形労働時間制により労働させる者に限る。）について記入すること。なお、延長することができる時間数の上限は①の欄の労働者よりも短い（１箇月42時間、１年320時間）ことに留意すること。

5 「労働させることができる法定休日の日数」の欄には、労働基準法第35条の規定による休日（１週１休又は４週４休であることに留意すること。）に労働させることができる日数を記入すること。

6 「労働させることができる法定休日における始業及び終業の時刻」の欄には、労働基準法第35条の規定による休日であって労働させることができる日の始業及び終業の時刻を記入すること。

7 チェックボックスは労働基準法第36条第６項第２号及び第３号の要件を遵守する趣旨のものであり、「２箇月から６箇月まで」とは、起算日をまたぐケースも含め、連続した２箇月から６箇月までの期間を指すことに留意すること。また、チェックボックスにチェックがない場合には有効な協定とはならないことに留意すること。

8 協定については、労働者の過半数で組織する労働組合がある場合はその労働組合と、労働者の過半数で組織する労働組合がない場合は労働者の過半数を代表する者と協定すること。なお、労働者の過半数を代表する者は、労働基準法施行規則第６条の２第１項の規定により、労働基準法第41条第２号に規定する監督又は管理の地位にある者でなく、かつ同法に規定する協定等をする者を選出することを明らかにして実施される投票、挙手等の方法による手続により選出された者であって、使用者の意向に基づき選出されたものでないこと。これらの要件を満たさない場合には、有効な協定とはならないことに留意すること。この場合、必要のある事項のみ記入すること。

9 本様式で記入部分が足りない場合には、必要のある事項について通常必要とされる協定の有効期間を括弧書きすること。また、「協定の有効期間」の欄には事業場外労働に関する協定の有効期間を括弧書きすること。

（備考）

労働基準法施行規則第24条の２第４項の規定により、労働基準法第38条の２第２項の協定（事業場外労働に関する協定）の内容を本様式に付記して届け出る場合においては、「所定労働時間」の欄に、当該協定で定める時間を記入すること。この場合、事業場外労働の対象業務については他の業務とは区別して記入し、事業場外労働の対象業務の遂行に通常必要とされる時間を括弧書きすること。また、「協定の有効期間」の欄には事業場外労働に関する協定の有効期間を括弧書きすること。

36協定届（特別条項）

様式第9号の2（第16条第1項関係）

時間外労働　に関する協定届（特別条項）
休日労働

業務の種類	労働者数（満18歳以上の者）	1日（任意）		1箇月（時間外労働及び休日労働を合算した時間数。100時間未満に限る。）				1年（時間外労働のみの時間数。720時間以内に限る。）起算日（年月日）		
		延長することができる時間数		延長することができる時間数及び休日労働の時間の時間数				延長することができる時間数		
		法定労働時間を超える時間数	所定労働時間を超える時間数（任意）	限度時間を超えて労働させることができる回数（6回以内に限る。）	法定労働時間を超える時間数と休日労働の時間数を合算した時間数	所定労働時間を超える時間数と休日労働の時間数を合算した時間数（任意）	限度時間を超えた労働に係る割増賃金率	法定労働時間を超える時間数	所定労働時間を超える時間数（任意）	限度時間を超えた労働に係る割増賃金率
臨時的に限度時間を超えて労働させることができる場合										

	（該当する番号）	（具体的内容）
限度時間を超えて労働させる場合における手続		
限度時間を超えて労働させる労働者に対する健康及び福祉を確保するための措置		

上記で定める時間数にかかわらず、時間外労働及び休日労働を合算した時間数は、1箇月について100時間未満でなければならず、かつ2箇月から6箇月までを平均して80時間を超過しないこと。　□（チェックボックスに要チェック）

協定の成立年月日　　　　年　　　月　　　日

協定の当事者である労働組合（事業場の労働者の過半数で組織する労働組合）の名称又は労働者の過半数を代表する者の　職名　氏名

協定の当事者（労働者の過半数を代表する者の場合）の選出方法（　　　　　　　　　　）

　　　　　　　年　　　月　　　日

使用者　職名　氏名　㊞

　　　労働基準監督署長殿

様式第９号の２（第１６条第１項関係）（裏面）

（記載心得）

１　労働基準法第３６条第１項の協定において同条第５項に規定する事項に関する定めをする場合における本様式の記入に当たっては、次のとおりとすること。

(1)　限度時間を超えて労働させることができる場合の欄には、当該事業場における通常予見することのできない業務量の大幅な増加等に伴い臨時的に限度時間を超えて労働させる必要がある場合をできる限り具体的に記入すること。なお、業務の都合上必要な場合、業務上やむを得ない場合等恒常的な長時間労働を招くおそれがあるものの記入は認められないことに留意すること。

(2)　「業務の種類」の欄には、時間外労働又は休日労働をさせる必要のある業務を具体的に記入し、労働基準法第３６条第６項第１号の健康上特に有害な業務について当該業務を他の業務と区別して記入すること。なお、業務の種類を細分化することにより当該業務の範囲を明確にしなければならないものの記入は認められないことに留意すること。

(3)　「労働者数（満１８歳以上の者）」の欄には、時間外労働又は休日労働をさせることができる労働者の数を記入すること。

(4)　「起算日」の欄には、本様式における「時間外労働・休日労働に関する協定届」の起算日と同じ年月日を記入すること。

(5)　「延長することができる時間数及び休日労働の時間数」の欄には、労働基準法第３２条から第３２条の５まで又は第４０条の規定により労働させることができる最長の労働時間（以下「法定労働時間」という。）を超える時間数と休日労働の時間数を合算した時間数であって、１箇月について１００時間未満の範囲内で記入すること。なお、所定労働時間を超える時間数と休日労働の時間数を合算した時間数となる時間数についても協定する場合においては、所定労働時間を超える時間数を併せて記入することができる。
　　「延長することができる時間数」の欄には、「１年」にあっては、「起算日」において定める日から１年についての延長することができる限度となる時間数を７２０時間の範囲内で記入すること。なお、所定労働時間を超える時間数についても協定する場合においては、所定労働時間を超える時間数を併せて記入することができる。
　　なお、これらの時間数にかかわらず、時間外労働及び休日労働を合算した時間数が１箇月について１００時間以上となった場合、及び２箇月から６箇月までを平均して８０時間を超えた場合には労働基準法違反（同法第１１９条の規定により６箇月以下の懲役又は３０万円以下の罰金）となることに留意すること。

(6)　「限度時間を超えて労働させることができる回数」の欄には、限度時間（１箇月４５時間（対象期間が３箇月を超える１年単位の変形労働時間制により労働させる場合にあっては、４２時間））を超えて労働させることができる回数を６回の範囲内で記入すること。

(7)　「限度時間を超えた労働に係る割増賃金率」の欄には、限度時間を超える時間外労働に係る割増賃金の率を記入すること。なお、当該割増賃金の率は、法定割増賃金率を超える率とするよう努めること。

(8)　「限度時間を超えて労働させる場合における手続」の欄には、協定の締結当事者間の手続として、「協議」、「通告」等具体的な内容を記入すること。

(9)　「限度時間を超えて労働させる労働者に対する健康及び福祉を確保するための措置」の欄には、以下の番号を選択の上、その具体的内容を（具体的内容）に記入すること。

①　労働時間が一定時間を超えた労働者に医師による面接指導を実施すること。
②　労働基準法第３７条第４項に規定する時刻の間において労働させる回数を１箇月について一定回数以内とすること。
③　終業から始業までに一定時間以上の継続した休息時間を確保すること。
④　労働者の勤務状況及びその健康状態に応じて、代償休日又は特別な休暇を付与すること。
⑤　労働者の勤務状況及びその健康状態に応じて、健康診断を実施すること。
⑥　年次有給休暇についてまとまった日数連続して取得することを含めてその取得を促進すること。
⑦　心とからだの健康問題についての相談窓口を設置すること。
⑧　労働者の勤務状況及びその健康状態に配慮し、必要な場合には適切な部署に配置転換をすること。
⑨　必要に応じて、産業医等による助言・指導を受け、又は労働者に産業医等による保健指導を受けさせること。
⑩　その他

２　チェックボックスは労働基準法第３６条第６項第２号及び第３号の要件を遵守する旨のチェックであり、チェックボックスにチェックがない場合には有効な協定とはならないことに留意すること。

３　協定については、労働者の過半数で組織する労働組合がある場合はその労働組合と協定する者であり、労働者の過半数で組織する労働組合がない場合には労働者の過半数を代表する者と協定すること。なお、労働者の過半数を代表する者は、労働基準法施行規則第６条の２第１項の規定により、同法第４１条第２号に規定する監督又は管理の地位にある者でなく、かつ同法に規定する協定等をする者を選出することを明らかにして実施される投票、挙手等の方法による手続により選出された者であって、使用者の意向に基づき選出されたものでないこと。これらの要件を満たさない場合には、有効な協定とはならないことに留意すること。

４　本様式で定める記入欄に記入部分が足りない場合は同一の様式を使用することは同一様式を複数枚使用することとし差し支えない。

（備考）

１　労働基準法第３８条の４第５項の規定により、労使委員会が設置されている事業場において、労使委員会の決議により、本様式を労使委員会の決議として届け出る場合においては、委員の５分の４以上の多数による議決により行われたものである旨の記載をした用紙を別途添付することとし、本様式中「協定」とあるのは「労使委員会の決議」と、「協定の当事者である労働組合」とあるのは「委員会の委員の半数について任期を定めて指名した労働組合」と、「協定の当事者（労働者の過半数を代表する者）」とあるのは「委員会の委員の半数について任期を定めて指名した者」と、「労働者の過半数で組織する労働組合」とあるのは「委員会の委員の半数について任期を定めて指名した労働組合」と、「労働者の過半数で組織する労働組合がある場合においてはその労働組合、労働者の過半数で組織する労働組合がない場合においては労働者の過半数を代表する者」とあるのは「委員会の委員の半数について任期を定めて指名した者」と読み替えるものとする。なお、委員の過半数の指名及び決議の日時等を記載した用紙を別途添付すること。
　　労働時間等設定改善法第７条の規定により、労働時間等設定改善委員会が設置されている事業場において、本様式を労働時間等設定改善委員会の決議として届け出る場合においては、委員の５分の４以上の多数による議決により行われたものである旨の記載をした用紙を別途添付することとし、本様式中「協定」とあるのは「労働時間等設定改善委員会の決議」と、「協定の当事者である労働組合」とあるのは「委員会の委員の半数について任期を定めて指名した労働組合」と、「協定の当事者（労働者の過半数を代表する者）」とあるのは「委員会の委員の半数について任期を定めて指名した者」と、「労働者の過半数で組織する労働組合」とあるのは「委員会の委員の半数について任期を定めて指名した労働組合」と、「労働者の過半数で組織する労働組合がある場合においてはその労働組合、労働者の過半数で組織する労働組合がない場合においては労働者の過半数を代表する者」とあるのは「委員会の委員の半数について任期を定めて指名した者」と読み替えるものとする。

記載例（様式第9号）表面

様式第9号（第16条第1項関係）

時間外労働 ／ 休日労働 に関する協定届

労働保険番号		
法人番号		

事業の種類：**金属製品製造業**
事業の名称：**○○金属工業株式会社 ○○工場**
事業の所在地（電話番号）：（〒000-0000）**○○市○○町1-2-3**　（電話番号：000-0000-0000）
協定の有効期間：**0000年4月1日から1年間**

時間外労働

	時間外労働をさせる必要のある具体的事由	業務の種類	労働者数（満18歳以上の者）	所定労働時間（1日）（任意）	延長することができる時間数 1日 法定労働時間を超える時間数	所定労働時間を超える時間数（任意）	1箇月（①については45時間まで、②については42時間まで）法定労働時間を超える時間数	所定労働時間を超える時間数（任意）	1年（①については360時間まで、②については320時間まで）起算日 0000年4月1日 法定労働時間を超える時間数	所定労働時間を超える時間数（任意）
① 下記②に該当しない労働者	受注の集中	設計	10人	7.5時間	3時間	3.5時間	30時間	40時間	250時間	370時間
	臨時の受注、納期変更	機械組立	20人	7.5時間	2時間	2.5時間	15時間	25時間	150時間	270時間
	製品不具合への対応	検査	10人	7.5時間	2時間	2.5時間	15時間	25時間	150時間	270時間
② 1年単位の変形労働時間制により労働する労働者	月末の決算事務	経理	5人	7.5時間	3時間	3.5時間	20時間	30時間	200時間	320時間
	棚卸	購買	5人	7.5時間	3時間	3.5時間	20時間	30時間	200時間	320時間

休日労働

休日労働をさせる必要のある具体的事由	業務の種類	労働者数（満18歳以上の者）	所定休日（任意）	労働させることができる法定休日の日数	労働させることができる法定休日における始業及び終業の時刻
受注の集中	設計	10人	土日祝日	1か月に1日	8:30～17:30
臨時の受注、納期変更	機械組立	20人	土日祝日	1か月に1日	8:30～17:30

上記で定める時間数にかかわらず、時間外労働及び休日労働を合算した時間数は、1箇月について100時間未満でなければならず、かつ2箇月から6箇月までを平均して80時間を超過しないこと。（チェックボックスに要チェック）☑

協定の成立年月日　**0000年 3月 12日**

協定の当事者である労働組合の名称（事業場の労働者の過半数で組織する労働組合）又は労働者の過半数を代表する者の　職名 **検査課主任**　氏名 **山田花子**

協定の当事者（労働者の過半数を代表する者の場合）の選出方法（ **投票による選挙** ）

0000年 3月 15日

使用者　職名 **工場長**　氏名 **田中太郎** ㊞

○○ 労働基準監督署長殿

注釈（吹き出し）

- 労働保険番号・法人番号を記載してください。
- 事業場（工場、支店、営業所等）ごとに協定してください。
- この協定が有効となる期間を定めてください。1年間とすることが望ましいです。
- 1年間の上限時間の起算日を記入してください。その1年間においては協定で定めた起算日は同一の日である必要があります。
- 1年の法定労働時間を超えさせることができる時間数を定めてください。①は360時間以内、②は320時間以内です。
- 1箇月の法定労働時間を超える時間数を定めてください。①は45時間以内、②は42時間以内です。
- 1日の法定労働時間を超える時間数を定めてください。
- 業務の範囲を細分化し、明確に定めてください。
- 事由は具体的に定めてください。
- 対象期間が3か月を超える1年単位の変形労働時間制が適用される労働者については、②の欄に記載してください。
- 労働者の過半数で組織する労働組合が無い場合には、36協定の締結をする者を選ぶことを明確にした上で、投票・挙手等の方法で過半数を選出する者を選出し、選出方法を記載してください。使用者による指名や、使用者の意向に基づく選出は認められません。
- 時間外労働と法定休日労働を合計した時間数は、月100時間未満、2～6か月平均80時間以内でなければいけません。これを労使で確認の上、必ずチェックを入れてください。チェックボックスにチェックがない場合には、有効な協定届とはなりません。
- 管理監督者は労働者代表にはなれません。
- 協定書を兼ねる場合には、労働者代表の署名又は記名・押印が必要です。
- 押印も必要です。

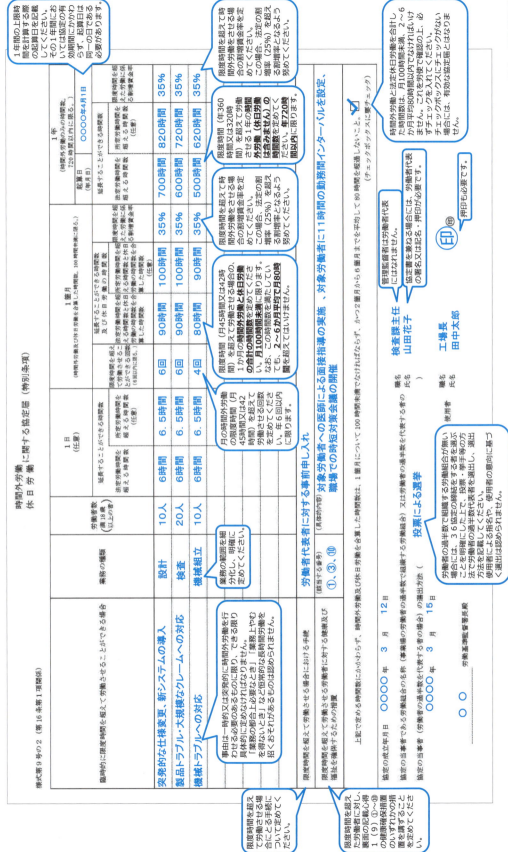

労働基準法第36条第1項の協定で定める労働時間の延長及び休日の労働について留意すべき事項等に関する指針

（平成30年厚生労働省告示第323号）

（目的）
第1条 この指針は、労働基準法（昭和22年法律第49号。以下「法」という。）第36条第1項の協定（以下「時間外・休日労働協定」という。）で定める労働時間の延長及び休日の労働について留意すべき事項、当該労働時間の延長に係る割増賃金の率その他の必要な事項を定めることにより、労働時間の延長及び休日の労働を適正なものとすることを目的とする。

（労使当事者の責務）
第2条 法第36条第1項の規定により、使用者は、時間外・休日労働協定をし、これを行政官庁に届け出ることを要件として、労働時間を延長し、又は休日に労働させることができることとされているが、労働時間の延長及び休日の労働は必要最小限にとどめられるべきであり、また、労働時間の延長は原則として同条第3項の限度時間（第5条、第8条及び第9条において「限度時間」という。）を超えないものとされていることから、時間外・休日労働協定をする使用者及び当該事業場の労働者の過半数で組織する労働組合がある場合においてはその労働組合、労働者の過半数で組織する労働組合がない場合においては労働者の過半数を代表する者（以下「労使当事者」という。）は、これらに十分留意した上で時間外・休日労働協定をするように努めなければならない。

（使用者の責務）
第3条 使用者は、時間外・休日労働協定において定めた労働時間を延長して労働させ、及び休日において労働させることができる時間の範囲内で労働させた場合であっても、労働契約法（平成19年法律第128号）第5条の規定に基づく安全配慮義務を負うことに留意しなければならない。

2 使用者は、「脳血管疾患及び虚血性心疾患等（負傷に起因するものを除く。）の認定基準について」（平成13年12月12日付け基発第1063号厚生労働省労働基準局長通達）において、1週間当たり40時間を超えて労働した時間が1箇月においておおむね45時間を超えて長くなるほど、業務と脳血管疾患及び虚血性心疾患（負傷に起因するものを除く。以下この項において「脳・心臓疾患」という。）の発症との関連性が徐々に強まると評価できるとされていること並びに発症前1箇月間におおむね100時間又は発症前2箇月間から6箇月間までにおいて1箇月当たりおおむね80時間を超える場合には業務と脳・心臓疾患の発症との関連性が強いと評価できるとされていることに留意しなければならない。

（業務区分の細分化）
第4条 労使当事者は、時間外・休日労働協定において労働時間を延長し、又は休日に労働させることができる業務の種類について定めるに当たっては、業務の区分を細分化することにより当該業務の範囲を明確にしなければならない。

（限度時間を超えて延長時間を定めるに当たっての留意事項）
第5条 労使当事者は、時間外・休日労働協定において限度時間を超えて労働させることができる場合を定めるに当たっては、当該事業場における通常予見することのできない業務量の大幅な増加等に伴い臨時的に限度時間を超えて労働させる必要がある場合をできる限り具体的に定めなければならず、「業務の都合上必要な場合」、「業務上やむを得ない場合」など恒常的な長時間労働を招くおそれがあるものを定めることは認められないことに留意しなければならない。

— 76 —

2 労使当事者は、時間外・休日労働協定において次に掲げる時間を定めるに当たっては、労働時間の延長は原則として限度時間を超えないものとされていることに十分留意し、当該時間を限度時間にできる限り近づけるように努めなければならない。

一 法第36条第5項に規定する1箇月について労働時間を延長して労働させ、及び休日において労働させることができる時間

二 法第36条第5項に規定する1年について労働時間を延長して労働させることができる時間

3 労使当事者は、時間外・休日労働協定において限度時間を超えて労働時間を延長して労働させることができる時間に係る割増賃金の率を定めるに当たっては、当該割増賃金の率を、法第36条第1項の規定により延長した労働時間の労働について法第37条第1項の政令で定める率を超える率とするように努めなければならない。

（1箇月に満たない期間において労働する労働者についての延長時間の目安）

第6条 労使当事者は、期間の定めのある労働契約で労働する労働者その他の1箇月に満たない期間において労働する労働者について、時間外・休日労働協定において労働時間を延長して労働させることができる時間を定めるに当たっては、別表の上欄に掲げる期間の区分に応じ、それぞれ同表の下欄に掲げる目安時間を超えないものとするように努めなければならない。

（休日の労働を定めるに当たっての留意事項）

第7条 労使当事者は、時間外・休日労働協定において休日の労働を定めるに当たっては労働させることができる休日の日数をできる限り少なくし、及び休日に労働させる時間をできる限り短くするように努めなければならない。

（健康福祉確保措置）

第8条 労使当事者は、限度時間を超えて労働させる労働者に対する健康及び福祉を確保するための措置について、次に掲げるもののうちから協定することが望ましいことに留意しなければならない。

一 労働時間が一定時間を超えた労働者に医師による面接指導を実施すること。

二 法第37条第4項に規定する時刻の間において労働させる回数を1箇月について一定回数以内とすること。

三 終業から始業までに一定時間以上の継続した休息時間を確保すること。

四 労働者の勤務状況及びその健康状態に応じて、代償休日又は特別な休暇を付与すること。

五 労働者の勤務状況及びその健康状態に応じて、健康診断を実施すること。

六 年次有給休暇についてまとまった日数連続して取得することを含めてその取得を促進すること。

七 心とからだの健康問題についての相談窓口を設置すること。

八 労働者の勤務状況及びその健康状態に配慮し、必要な場合には適切な部署に配置転換をすること。

九 必要に応じて、産業医等による助言・指導を受け、又は労働者に産業医等による保健指導を受けさせること。

（適用除外等）

第9条 法第36条第11項に規定する業務に係る時間外・休日労働協定については、第5条、第6条及び前条の規定は適用しない。

2 前項の時間外・休日労働協定をする労使当事者は、労働時間を延長して労働させることができる時間を定めるに当たっては、限度時間を勘案することが望ましいことに留意しなければならない。

3 第1項の時間外・休日労働協定をする労使当事者は、1箇月について45時間又は1年について360時間（法第32条の4第1項第2号の対象期間として3箇月を超える期間を定めて同条の規定により労働させる場合にあっては、1箇月について42時間又は1年について320時間）を超えて労働時間を延長して労働させることができることとする場合においては、当該時間外・休日労働協定において当該時間を超えて労働させる労働者に対する健康及び福祉を確保するための措置を定めるように努めなければならず、当該措置については、前条各号に掲げるもののうちから定めることが望ましいことに留意しなければならない。

附則

1　この告示は、平成31年4月1日から適用する。

2　労働基準法第36条第1項の協定で定める労働時間の延長の限度等に関する基準（平成10年労働省告示第154号）は、廃止する。

3　法第139条第2項、第140条第2項、第141条第4項又は第142条の規定の適用を受ける時間外・休日労働協定に対する第9条の規定の適用については、平成36年3月31日までの間、同条第1項中「法第36条第11項に規定する業務に係る時間外・休日労働協定」とあるのは、「法第139条第2項、第140条第2項、第141条第4項及び第142条の規定の適用を受ける時間外・休日労働協定」とし、同条第3項の規定は適用しない。

別表（第6条関係）

期間	目安時間
1週間	15時間
2週間	27時間
4週間	43時間

備考　期間が次のいずれかに該当する場合は、目安時間は、当該期間の区分に応じ、それぞれに定める時間（その時間に1時間未満の端数があるときは、これを1時間に切り上げる。）とする。

一　1日を超え1週間未満の日数を単位とする期間　15時間に当該日数を7で除して得た数を乗じて得た時間

二　1週間を超え2週間未満の日数を単位とする期間　27時間に当該日数を14で除して得た数を乗じて得た時間

三　2週間を超え4週間未満の日数を単位とする期間　43時間に当該日数を28で除して得た数を乗じて得た時間（その時間が27時間を下回るときは、27時間）

様式第3号の3（第12条の3第2項関係）

清算期間が1箇月を超えるフレックスタイム制に関する協定届

事業の種類	事業の名称	事業の所在地（電話番号）	常時雇用する労働者数	協定の有効期間
		（〒　 －　　） （電話番号：　 －　 －　　）		
業務の種類	該当労働者数	清算期間（起算日）	清算期間における総労働時間	
		（　　　）		
標準となる1日の労働時間		コアタイム	フレキシブルタイム	
		〜	〜	

協定の成立年月日　　　年　　月　　日

協定の当事者である労働組合（事業場の労働者の過半数で組織する労働組合）の名称又は労働者の過半数を代表する者の　職名
　　　氏名

協定の当事者（労働者の過半数を代表する者の場合）の選出方法（　　　　　　　　　　　　）

　　　　年　　月　　日

　　　　　　　　　　　　使用者　職名
　　　　　　　　　　　　　　　　氏名　　㊞

　　　労働基準監督署長殿

記載心得
1　「清算期間（起算日）」の欄には、当該労働時間通算における時間の期間の単位を記入し、その起算日を（　）内に記入すること。
2　「清算期間における総労働時間」の欄には、当該労働者が労働すべき時間を記入すること。
3　「標準となる1日の労働時間」の欄には、当該清算労働時間制において、年次有給休暇を取得した際に支払われる賃金の算定基礎となる労働時間の長さを記入すること。
4　「コアタイム」の欄には、労働基準法施行規則第12条の3第1項第2号の労働しなければならない時間帯を定める場合には、その時間帯の開始及び終了の時刻を記入すること。
5　「フレキシブルタイム」の欄には、労働基準法施行規則第12条の3第1項第3号の労働者がその選択により労働することができる時間帯に制限を設ける場合には、その時間帯の開始及び終了の時刻を記入すること。

改正労働基準法に関するQ＆A

改正労働基準法に関するＱ＆Ａ（抄）

平成31年３月
厚生労働省労働基準局

1　フレックスタイム制関係

1－1

Q　清算期間が１か月を超える場合において、清算期間を１か月ごとに区分した各期間を平均して１週間当たり50時間を超えて労働させた場合、36協定の締結と割増賃金の支払は必要ですか。

A　清算期間が１か月を超える場合において、清算期間を１か月ごとに区分した各期間を平均して１週間当たり50時間を超えて労働させた場合は、時間外労働に該当します。このため、36協定の締結及び届出を要し、清算期間の途中であっても、当該各期間に対応した賃金支払日に割増賃金を支払わなければなりません。

1－2

Q　フレックスタイム制において36協定を締結する際、現行の取扱いでは１日について延長することができる時間を協定する必要はなく、清算期間を通算して時間外労働をすることができる時間を協定すれば足りるとしていますが、今回の法改正後における取扱いはどのようになりますか。

A　１日について延長することができる時間を協定する必要はなく、１か月及び１年について協定すれば足ります。

1－3

Q　大企業（2023年４月１日以降は、中小事業主も含む。）では、月60時間を超える時間外労働に対しては５割以上の率で計算した割増賃金を支払う必要がありますが、清算期間が１か月を超えるフレックスタイム制に対してはどのように適用しますか。

A　清算期間を１か月ごとに区分した各期間を平均して１週間当たり50時間を超えて労働させた時間については、清算期間の途中であっても、時間外労働としてその都度割増賃金を支払わなければならず、当該時間が月60時間を超える場合は法第37条第１項ただし書により５割以上の率で計算した割増賃金を支払わなければなりません。

　また、清算期間を１か月ごとに区分した各期間の最終の期間においては、当該最終の期間を平均して１週間当たり50時間を超えて労働させた時間に加えて、当該清算期間における総実労働時間から、①当該清算期間の法定労働時間の総枠及び②当該清算期間中のその他の期間において時間外労働として取り扱った時間を控除した時間が時間外労働時間として算定されるものであり、この時間が60時間を超える場合には法第37条第１項ただし書により５割以上の率で計算した割増賃金を支払わなければなりません。

― 80 ―

●賃金支払いのイメージ

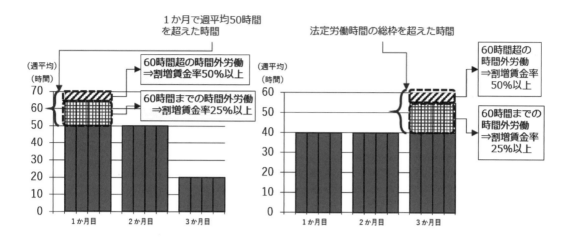

1-4

Q フレックスタイム制の清算期間の延長とともに、時間外労働の上限規制も施行されますが、時間外労働の上限規制のうち、時間外労働と休日労働の合計で、単月100時間未満（法第36条第6項第2号）、複数月平均80時間以内（法第36条第6項第3号）の要件は、清算期間が1か月を超えるフレックスタイム制に対してはどのように適用されますか。

A 清算期間が1か月を超える場合のフレックスタイム制については、時間外労働の上限規制（法第36条第6項第2号及び第3号）は、清算期間を1か月ごとに区分した各期間について、当該各期間（最終の期間を除く。）を平均して1週間当たり50時間を超えて労働させた時間に対して適用されます。

また、清算期間を1か月ごとに区分した各期間の最終の期間においては、当該最終の期間を平均して1週間当たり50時間を超えて労働させた時間に加えて、当該清算期間における総実労働時間から、①当該清算期間の法定労働時間の総枠及び②当該清算期間中のその他の期間において時間外労働として取り扱った時間を控除した時間が時間外労働時間として算定されるものであり、この時間について時間外労働の上限規制（法第36条第6項第2号及び第3号）が適用されます。

※なお、フレックスタイム制は、労働者があらかじめ定められた総労働時間の範囲内で始業及び終業の時刻を選択し、仕事と生活の調和を図りながら働くための制度であり、長時間の時間外労働を行わせることは、フレックスタイム制の趣旨に合致しないことに留意してください。

1-5

Q フレックスタイム制のもとで休日労働を行った場合、割増賃金の支払いや時間外労働の上限規制との関係はどのようになりますか。

A フレックスタイム制のもとで休日労働を行った場合には、その休日労働の時間は清算期間における総労働時間や時間外労働とは別個のものとして取り扱われ、3割5分以上の割増賃金率で計算した賃金の支払いが必要です。

なお、時間外労働の上限規制との関係については、時間外労働と休日労働を合計した時間に関して、①単月100時間未満、②複数月平均80時間以内の要件を満たさなければなりません。

改正労働基準法に関するQ&A

1-6

Q 同一事業場内で、対象者や部署ごとに清算期間を変えることは可能ですか。

A 労使協定に明記すれば可能です。

1-7

Q フレックスタイム制のもとで年次有給休暇を取得した場合、どのように取り扱えばよいでしょうか。

A フレックスタイム制のもとで年次有給休暇を取得した場合には、協定で定めた「標準となる1日の労働時間」の時間数を労働したものとして取り扱います。したがって、賃金清算に当たっては、実労働時間に、「年次有給休暇を取得した日数×標準となる1日の労働時間」を加えて計算します。

1-8

Q 清算期間が同一のフレックスタイム制を導入している事業場に異動した場合、異動前後での労働時間を合算して取り扱うことは可能ですか。

A 労使協定が異なる事業場に異動した場合には、労働時間を合算することはできません。それぞれの事業場で労働した期間について賃金清算を行う必要があり、それぞれの期間について週平均40時間を超えていれば時間外労働として割増賃金の支払が必要です。

1-9

Q 清算期間が1か月を超えるフレックスタイム制において、清算期間の途中に昇給があった場合、清算期間終了時の割増賃金の算定はどのように行うのでしょうか。

A 割増賃金は、各賃金締切日における賃金額を基礎として算定するものであり、フレックスタイム制においても同様です。

したがって、清算期間の途中に昇給があった場合には、昇給後の賃金額を基礎として、清算期間を平均して1週間当たり40時間を超えて労働した時間について、割増賃金を算定することとなります。

ただし、清算期間を1か月ごとに区分した各期間を平均して1週間当たり50時間を超えて労働させた時間については、清算期間の途中であっても、当該各期間に対応した賃金支払日に割増賃金を支払う必要があります。そのため、昇給後においては、昇給後の賃金額を基礎として割増賃金を算定することとなりますが、昇給前の賃金によって賃金計算が行われる期間がある場合には、昇給前の賃金額を基礎として割増賃金を計算して差し支えありません。

1-10

Q 清算期間が3か月のフレックスタイム制を導入している事業場で2か月間働き、3か月目の初めにフレックスタイム制を導入していない事業場に異動した場合の賃金の取扱いはどのようになりますか。

A 清算期間の途中で事業場が異動となった場合には、フレックスタイム制適用事業場で働いた期間についてはフレックスタイム制による賃金計算を行い、異動後のフレックスタイム制非適用事業場で働いた期間については通常の労働時間制度における賃金計算を行う必要があります。したがって、3か月目の初めから別の事業場に異動した場合には、1か月目の賃金は所定の賃金を支払い、2か月目の賃金については2か月間の実際の労働時間に応じて賃金計算をすることとなります。なお、その際に、2か月間

— 82 —

の実際の労働時間が週平均40時間を超えていた場合には、超えた時間について割増賃金の支払が必要となります。

※ただし、この場合にも、1か月目、2か月目にそれぞれ週平均50時間を超えて労働した場合には、超えた時間に対する割増賃金を1か月目の賃金に加算して支払う必要があります。

●賃金清算のイメージ

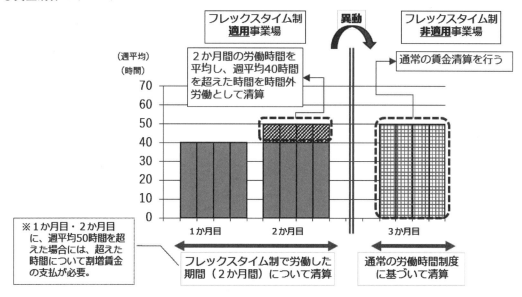

1-11

Q 清算期間が1か月を超えるフレックスタイム制においては、①各月ごとに週平均50時間を超えた時間を時間外労働時間としてカウントした上で、②清算期間の終了時には法定労働時間の総枠を超えて労働した時間を更に時間外労働としてカウントし、割増賃金を支払いますが、事業場独自に時間外労働として取り扱う労働時間の水準を引き下げ、例えば①の場合について週平均45時間を超えた時間とすることや、②の場合について週平均35時間を超えた時間とすることは可能ですか。

A 清算期間が1か月を超えるフレックスタイム制において、時間外労働として取り扱う労働時間を法定の水準より引き下げることは、差し支えありません。なお、この場合においても、時間外労働の上限規制は法定の時間外労働の考え方に基づいて適用されることから、法定の算定方法による時間外労働時間数についても併せて管理してください。

2 時間外労働の上限規制関係

2-1

Q 36協定の対象期間と有効期間の違いを教えてください。

A 36協定における対象期間とは、法第36条の規定により労働時間を延長し、又は休日に労働させることができる期間をいい、1年間に限るものであり、36協定においてその起算日を定めることによって期間が特定されます。

これに対して、36協定の有効期間とは、当該協定が効力を有する期間をいうものであり、対象期間が1年間に限られることから、有効期間は最も短い場合でも原則として1年間となります。また、36協定について定期的に見直しを行う必要があると考えられることから、有効期間は1年間とすることが望ま

改正労働基準法に関するQ&A

しいです。

※なお、36協定において1年間を超える有効期間を定めた場合の対象期間は、当該有効期間の範囲内において、当該36協定で定める対象期間の起算日から1年ごとに区分した各期間となります。

2-2

Q 36協定において、1日、1か月及び1年以外の期間について延長時間を定めることはできますか。定めることができる場合、当該延長時間を超えて労働させた場合は法違反となりますか。

A 1日、1か月及び1年に加えて、これ以外の期間について延長時間を定めることも可能です。この場合において、当該期間に係る延長時間を超えて労働させた場合は、法第32条違反となります。

2-3

Q 36協定の対象期間とする1年間の中に、対象期間が3か月を超える1年単位の変形労働時間制の対象期間の一部が含まれている場合の限度時間は、月42時間かつ年320時間ですか。

A 36協定で対象期間として定められた1年間の中に、対象期間が3か月を超える1年単位の変形労働時間制の対象期間が3か月を超えて含まれている場合には、限度時間は月42時間及び年320時間となります。

2-4

Q 36協定により延長できる時間の限度時間（原則として月45時間・年360時間。法第36条第4項）や36協定に特別条項を設ける場合の1か月及び1年についての延長時間の上限（1か月について休日労働を含んで100時間未満、1年について720時間。法第36条第5項）、特別条項により月45時間を超えて労働させることができる月数の上限（6か月。法第36条第5項）を超えている36協定の効力はどのようになりますか。

A ご質問の事項は、いずれも法律において定められた要件であり、これらの要件を満たしていない36協定は全体として無効です。

2-5

Q 対象期間の途中で36協定を破棄・再締結し、対象期間の起算日を当初の36協定から変更することはできますか。

A 時間外労働の上限規制の実効性を確保する観点から、1年についての限度時間（原則として360時間。法第36条第4項）及び特別条項により月45時間を超えて労働させることができる月数の上限（法第36条第5項）は厳格に適用すべきものであり、ご質問のように対象期間の起算日を変更することは原則として認められません。

なお、複数の事業場を有する企業において、対象期間を全社的に統一する場合のように、やむを得ず対象期間の起算日を変更する場合は、36協定を再締結した後の期間においても、再締結後の36協定を遵守することに加えて、当初の36協定の対象期間における1年の延長時間及び限度時間を超えて労働させることができる月数を引き続き遵守しなければなりません。

2-6

Q 特別条項により月45時間・年360時間（対象期間が3か月を超える1年単位の変形労働時間制の場合

— 84 —

は月42時間・年320時間）を超えて労働させることができる「通常予見することのできない業務量の大幅な増加等に伴い臨時的に第三項の限度時間を超えて労働させる必要がある場合」（法第36条第5項）とは具体的にどのような状態をいいますか。

A　「通常予見することのできない業務量の大幅な増加等に伴い臨時的に第三項の限度時間を超えて労働させる必要がある場合」とは、全体として1年の半分を超えない一定の限られた時期において一時的・突発的に業務量が増える状況等により限度時間を超えて労働させる必要がある場合をいうものであり、「通常予見することのできない業務量の増加」とは、こうした状況の一つの例として規定されたものです。

　その上で、具体的にどのような場合を協定するかについては、労使当事者が事業又は業務の態様等に即して自主的に協議し、可能な限り具体的に定める必要があります。

　なお、法第33条の非常災害時等の時間外労働に該当する場合はこれに含まれません。

2−7

Q　同一企業内のA事業場からB事業場へ転勤した労働者について、①36協定により延長できる時間の限度時間（原則として月45時間・年360時間。法第36条第4項）、②36協定に特別条項を設ける場合の1年についての延長時間の上限（720時間。法第36条第5項）、③時間外労働と休日労働の合計で、単月100時間未満、複数月平均80時間以内の要件（法第36条第6項第2号及び第3号）は、両事業場における当該労働者の時間外労働時間数を通算して適用しますか。

A　①36協定により延長できる時間の限度時間（法第36条第4項）②36協定に特別条項を設ける場合の1年についての延長時間の上限（法第36条第5項）は、事業場における36協定の内容を規制するものであり、特定の労働者が転勤した場合は通算されません。

　これに対して、③時間外労働と休日労働の合計で、単月100時間未満、複数月平均80時間以内の要件（法第36条第6項第2号及び第3号）は、労働者個人の実労働時間を規制するものであり、特定の労働者が転勤した場合は法第38条第1項の規定により通算して適用されます。

2−8

Q　時間外労働と休日労働の合計で、複数月平均80時間以内の要件（法第36条第6項第3号）は、改正法施行前の期間や経過措置の期間も含めて満たす必要がありますか。

　また、複数の36協定の対象期間をまたぐ場合にも適用されますか。

A　時間外労働と休日労働の合計で、複数月平均80時間以内の要件（法第36条第6項第3号）については、改正法施行前の期間や経過措置の期間の労働時間は算定対象となりません。

　また、この要件は、複数の36協定の対象期間をまたぐ場合にも適用されます。

2−9

Q　36協定を適用する業務の区分が細分化されていないなど、指針に適合しない36協定の効力はどのようになりますか。

A　指針は、時間外・休日労働を適正なものとするために留意すべき事項等を定めたものであり、36協定を適用する業務の区分が細分化されていないなど、法定要件を満たしているものの、指針に適合しない36協定は直ちには無効とはなりません。

　なお、指針に適合しない36協定は、法第36条第9項の規定に基づく助言及び指導の対象となるものです。

—85—

改正労働基準法に関するQ&A

2−10

Q 適用猶予・除外業務等について上限規制の枠内の36協定を届け出る場合に、則様式第9号又は第9号の2を使用することは差し支えありませんか。

A 時間外労働の上限規制の適用が猶予・除外される対象であっても、同条に適合した36協定を締結することが望ましいです。
この場合において、則様式第9号又は第9号の2を使用することも差し支えありません。

2−11

Q 改正前の労働基準法施行規則様式第9号（以下「旧様式」といいます。）により届け出るべき36協定を則様式第9号（以下「新様式」といいます。）により届け出ることは可能ですか。
また、その際、チェックボックスへのチェックを要しますか。

A 新様式の記載項目は、旧様式における記載項目を包含しており、旧様式により届け出るべき36協定を新様式により届け出ることは差し支えありません。
旧様式により届け出るべき36協定を新様式で届け出る際は、改正前の法及び則並びに限度基準告示に適合していれば足り、時間外・休日労働の合計を単月100時間未満、複数月平均80時間以内とすること（法第36条第6項第2号及び第3号に定める要件を満たすこと）について協定しない場合には、チェックボックスへのチェックは要しません。

2−12

Q 深夜業の回数制限（指針第8条第2号の健康確保措置）の対象には、所定労働時間内の深夜業の回数も含まれますか。
また、目安となる回数はありますか。

A 深夜業の回数制限（指針第8条第2号の健康確保措置）の対象には、所定労働時間内の深夜業の回数制限も含まれます。なお、交替制勤務など所定労働時間に深夜業を含んでいる場合には、事業場の実情に合わせ、その他の健康確保措置を講ずることが考えられます。
また、指針は、限度時間を超えて労働させる労働者に対する健康及び福祉を確保するための措置として望ましい内容を規定しているものであり、深夜業を制限する回数の設定を含め、その具体的な取扱いについては、労働者の健康及び福祉を確保するため、各事業場の業務の実態等を踏まえて、必要な内容を労使間で協定すべきものです。
例えば、労働安全衛生法（昭和47年法律第57号）第66条の2の規定に基づく自発的健康診断の要件として、1月当たり4回以上深夜業に従事したこととされていることを参考として協定することも考えられます。

2−13

Q 「終業から始業までに一定時間以上の継続した休息時間を確保すること」（指針第8条第3号の健康確保措置）の「休息時間」とはどのような時間ですか。
また、目安となる時間数はありますか。

A 「終業から始業までに一定時間以上の継続した休息時間を確保すること」（指針第8条第3号の健康確保措置）の「休息時間」は、使用者の拘束を受けない時間をいうものですが、限度時間を超えて労働させる労働者に対する健康及び福祉を確保するための措置として望ましい内容を規定しているもので

あり、休息時間の時間数を含め、その具体的な取扱いについては、労働者の健康及び福祉を確保するため、各事業場の業務の実態等を踏まえて、必要な内容を労使間で協定すべきものです。

2－14

Q 「新たな技術、商品又は役務の研究開発に係る業務」（法第36条第11項）の具体的な範囲を教えてください。

A 「新たな技術、商品又は役務の研究開発に係る業務」（法第36条第11項）は、専門的、科学的な知識、技術を有する者が従事する新技術、新商品等の研究開発の業務をいい、既存の商品やサービスにとどまるものや、商品を専ら製造する業務などはここに含まれません。

2－15

Q 建設工事現場における交通誘導警備業務を主たる業務とする労働者は、時間外労働の上限規制の適用猶予の対象となりますか。

A 建設現場における交通誘導警備の業務を主たる業務とする労働者については、時間外労働の上限規制の適用猶予の対象となります（則第69条第1項）。

2－16

Q 時間外労働の上限規制の適用が猶予される自動車の運転の業務の範囲を教えてください。

A 「自動車の運転の業務」（法第140条及び則第69条第2項）に従事する者は、自動車運転者の労働時間等の改善のための基準（平成元年労働省告示第7号）第1条の自動車運転者と範囲を同じくするものです。

すなわち、物品又は人を運搬するために自動車を運転することが労働契約上の主として従事する業務となっている者が原則として該当します。（ただし、物品又は人を運搬するために自動車を運転することが労働契約上の主として従事する業務となっていない者についても、実態として物品又は人を運搬するために自動車を運転する時間が現に労働時間の半分を超えており、かつ、当該業務に従事する時間が年間総労働時間の半分を超えることが見込まれる場合には、「自動車の運転に主として従事する者」として取り扱います。）

そのため、自動車の運転が労働契約上の主として従事する業務でない者、例えば、事業場外において物品等の販売や役務の提供、取引契約の締結・勧誘等を行うための手段として自動車を運転する者は原則として該当しません。

なお、労働契約上、主として自動車の運転に従事することとなっている者であっても、実態として、主として自動車の運転に従事することがなければ該当しません。

2－17

Q 時間外労働の上限規制の適用が猶予される「医業に従事する医師」の範囲を教えてください。

A 「医業に従事する医師」（法第141条）とは、労働者として使用され、医行為を行う医師をいいます。なお、医行為とは、当該行為を行うに当たり、医師の医学的判断及び技術をもってするのでなければ人体に危害を及ぼし、又は危害を及ぼすおそれのある行為をいいます。

— 87 —

改正労働基準法に関するＱ＆Ａ

2－18

Q 労働者派遣事業を営む事業主が、時間外労働の上限規制の適用が猶予される事業又は業務（法第139条から第142条まで）に労働者を派遣する場合、時間外労働の上限規制の適用猶予の対象となりますか。

また、事業場の規模により時間外労働の上限規制の適用が開始される日が異なりますが、派遣元又は派遣先のいずれの事業場の規模について判断すればよいでしょうか。

A 労働者派遣事業の適正な運営の確保及び派遣労働者の保護等に関する法律（昭和60年法律第88号。以下「労働者派遣法」といいます。）第44条第２項前段の規定により、派遣中の労働者の派遣就業に係る法第36条の規定は派遣先の使用者について適用され、同項後段の規定により、36協定の締結・届出は派遣元の使用者が行うこととなります。

このため、法第139条から第142条までの規定は派遣先の事業又は業務について適用されることとなり、派遣元の使用者においては、派遣先における事業・業務の内容を踏まえて36協定を締結する必要があります。

また、事業場の規模についても、労働者派遣法第44条第２項前段の規定により、派遣先の事業場の規模によって判断することとなります。

36協定の届出様式については、派遣先の企業規模や事業内容、業務内容に応じて適切なものを使用することとなります。

2－19

Q 時間外労働の上限規制（法第36条の規定）が全面的に適用される業務（以下「一般則適用業務」といいます。）と時間外労働の上限規制の適用除外・猶予業務等との間で業務転換した場合や出向した場合の取扱いはどのようになりますか。

A 【業務転換の場合】

同一の36協定によって時間外労働を行わせる場合は、対象期間の途中で業務を転換した場合においても、対象期間の起算日からの当該労働者の時間外労働の総計を当該36協定で定める延長時間の範囲内としなければなりません。したがって、例えば法第36条の適用除外・猶予業務から一般則適用業務に転換した場合、当該協定における一般則適用業務の延長時間（最大１年720時間）から、適用除外・猶予業務等において行った時間外労働時間数を差し引いた時間数まで時間外労働を行わせることができ、適用除外・猶予業務等において既に年720時間を超える時間外労働を行っていた場合は、一般則適用業務への転換後に時間外労働を行わせることはできません。

なお、時間外労働と休日労働の合計で、単月100時間未満、複数月平均80時間以内の要件（法第36条第６項第２号及び第３号）は、時間外・休日労働協定の内容にかかわらず、一般則適用業務に従事する期間における実労働時間についてのみ適用されるものです。

【出向の場合】

出向先において出向元とは別の36協定の適用を受けることとなる場合は、出向元と出向先との間において特段の取決めがない限り、出向元における時間外労働の実績にかかわらず、出向先の36協定で定める範囲内で時間外・休日労働を行わせることができます。

ただし、一般則適用業務の実労働時間については、時間外労働と休日労働の合計で、単月100時間未満、複数月平均80時間以内の要件（法第36条第６項第２号及び第３号）を満たす必要があり、法第38条第１項により出向の前後で通算されます。

2−20

Q 施行前（大企業は2019年3月31日まで、中小企業は2020年3月31日まで）と施行後（同年4月1日以後）にまたがる期間の36協定を締結している場合には、4月1日開始の協定を締結し直さなければならないのでしょうか。

A 改正法の施行に当たっては、経過措置（※）が設けられています。この経過措置によって、施行前と施行後にまたがる期間の36協定を締結している場合には、その協定の初日から1年間に限っては、その協定は有効となります。

したがって、4月1日開始の協定を締結し直す必要はなく、その協定の初日から1年経過後に新たに定める協定から、上限規制に対応していただくこととなります。

※経過措置の内容
　上限規制は、2019年4月1日（中小企業は2020年4月1日）以後の期間のみを定めた36協定に対して適用されます。2019年3月31日を含む期間について定めた36協定については、その協定の初日から1年間は引き続き有効となり、上限規制は適用されません。

2−21

Q 中小企業は上限規制の適用が1年間猶予されますが、その間の36協定届は従来の様式で届け出てもよいのでしょうか。

A 適用が猶予される1年間については、従来の様式での届出で構いません。なお、上限規制を遵守する内容で36協定を締結する場合には、新様式で届け出ていただいても構いません。

2−22

Q 上限規制の適用が1年間猶予される中小企業の範囲について、以下の場合はどのように判断されるのでしょうか。
①「常時使用する労働者」の数はどのように判断するのですか。
②「常時使用する労働者数」を算定する際、出向労働者や派遣労働者はどのように取り扱えばよいですか。
③中小企業に当たるか否かを判断する際に、個人事業主や医療法人など、資本金や出資金の概念がない場合はどうすればよいですか。
④中小企業に当たるか否かを判断する際に、グループ企業については、グループ単位で判断するのですか。

A 【①について】
臨時的に雇い入れた労働者を除いた労働者数で判断します。なお、休業などの臨時的な欠員の人数については算入する必要があります。パート・アルバイトであっても、臨時的に雇い入れられた場合でなければ、常時使用する労働者数に算入する必要があります。
【②について】
労働契約関係のある労使間に算入します。在籍出向者の場合は出向元・出向先双方の労働者数に算入され、移籍出向者の場合は出向先のみの労働者数に算入されます。派遣労働者の場合は、労働契約関係は派遣元との間にありますので、派遣元の労働者数に算入します。
【③について】
資本金や出資金の概念がない場合は、労働者数のみで判断することとなります。
【④について】
企業単位で判断します。

改正労働基準法に関するQ＆A

2−23

Q 「休日労働を含んで」というのはどういった意味でしょうか。休日労働は時間外労働とは別のものなのでしょうか。

A 労働基準法においては、時間外労働と休日労働は別個のものとして取り扱います。
・時間外労働・・・法定労働時間（1日8時間・1週40時間）を超えて労働した時間
・休日労働・・・法定休日（1週1日又は4週4日）に労働した時間
　今回の改正によって設けられた限度時間（月45時間・年360時間）はあくまで時間外労働の限度時間であり、休日労働の時間は含まれません。
　一方で、今回の改正による、1か月の上限（月100時間未満）、2〜6か月の上限（平均80時間以内）については、時間外労働と休日労働を合計した実際の労働時間に対する上限であり、休日労働も含めた管理をする必要があります。

2−24

Q 時間外労働と休日労働の合計が、2〜6か月間のいずれの平均でも月80時間以内とされていますが、この2〜6か月は、36協定の対象期間となる1年間についてのみ計算すればよいのでしょうか。

A 時間外労働と休日労働の合計時間について2〜6か月の平均で80時間以内とする規制については、36協定の対象期間にかかわらず計算する必要があります。
　なお、上限規制が適用される前の36協定の対象期間については計算する必要はありません。

2−25

Q 長時間労働者に対する医師の面接指導が法律で定められていますが、その対象者の要件と、今回の時間外労働の上限規制とは計算方法が異なるのでしょうか。

A 時間外労働の上限規制は、労働基準法に定める法定労働時間を超える時間について上限を設けるものです。法定労働時間は、原則として1日8時間・1週40時間と決められていますが、変形労働時間制やフレックスタイム制を導入した場合には、原則とは異なる計算をすることとなります。
　一方、労働安全衛生法に定める医師による面接指導の要件は、労働時間の状況が1週間当たり40時間を超える時間が80時間を超えた労働者で本人の申出があった場合となっており、これは変形労働時間制やフレックスタイム制を導入した場合でも変わりません。
※研究開発業務に従事する労働者については、1週間当たり40時間を超える時間が100時間を超えた場合に、本人の申出の有無にかかわらず、医師の面接指導を受けさせる必要があります。

2−26

Q どのような場合に、法律に違反してしまうのでしょうか。

A 時間外労働を行わせるためには、36協定の締結・届出が必要です。
　したがって、36協定を締結せずに時間外労働をさせた場合や、36協定で定めた時間を超えて時間外労働をさせた場合には、法第32条違反となります。（6か月以下の懲役又は30万円以下の罰金）
　今回の法改正では、この36協定で定める時間数について、上限が設けられました。また、36協定で定めた時間数にかかわらず、
・時間外労働と休日労働の合計時間が月100時間以上となった場合
・時間外労働と休日労働の合計時間について、2〜6か月の平均のいずれかが80時間を超えた場合

には、法第36条第6項違反となります。（6か月以下の懲役又は30万円以下の罰金）

2−27

Q 36協定では1か月についての延長時間を定めることとなっていますが、この「1か月」の起算日はどのように考えればよいでしょうか。

A 36協定の対象期間の初日から1か月ごとに区分した各期間の初日が「1か月」の起算日となります。

2−28

Q 特別条項における1か月の延長時間として、「100時間未満」と協定することはできますか。

A 36協定において定める延長時間数は、具体的な時間数として協定しなければなりません。「100時間未満」と協定することは、具体的な延長時間数を協定したものとは認められないため、有効な36協定とはなりません。

2−29

Q 特別条項において、1か月についてのみ又は1年についてのみの延長時間を定めることはできますか。

A 特別条項において、1か月についてのみ又は1年についてのみ限度時間を超える延長時間を定めることは可能です。

1年についてのみ限度時間を超える延長時間を定める場合には、1か月の限度時間を超えて労働させることができる回数を「0回」として協定することとなります。これは、臨時的な労働時間の増加の有無を月ごとに判断した結果を協定していただくためです。

なお、特別条項は限度時間（1か月45時間・1年360時間。対象期間が3か月を超える1年単位の変形労働時間制により労働させる場合は、1か月42時間・1年320時間）を超えて労働させる必要がある場合に定めるものであり、1日の延長時間についてのみ特別条項を協定することは認められません。

2−30

Q 36協定の様式では、「労働させることができる法定休日における始業及び終業の時刻」を記載することとなっていますが、始業及び終業の時刻ではなく、労働時間数の限度を記載しても構いませんか。

A 「労働させることができる法定休日における始業及び終業の時刻」の欄には、原則として始業及び終業の時刻を記載していただく必要がありますが、これが困難な場合には、労働時間数の限度を記載していただいても構いません。

2−31

Q 特別条項を設けておらず、かつ、時間外労働時間数と休日労働時間数を合計しても1か月80時間に満たない内容の36協定についても、チェックボックスへのチェックが必要ですか。

A 休日労働を含んで、1か月100時間未満、2～6か月平均80時間以内とする要件（法第36条第6項第2号及び第3号）を満たすことは、特別条項の有無や時間外労働時間数等の協定内容にかかわらず、必ず協定しなければならない事項であり、則様式第9号により届出を行う場合は、チェックボックスへのチェックが必須です。

改正労働基準法に関するQ&A

2−32

Q 副業・兼業や転職の場合、休日労働を含んで、1か月100時間未満、複数月平均80時間以内（法第36条第6項第2号及び第3号）の上限規制が通算して適用されることとなりますが、その場合、自社以外での労働時間の実績は、どのように把握することが考えられますか。

A 厚生労働省では、「副業・兼業の促進に関するガイドライン」を策定しており、ガイドラインにおいて、就業時間の把握については、労働者からの自己申告により副業・兼業先での労働時間を把握することが考えられると示しています。

　なお、転職の場合についても自社以外の事業場における労働時間の実績は、労働者からの自己申告により把握することが考えられます。

2−33

Q 法改正前の36協定では、法定労働時間を下回る所定労働時間を基準に延長時間を協定することや、法定休日における労働時間を含めて協定することも例外的に認められており、これらの時間を、法定労働時間を基準とした労働時間に換算する概算式が通達で定められていましたが、法改正後はどのように取り扱われますか。

A 36協定は、本来、法定労働時間（1週40時間・1日8時間）を超える時間数について協定するものであり、法定労働時間を下回る所定労働時間を基準に延長時間を協定して届け出ることや、法定休日・法定外休日の労働時間を含めて協定して届け出ることについては、本来の制度趣旨には必ずしも沿わないものですが、これまでは労使慣行への影響等を考慮して、やむを得ないものとして取り扱ってきました。

　これに対して、今回の法改正は、法定労働時間を超える時間外労働について罰則付きの上限を設けるものであることから、必ず法定労働時間を基準とした労働時間について協定し、届け出る必要があり、従来の概算式を使用することはできなくなります。

　なお、所定労働時間を基準に時間外労働時間を管理している事業場においては、法定労働時間を基準とした延長時間を協定した上で、「所定労働時間を超える時間数」を併せて協定することも可能です。新様式には、任意の記載項目として「所定労働時間を超える時間数」の欄が設けられていますので、こちらの記載欄を適宜活用してください。

2−34

Q 36協定の様式には、「所定労働時間を超える時間数（任意）」の記載欄が設けられていますが、ここに具体的な時間数を記載した場合の効力について教えてください。

　また、1か月における「所定労働時間を超える時間数」は、各月の所定労働日数によって変動しますが、変動する中で最大となる時間数を記載すればよいでしょうか。

A 「所定労働時間を超える時間数（任意）」の記載欄は、法定労働時間を下回る所定労働時間を基準に時間外労働の管理を行っている事業場において、任意に活用していただけるように設けられたものであり、「法定労働時間を超える時間数」を、所定労働時間を基準としたものに換算した時間数を記載していただくものです。

　このため、「所定労働時間を超える時間数（任意）」の欄に記載した時間数それ自体が、「法定労働時間を超える時間数」と別途の効力を持つものではありません。

　また、1か月における「所定労働時間を超える時間数」は、36協定の対象期間において各月ごとに変動する中で最大となる時間数を記載してください。

2−35

Q 改正前の法が適用される36協定の内容を2019年4月1日以降に見直して、労働基準監督署に改めて届け出る場合（例えば、2019年2月1日から2020年1月31日までを対象期間とする36協定の内容を2019年8月に見直し、労働基準監督署に改めて届け出る場合）、改めて届け出る36協定は、改正後の法に適合したものとし、新様式を使用する必要がありますか。

A 対象期間の変更を伴わない見直しの場合は、引き続き改正前の法が適用されますので、旧様式を使用していただいて構いません。

協定の内容とともに、対象期間についても見直し、2019年4月1日以降の期間のみを対象期間とする場合には、改正後の法に適合したものとし、新様式を使用してください。

※中小企業においては、上限規制は2020年4月1日から適用されますので、「2019年」は「2020年」と、「2020年」は「2021年」と読み替えてください。

2−36

Q 36協定の協定事項である「限度時間を超えて労働させる労働者に対する健康及び福祉を確保するための措置」（則第17条第1項第5号）は、限度時間を超えるたびに講じる必要がありますか。また、限度時間を超えてからどの程度の期間内に措置を実施すべきですか。

A 「限度時間を超えて労働させる労働者に対する健康及び福祉を確保するための措置」（則第17条第1項第5号）は、原則として、限度時間を超えるたびに講じていただく必要があります。また、当該措置の実施時期については、措置の内容によっても異なりますが、例えば、医師による面接指導については、1か月の時間外労働時間を算定した日（賃金締切日等）から概ね1か月以内に講じていただくことが望ましいです。

2−37

Q 指針に示された健康確保措置のうち、心とからだの健康問題についての相談窓口を設置することについて、相談窓口の設置さえ行えば、措置を果たしたことになるのでしょうか。

また、この場合、どのような内容について記録を保存すればよいでしょうか。

A 心とからだの健康問題についての相談窓口については、それを設置することにより、法令上の義務を果たしたことになります。その際、労働者に対しては、相談窓口が設置されている旨を十分周知し、当該窓口が効果的に機能するよう留意してください。

また、この場合の記録の保存については、相談窓口を設置し、労働者に周知した旨の記録を保存するとともに、当該36協定の有効期間中に受け付けた相談件数に関する記録も併せて保存してください。

2−38

Q 一般則適用業務と時間外労働の上限規制の適用除外・猶予業務等が混在する事業場の36協定については、則様式第9号（一般則適用業務について特別条項を設ける場合は、則様式第9号の2）と則様式第9号の4を別々に作成する必要がありますか。

A 一般則適用業務と時間外労働の上限規制の適用除外・猶予業務等が混在する事業場の36協定は、基本的には、則様式第9号（一般則適用業務について特別条項を設ける場合は、則様式第9号の2）と則様式第9号の4を別々に作成する必要があります。

なお、則に定める様式は、必要な事項が記載できるよう定められたものであり、必要な事項が記載さ

改正労働基準法に関するQ&A

れている限り、異なる様式を使用することも可能です。したがって、必要な事項が漏れなく記載されていれば、一般則適用業務と時間外労働の上限規制の適用除外・猶予業務等を併せて一つの様式で届け出ることも可能です。

2－39

Q 建設業（法第139条に規定する事業）において、研究開発業務を行う労働者がいる場合は、則様式第9号の4に加えて、則様式第9号の3を届け出る必要がありますか。

A 建設業（法第139条に規定する事業）において、研究開発業務を行う労働者がいる場合は、当該労働者を含めて、則様式第9号の4により36協定を届け出れば足り、則様式第9号の3を届け出ていただく必要はありません。

ただし、研究開発業務を行う労働者については、指針第9条第3項において、1か月について45時間又は1年について360時間（対象期間が3か月を超える1年単位の変形労働時間制により労働させる場合は、1か月について42時間又は1年について320時間）を超えて労働させる労働者に対する健康及び福祉を確保するための措置を定めるように努めなければならないとされていることに留意してください。

2－40

Q 労働者派遣事業における36協定について、派遣元が中小企業で、2019年4月1日以降に大企業にも中小企業にも労働者を派遣する場合、いずれの様式を用いればよいでしょうか。

A 労働者派遣法第44条第2項前段の規定により、派遣中の派遣労働者の派遣就業に係る法第36条の規定は派遣先の使用者について適用され、同項後段の規定により、36協定の締結・届出は派遣元の使用者が行うこととなっています（※1）。

このため、2019年4月1日以後の期間のみを定める36協定については、派遣元において、派遣先の企業規模、業種及び業務内容に応じて様式を選択し、派遣先ごとに締結・届出を行うこととなります（※2）。

したがって、ご質問の場合には、中小企業に労働者を派遣する場合は旧様式第9号、大企業に労働者を派遣する場合は新様式第9号（特別条項を設ける場合は新様式第9号の2）を用いることとなります（※3）。

なお、同一の労働者が大企業にも中小企業にも派遣される場合、法第36条第6項（時間外・休日労働の合計で単月100時間未満、2～6か月平均80時間以内）の規定は、中小企業に上限規制が適用されるまで（2020年3月まで）の間は、大企業に派遣されている期間についてのみ適用されます（※4）。

※1 労働者派遣法第44条第2項
　派遣中の労働者の派遣就業に関しては、派遣先の事業のみを、派遣中の労働者を使用する事業とみなして、労働基準法（略）第三十六条第一項及び第六項（略）の規定並びに当該規定に基づいて発する命令の規定（これらの規定に係る罰則の規定を含む。）を適用する。この場合において（略）同法第三十六条第一項中「当該事業場に」とあるのは「派遣元の使用者が、当該派遣元の事業の事業場に」と、「これを行政官庁に」とあるのは「及びこれを行政官庁に」とする。
※2 派遣元に使用される派遣労働者以外の労働者（派遣元で業務に従事する事務スタッフなど）については、派遣労働者とは別に、派遣元の企業規模によって様式を選択することとなり、ご質問のように中小企業である場合は旧様式第9号を用いることとなります。
※3 なお、ご質問のように、上限規制の適用が分かれる複数の派遣先について、同じ日に36協定を締結するといった場合には、派遣先ごとに必要な事項が漏れなく記載されている限り、1つの36協定届の様式にまとめることも可能です（なお、それらの複数の派遣先について、必ずしも36協定の有効期間・対象期間が同一である必要はありません）。
　また、派遣先が自社で締結した自社の労働者に係る36協定の対象期間と、派遣元で締結した派遣労働者に係る36協定の対象期間は必ずしも一致しません。このため、2019年4月1日以降は、経過措置の対象であるか否か（適用される36協定が、2019年3月31日を含む期間を定めるものであるか否か）によって、派遣先において、自社の労働者と派遣労働者で上限規制の適用の有無が異なる場合もあり得ます。
※4 例えば、平成31年4月、6～7月は大企業、同年5月は中小企業に派遣していた場合、同年4月、6月、7月の時間外・休日労働は単月100時間未満とし、この3か月の平均で80時間以内としなければなりません。

― 94 ―

3　年次有給休暇関係

3－1

Q　使用者による時季指定（法第39条第7項）は、いつ行うのでしょうか。

A　使用者による時季指定（法第39条第7項）は、必ずしも基準日からの1年間の期首に限られず、当該期間の途中に行うことも可能です。

3－2

Q　使用者による時季指定の対象となる「有給休暇の日数が十労働日以上である労働者」（法第39条第7項）には、法第39条第3項の比例付与の対象となる労働者であって、前年度繰越分の有給休暇と当年度付与分の有給休暇とを合算して初めて10労働日以上となる者も含まれますか。

A　使用者による時季指定の対象となる「有給休暇の日数が十労働日以上である労働者」（法第39条第7項）は、基準日に付与される年次有給休暇の日数が10労働日以上である労働者が該当するものであり、法第39条第3項の比例付与の対象となる労働者であって、今年度の基準日に付与される年次有給休暇の日数が10労働日未満であるものについては、仮に、前年度繰越分の年次有給休暇も合算すれば10労働日以上となったとしても、「有給休暇の日数が十労働日以上である労働者」には含まれません。

3－3

Q　使用者による時季指定（法第39条第7項）を半日単位や時間単位で行うことはできますか。

A　労働者の意見を聴いた際に半日単位の年次有給休暇の取得の希望があった場合においては、使用者が年次有給休暇の時季指定を半日単位で行うことは差し支えありません。この場合において、半日の年次有給休暇の日数は0.5日として取り扱います。
　また、使用者による時季指定を時間単位年休で行うことは認められません。

3－4

Q　前年度からの繰越分の年次有給休暇を取得した場合は、その日数分を法第39条第7項の規定により使用者が時季指定すべき5日の年次有給休暇から控除することができますか。

A　前年度からの繰越分の年次有給休暇を取得した場合は、その日数分を法第39条第7項の規定により使用者が時季指定すべき5日の年次有給休暇から控除することとなります（法第39条第8項）。
※なお、法第39条第7項及び第8項は、労働者が実際に取得した年次有給休暇が、前年度からの繰越分の年次有給休暇であるか当年度の基準日に付与された年次有給休暇であるかについては問わないものです。

3－5

Q　法第39条第7項の規定により使用者が指定した時季を、使用者又は労働者が事後に変更することはできますか。

A　法第39条第7項の規定により指定した時季について、使用者が労働者に対する意見聴取の手続（則第24条の6）を再度行い、その意見を尊重することによって変更することは可能です。

— 95 —

改正労働基準法に関するQ&A

また、使用者が指定した時季について、労働者が変更することはできませんが、使用者が指定した後に労働者に変更の希望があれば、使用者は再度意見を聴取し、その意見を尊重することが望ましいです。

3-6

Q 基準日から1年間の期間（以下「付与期間」といいます。）の途中に育児休業が終了した労働者等についても、5日の年次有給休暇を確実に取得させなければなりませんか。

A 付与期間の途中に育児休業から復帰した労働者等についても、法第39条第7項の規定により5日間の年次有給休暇を取得させなければなりません。

ただし、残りの期間における労働日が、使用者が時季指定すべき年次有給休暇の残日数より少なく、5日の年次有給休暇を取得させることが不可能な場合には、その限りではありません。

3-7

Q 使用者は、5日を超える日数の年次有給休暇について時季指定を行うことができますか。

A 労働者の個人的事由による取得のために労働者の指定した時季に与えられるものとして一定の日数を留保する観点から、使用者は、年5日を超える日数について年次有給休暇の時季を指定することはできません。

また、使用者が時季指定を行うよりも前に、労働者自ら請求し、又は計画的付与により具体的な年次有給休暇日が特定されている場合には、当該特定されている日数について使用者が時季指定することはできません（法第39条第8項)。

3-8

Q あらかじめ使用者が時季指定した年次有給休暇日が到来するより前に、労働者が自ら年次有給休暇を取得した場合は、当初使用者が時季指定した日に労働者が年次有給休暇を取得しなくても、法第39条第7項違反とはなりませんか。

A ご質問の場合は労働者が自ら年次有給休暇を5日取得しており、法第39条第7項違反とはなりません。なお、この場合において、当初使用者が行った時季指定は、使用者と労働者との間において特段の取決めがない限り、当然に無効とはなりません。

3-9

Q 則第24条の5第2項においては、基準日又は第一基準日を始期として、第二基準日から1年を経過する日を終期とする期間の月数を12で除した数に5を乗じた日数について時季指定する旨が規定されていますが、この「月数」に端数が生じた場合の取扱いはどのようになりますか。

また、同規定により算定した日数に1日未満の端数が生じた場合の取扱いはどのようになりますか。

A 則第24条の5第2項を適用するに当たっての端数については原則として下記のとおり取り扱うこととしますが、この方法によらず、月数について1か月未満の端数をすべて1か月に切り上げ、かつ、使用者が時季指定すべき日数について1日未満の端数をすべて1日に切り上げることでも差し支えありません。

【端数処理の方法】

①基準日から翌月の応答日の前日までを1か月と考え、月数及び端数となる日数を算出します。ただ

し、基準日の翌月に応答日がない場合は、翌月の末日をもって1か月とします。

②当該端数となる日数を、最終月の暦日数で除し、上記①で算出した月数を加えます。

③上記②で算出した月数を12で除した数に5を乗じた日数について時季指定します。なお、当該日数に1日未満の端数が生じている場合は、これを1日に切り上げます。

（例）第一基準日が10月22日、第二基準日が翌年4月1日の場合

①10月22日から11月21日までを1か月とすると、翌々年3月31日までの月数及び端数は17か月と10日（翌々年3月22日から3月31日まで）と算出されます。

②上記①の端数10日について、最終月（翌々年3月22日から4月21日まで）の暦日数31日で除し、17か月を加えると、17.32…か月となります。

③17.32…か月を12で除し、5を乗じると、時季指定すべき年次有給休暇の日数は、7.21…日となり、労働者に意見聴取した結果、半日単位の取得を希望した場合には7.5日、希望しない場合には8日について時季指定を行います。

3－10

Q 使用者による時季指定を行う場合の労働者に対する意見聴取（則第24条の6第1項）やその尊重（則第24条の6第2項）の具体的な内容について教えてください。

A 則第24条の6第1項の意見聴取の内容としては、法第39条第7項の基準日から1年を経過する日までの間の適時に、労働者から年次有給休暇の取得を希望する時季を申告させることが考えられます。

また、則第24条の6第2項の尊重の内容としては、できる限り労働者の希望に沿った時季を指定するよう努めることが求められるものです。

3－11

Q 労働者自らが半日単位又は時間単位で取得した年次有給休暇の日数分については、使用者が時季指定すべき年5日の年次有給休暇から控除することができますか。

A 労働者が半日単位で年次有給休暇を取得した日数分については、0.5日として使用者が時季指定すべき年5日の年次有給休暇から控除することとなり、当該日数分について使用者は時季指定を要しません。なお、労働者が時間単位で年次有給休暇を取得した日数分については、使用者が時季指定すべき年5日の年次有給休暇から控除することはできません。

3－12

Q 事業場が独自に設けている法定の年次有給休暇と異なる特別休暇を労働者が取得した日数分については、使用者が時季指定すべき年5日の年次有給休暇から控除することはできますか。

A 法定の年次有給休暇とは別に設けられた特別休暇（たとえば、法第115条の時効が経過した後においても、取得の事由及び時季を限定せず、法定の年次有給休暇を引き続き取得可能としている場合のように、法定の年次有給休暇日数を上乗せするものとして付与されるものを除きます。以下同じ。）を取得した日数分については、使用者が時季指定すべき年5日の年次有給休暇から控除することはできません。

なお、法定の年次有給休暇とは別に設けられた特別休暇について、今回の改正を契機に廃止し、年次有給休暇に振り替えることは法改正の趣旨に沿わないものであるとともに、労働者と合意をすることなく就業規則を変更することにより特別休暇を年次有給休暇に振り替えた後の要件・効果が労働者にとって不利益と認められる場合は、就業規則の不利益変更法理に照らして合理的なものである必要があります。

― 97 ―

改正労働基準法に関するQ&A

3−13

Q 年次有給休暇管理簿に記載すべき「日数」とは何を記載すべきですか。
また、電子機器を用いて磁気ディスク、磁気テープ、光ディスク等により年次有給休暇管理簿を調整することはできますか。

A 年次有給休暇管理簿に記載すべき「日数」としては、労働者が自ら請求し取得したもの、使用者が時季を指定し取得したもの又は計画的付与により取得したものにかかわらず、実際に労働者が年次有給休暇を取得した日数（半日単位で取得した回数及び時間単位で取得した時間数を含みます。）を記載する必要があります。
また、労働者名簿、賃金台帳と同様の要件を満たした上で、電子機器を用いて磁気ディスク、磁気テープ、光ディスク等により調整することは差し支えありません。

3−14

Q 使用者による時季指定（法第39条第7項）について、就業規則に記載する必要はありますか。

A 休暇に関する事項は就業規則の絶対的必要記載事項であるため、使用者による時季指定（法第39条第7項）を実施する場合は、時季指定の対象となる労働者の範囲及び時季指定の方法等について、就業規則に記載する必要があります。
※就業規則の規定例
第○条
1〜4 （略）（※厚生労働省ホームページのモデル就業規則をご参照ください。）
5　第1項又は第2項の年次有給休暇が10日以上与えられた労働者に対しては、第3項の規定にかかわらず、付与日から1年以内に、当該労働者の有する年次有給休暇日数のうち5日について、会社が労働者の意見を聴取し、その意見を尊重した上で、あらかじめ時季を指定して取得させる。ただし、労働者が第3項又は第4項の規定による年次有給休暇を取得した場合においては、当該取得した日数分を5日から控除するものとする。

3−15

Q 2019年4月より前（例えば2019年1月）に10日以上の年次有給休暇を付与している場合には、そのうち5日分について、2019年4月以後に年5日確実に取得させる必要がありますか。

A 改正法が施行される2019年4月1日以後、最初に年10日以上の年次有給休暇を付与する日（基準日）から、年5日確実に取得させる必要があります。よって、2019年4月より前に年次有給休暇を10日以上付与している場合は、使用者に時季指定義務が発生しないため、年5日確実に取得させなくとも、法違反とはなりません。

3−16

Q 4月1日に入社した新入社員について、法定どおり入社日から6か月経過後の10月1日に年休を付与するのではなく、入社日に10日以上の年次有給休暇を付与し、以降は年度単位で管理しています。このような場合、基準日はいつになりますか。

A この場合、4月1日が基準日となります。

3−17

Q 今回の法改正を契機に、法定休日ではない所定休日を労働日に変更し、当該労働日について、使用者

― 98 ―

が年次有給休暇として時季指定することはできますか。

A ご質問のような手法は、実質的に年次有給休暇の取得の促進につながっておらず、望ましくないものです。

3－18

Q 出向者については、出向元、出向先どちらが年5日確実に取得させる義務を負いますか。

A 在籍出向の場合は、労働基準法上の規定はなく、出向元、出向先、出向労働者三者間の取り決めによります。（基準日及び出向元で取得した年次有給休暇の日数を出向先の使用者が指定すべき5日から控除するかどうかについても、取り決めによります。）

移籍出向の場合は、出向先との間にのみ労働契約関係があることから、出向先において10日以上の年次有給休暇が付与された日から1年間について5日の時季指定を行う必要があります（なお、この場合、原則として出向先において新たに基準日が特定されることとなり、また、出向元で取得した年次有給休暇の日数を出向先の使用者が指定すべき5日から控除することはできません。）。

なお、基準日から1年間の期間の途中で労働者を移籍出向させる場合（※1、※2）については、以下の3つの要件を満たすときは、出向前の基準日から1年以内の期間において、出向の前後を通算して5日の年次有給休暇の時季指定を行うこととして差し支えありません。なお、この場合、出向先が年次有給休暇の時季指定義務を負うこととなります。

①出向時点において出向元で付与されていた年次有給休暇日数及び出向元における基準日（※3）を出向先において継承すること

②出向日から6か月以内に、当該労働者に対して10日以上（①で継承した年次有給休暇日数を含む。）の年次有給休暇を出向先で付与すること。すなわち、出向先における雇入れから6か月以内に、10日以上の年次有給休暇を取得する権利が当該労働者に保障されていること。

③出向前の期間において、当該労働者が出向元で年5日の年次有給休暇を取得していない場合は、5日に不足する日数について、出向元における基準日から1年以内に出向先で時季指定する旨を出向契約に明記していること

※1 移籍出向先から出向元へ帰任する場合も同様です。
※2 労働者が海外企業に出向する場合や、出向先で役員となる場合については、6－1をご参照ください。
※3 出向した翌年の基準日は、出向元における基準日の1年後となります。

3－19

Q 年5日の取得ができなかった労働者が1名でもいたら、罰則が科されるのでしょうか。

A 法違反として取り扱うこととなりますが、労働基準監督署の監督指導において、法違反が認められた場合は、原則としてその是正に向けて丁寧に指導し、改善を図っていただくこととしています。

3－20

Q 使用者が年次有給休暇の時季指定をするだけでは足りず、実際に取得させることまで必要なのでしょうか。

A 使用者が5日分の年次有給休暇の時季指定をしただけでは足りず、実際に基準日から1年以内に年次有給休暇を5日取得していなければ、法違反として取り扱うことになります。

改正労働基準法に関するQ&A

3−21

Q 年次有給休暇の取得を労働者本人が希望せず、使用者が時季指定を行っても休むことを拒否した場合には、使用者側の責任はどこまで問われるのでしょうか。

A 使用者が時季指定をしたにもかかわらず、労働者がこれに従わず、自らの判断で出勤し、使用者がその労働を受領した場合には、年次有給休暇を取得したことにならないため、法違反を問われることになります。

　ただし、労働基準監督署の監督指導において、法違反が認められた場合は、原則としてその是正に向けて丁寧に指導し、改善を図っていただくこととしています。

3−22

Q 休職している労働者についても、年5日の年次有給休暇を確実に取得させる必要がありますか。

A 例えば、基準日からの1年間について、それ以前から休職しており、期間中に一度も復職しなかった場合など、使用者にとって義務の履行が不可能な場合には、法違反を問うものではありません。

3−23

Q 期間中に契約社員から正社員に転換した場合の取扱いについて教えてください。

A 対象期間中に雇用形態の切り替えがあったとしても、引き続き基準日から1年以内に5日取得していただく必要があります。

3−24

Q 使用者が時季指定した年次有給休暇について、労働者から取得日の変更の申出があった場合には、どのように対応すればよいでしょうか。また、年次有給休暇管理簿もその都度修正しなくてはいけないのでしょうか。

A 労働者から取得日の変更の希望があった場合には、再度意見を聴取し、できる限り労働者の希望に沿った時季とすることが望ましいです。また、取得日の変更があった場合は年次有給休暇管理簿を修正する必要があります。

3−25

Q 管理監督者にも年5日の年次有給休暇を確実に取得させる必要があるのでしょうか。

A 管理監督者についても、年5日の年次有給休暇を確実に取得させる義務の対象となります。

3−26

Q 使用者による時季指定義務は、中小企業にも適用されますか。

A 使用者による時季指定義務は、企業規模にかかわらず全ての事業場に適用されます。

3−27

Q 法定の年次有給休暇の付与日数が10日に満たないパートタイム労働者について、法を上回る措置として10日以上の年次有給休暇を付与している場合についても、年5日確実に取得させる義務の対象となるのでしょうか。

A ご質問の場合は、法定の年次有給休暇の付与日数が10日に満たないため、年5日確実に取得させる義務の対象とはならず、使用者が年次有給休暇の取得時季を指定することはできません。

3−28

Q 年次有給休暇の一部を基準日より前の日から与える場合（則第24条の5第4項の適用を受ける場合）、通達（平成6年1月4日付け基発第1号）により、次年度の年次有給休暇の付与日についても、初年度の付与日を法定の基準日から繰り上げた期間と同じ又はそれ以上の期間、法定の基準日より繰り上げることとなり、次年度においては年次有給休暇の付与期間に重複が生じるため、則第24条の5第2項の特例を適用することになるのでしょうか。

A ご見解のとおりです。具体例としては以下のような場合が考えられます。
【例】 4月1日に入社した労働者に対して、入社日に5日の年次有給休暇を付与し、同年7月1日にさらに5日の年次有給休暇を付与する場合
①この場合は、入社年の7月1日（第一基準日）からの1年間において5日の年次有給休暇を取得させなければなりませんが、則第24条の5により、同年4月1日から同年7月1日までの間に労働者が取得した年次有給休暇の日数分については、使用者による時季指定を要しません。
②翌年の基準日（第二基準日）は、従来であれば7月1日となりますが、入社年において法定の年次有給休暇の付与日数を一括して与えるのではなく、その日数の一部を法定の基準日から6か月間繰り上げていることから、通達（平成6年1月4日付け基発第1号）により、第二基準日も6か月間繰り上げ、4月1日となります。
③上記①及び②より、使用者による時季指定の義務を履行すべき期間は、入社年の7月1日からの1年間と翌年4月1日からの1年間となり、期間が重複します。
④このため、則第24条の5第2項の特例を適用することとなり、入社年の7月1日から翌々年の3月31日までの21か月について、9日（21÷12×5＝8.75）の時季指定を行うこととなります。
（参考）平成6年1月4日付け基発第1号（抜粋）
イ 斉一的取扱いや分割付与により法定の基準日以前に付与する場合の年次有給休暇の付与要件である八割出勤の算定は、短縮された期間は全期間出勤したものとみなすものであること。
ロ 次年度以降の年次有給休暇の付与日についても、初年度の付与日を法定の基準日から繰り上げた期間と同じ又はそれ以上の期間、法定の基準日より繰り上げること。

3−29

Q 派遣労働者については、派遣元・派遣先のどちらで年次有給休暇の時季指定や年次有給休暇管理簿の作成を行えばよいでしょうか。

A 派遣労働者については、派遣元で年次有給休暇の時季指定や年次有給休暇管理簿の作成を行います。

3−30

Q 年次有給休暇管理簿は、いつから作成する必要がありますか。また、基準日よりも前に、10労働日の年次有給休暇のうち一部を前倒しで付与している場合（分割付与の場合）は、いつから作成する必要が

— 101 —

改正労働基準法に関するQ&A

ありますか。

A 改正後の法及び則のうち、年次有給休暇に関する規定については、2019年4月1日以後の最初の基準日から適用されます。

年次有給休暇管理簿については、法定の年次有給休暇が付与されるすべての労働者について、2019年4月1日以後の最初の基準日から作成していただく必要があります。

なお、基準日よりも前に、10労働日の年次有給休暇のうち一部を前倒しで付与している場合（分割付与の場合）については、年次有給休暇の付与日数や取得状況を適切に管理する観点から、最初に分割付与された日から年次有給休暇管理簿を作成していただく必要があります。

3-31

Q 年次有給休暇管理簿は、労働者名簿又は賃金台帳とあわせて調整することができますが、例えば、労働者名簿に「入社日」、賃金台帳に「時季」と「日数」、就業規則に雇入れ後6か月経過日が「基準日」となる旨の記載があれば、それらをもって年次有給休暇管理簿を作成したものとして認められますか。

A 年次有給休暇管理簿では、時季、日数及び基準日（第一基準日及び第二基準日を含む。）を労働者ごとに明らかにする必要があり、則第55条の2では、使用者は、年次有給休暇管理簿、労働者名簿又は賃金台帳をあわせて調整することができるとされています。

ご質問のような方法では、労働者名簿と賃金台帳だけでは労働者ごとの基準日を直ちに確認することができないため、年次有給休暇管理簿を作成したものとは認められません。

3-32

Q 年次有給休暇管理簿について、当社では勤怠管理システムの制約上、年次有給休暇の基準日、日数及び時季を同じ帳票で出力することができません。このような場合でも、年次有給休暇管理簿を作成したものとして認められますか。

A 基準日、日数及び時季が記載されたそれぞれの帳票を必要な都度出力できるものであれば、年次有給休暇管理簿を作成したものとして認められます。

3-33

Q 使用者による時季指定によって年5日の年次有給休暇を取得させた代わりに、精皆勤手当や賞与を減額することはできますか。

A 年次有給休暇を取得した労働者に対して、賃金の減額その他不利益な取扱いをすることは禁止されており（法第136条）、精皆勤手当や賞与を減額することはできません。

3-34

Q 当社では、法定の年次有給休暇に加えて、取得理由や取得時季が自由で、年次有給休暇と同じ賃金が支給される「リフレッシュ休暇」を毎年労働者に付与し、付与日から1年間利用できることとしています。

この「リフレッシュ休暇」を取得した日数分については、使用者が時季指定すべき年5日の年次有給休暇の日数から控除してよいでしょうか。

A ご質問の「リフレッシュ休暇」は、毎年、年間を通じて労働者が自由に取得することができ、その要

— 102 —

件や効果について、当該休暇の付与日（※）からの1年間において法定の年次有給休暇の日数を上乗せするものであれば、当該休暇を取得した日数分については、使用者が時季指定すべき年5日の年次有給休暇の日数から控除して差し支えありません。

※当該休暇の付与日は、法定の年次有給休暇の基準日と必ずしも一致している必要はありません。

4　労働条件の明示の方法関係

4－1

Q　労働者が希望した場合には、ファクシミリや電子メール等で労働条件を明示することができるようになりますが、口頭により希望することも認められますか。また、労働者の希望の有無について、明示をするときに個別に確認する必要がありますか。

A　則第5条第4項の「労働者が（中略）希望した場合」とは、労働者が使用者に対し、口頭で希望する旨を伝達した場合を含むと解されますが、法第15条の規定による労働条件の明示の趣旨は、労働条件が不明確なことによる紛争を未然に防止することであることに鑑みると、紛争の未然防止の観点からは、労使双方において、労働者が希望したか否かについて個別に、かつ、明示的に確認することが望ましいです。

4－2

Q　今回の改正により、電子メール等の送信により労働条件を明示することが可能となりますが、「電子メール等」には具体的にどのような方法が含まれますか。

A　「電子メール等」とは、以下のものが含まれます。
①パソコン・携帯電話端末によるEメール、Yahoo！メールやGmailといったwebメールサービス、
②＋メッセージ等のRCS（リッチ・コミュニケーション・サービス）や、SMS（ショート・メール・サービス）、
③LINEやFacebook等のSNSメッセージ機能
　が含まれます。

なお、上記②のRCSやSMSについては、PDF等の添付ファイルを送付することができないこと、送信できる文字メッセージ数に制限等があり、また、前提である出力による書面作成が念頭に置かれていないサービスであるため、労働条件明示の手段としては例外的なものであり、原則として上記①や③による送信の方法とすることが望ましいです。

また、労働者が開設しているブログ、ホームページ等への書き込みや、SNSの労働者のマイページにコメントを書き込む行為等、特定の個人がその入力する情報を電気通信を利用して第三者に閲覧させることに付随して、第三者が特定個人に対し情報を伝達することができる機能が提供されるものについては、「電子メール等」には含まれません。

4－3

Q　電子メール等の送信によって労働条件を明示する場合、労働者が電子メールの受信を拒否しているケースも想定されますが、「送信」の具体的な考え方を教えてください。

また、電子メール等の中にはGmailやLINEなど、受信した内容が労働者本人の利用する通信端末機器自体には到達せず、メールサーバー等においてデータが管理される場合がありますが、その場合は、メールサーバー等に到達した時点で送信されたことになるのでしょうか。

改正労働基準法に関するQ＆A

A 　労働者が受信拒否設定をしていたり、電子メール等の着信音が鳴らない設定にしたりしているなどのために、個々の電子メール等の着信の時点で、相手方である受信者がそのことを認識し得ない状態であっても、受信履歴等から電子メール等の送信が行われたことを受信者が認識しうるのであれば、送信をしたことになります。

　また、webメールサービスやSNS等において、本人の通信端末機器に受信した内容が到達していなくても、メールサーバー等に到達していれば、電子メール等の送信が行われたことを受信者が認識し得る状態にあると判断できるため、認められます。

　なお、労働条件の明示を巡る紛争の未然防止の観点から、使用者があらかじめ労働者に対し、当該労働者の端末等が上記の設定となっていないか等を確認することや、webメールサービスやSNS等については上記のような特色があることから、実際に労働者本人が着信できているか確認するように促すこと等の対応を行うことが望ましいです。

4－4

Q 　明示しなければならない労働条件の範囲は、以前から変更はありますか。

A 　今回の改正省令については、労働条件の明示方法について改正を行うものであることから、明示しなければならない労働条件の範囲について変更を加えるものではありません。

4－5

Q 　LINE等のSNSを利用する場合、PDF等のファイルを添付せずに、本文に直接入力することは可能ですか。

A 　本文に直接入力する場合でも、紙による出力が可能であれば、「出力することにより書面を作成することができる」ものに該当しますが、労働条件の明示を巡る紛争の未然防止及び書類管理の徹底の観点から、モデル労働条件通知書へ記入し、電子メール等に添付し送信する等、可能な限り紛争を防止しつつ、書類の管理がしやすい方法とすることが望ましいです。

4－6

Q 　「出力することにより書面を作成することができるものに限る」とは、プリンターの保有状況等、個人的な事情を指しますか。それとも世間一般的に出力可能なことを指しますか。

A 　則第5条第4項の要件は「当該労働者が当該電子メール等の記録を出力することにより書面を作成することができるもの」であり、あくまで書面を作成するかどうかは当該労働者個人の判断に委ねられていることから、当該労働者の個人的な事情によらず、一般的に出力が可能な状態であれば、「当該労働者が当該電子メール等の記録を出力することにより書面を作成することができるもの」に該当します。

4－7

Q 　電子メール等による送信をする場合、署名は必要ですか。

A 　電子メール等による送信の方法による明示を行う場合においても、書面による交付と同様、明示する際の様式は自由であり、使用者の署名や押印は義務付けられていませんが、紛争の未然防止の観点から、例えば、原則の書面の交付による明示の際には押印している等の事情があれば、電子メール等による送信の方法の際にも署名等をすることが望ましいです。

— 104 —

5 過半数代表者関係

5－1

Q 労働者の過半数を代表する者が労使協定等に関する事務を円滑に遂行することができるようにするために、使用者に求められる「必要な配慮」（則第6条第4項）にはどのようなものが含まれますか。

A 則第6条第4項の「必要な配慮」には、例えば、過半数代表者が労働者の意見集約等を行うに当たって必要となる事務機器（イントラネットや社内メールを含みます。）や事務スペースの提供を行うことが含まれます。

6 その他

6－1

Q 労働者が海外企業に出向する場合や、出向先で役員となる場合の時間外労働の上限規制及び年次有給休暇の時季指定義務の考え方を教えてください。

A ご質問については、個別の事情に応じて判断されるものですが、一般的には、いずれの場合も出向先において法が適用されないため、出向している期間については、時間外労働の上限規制及び年次有給休暇の時季指定義務の対象とはなりません。

また、労働者が海外企業に出向する場合や、出向先で役員となる場合は、年次有給休暇の時季指定義務については、出向前の期間（すなわち、法が適用される期間）において、労働者に5日の年次有給休暇を取得させる必要があります。（ただし、海外企業に在籍出向する場合においては、出向元、出向先、出向労働者三者間の取り決めにより、出向前の基準日から1年以内の期間において、出向の前後を通算して5日の年次有給休暇の時季指定を行うこととしても差し支えありません。）

同一労働同一賃金ガイドライン

短時間・有期雇用労働者及び派遣労働者に対する
不合理な待遇の禁止等に関する指針（抄）

（平成30年厚生労働省告示第430号）

第1　目的

　この指針は、短時間労働者及び有期雇用労働者の雇用管理の改善等に関する法律（平成5年法律第76号。以下「短時間・有期雇用労働法」という。）第8条及び第9条並びに労働者派遣事業の適正な運営の確保及び派遣労働者の保護等に関する法律（昭和60年法律第88号。以下「労働者派遣法」という。）第30条の3及び第30条の4に定める事項に関し、雇用形態又は就業形態に関わらない公正な待遇を確保し、我が国が目指す同一労働同一賃金の実現に向けて定めるものである。

　我が国が目指す同一労働同一賃金は、同一の事業主に雇用される通常の労働者と短時間・有期雇用労働者との間の不合理と認められる待遇の相違及び差別的取扱いの解消並びに派遣先に雇用される通常の労働者と派遣労働者との間の不合理と認められる待遇の相違及び差別的取扱いの解消（協定対象派遣労働者にあっては、当該協定対象派遣労働者の待遇が労働者派遣法第30条の4第1項の協定により決定された事項に沿った運用がなされていること）を目指すものである。

　もとより賃金等の待遇は労使の話合いによって決定されることが基本である。しかし、我が国においては、通常の労働者と短時間・有期雇用労働者及び派遣労働者との間には、欧州と比較して大きな待遇の相違がある。政府としては、この問題への対処に当たり、同一労働同一賃金の考え方が広く普及しているといわれる欧州の制度の実態も参考としながら政策の方向性等を検証した結果、それぞれの国の労働市場全体の構造に応じた政策とすることが重要であるとの示唆を得た。

　我が国においては、基本給をはじめ、賃金制度の決まり方には様々な要素が組み合わされている場合も多いため、まずは、各事業主において、職務の内容や職務に必要な能力等の内容を明確化するとともに、その職務の内容や職務に必要な能力等の内容と賃金等の待遇との関係を含めた待遇の体系全体を、短時間・有期雇用労働者及び派遣労働者を含む労使の話合いによって確認し、短時間・有期雇用労働者及び派遣労働者を含む労使で共有することが肝要である。また、派遣労働者については、雇用関係にある派遣元事業主と指揮命令関係にある派遣先とが存在するという特殊性があり、これらの関係者が不合理と認められる待遇の相違の解消等に向けて認識を共有することが求められる。

　今後、各事業主が職務の内容や職務に必要な能力等の内容の明確化及びその公正な評価を実施し、それに基づく待遇の体系を、労使の話合いにより、可能な限り速やかに、かつ、計画的に構築していくことが望ましい。

　通常の労働者と短時間・有期雇用労働者及び派遣労働者との間の不合理と認められる待遇の相違の解消等に向けては、賃金のみならず、福利厚生、キャリア形成、職業能力の開発及び向上等を含めた取組が必要であり、特に、職業能力の開発及び向上の機会の拡大は、短時間・有期雇用労働者及び派遣労働者の職業に必要な技能及び知識の蓄積により、それに対応した職務の高度化や通常の労働者への転換を見据えたキャリアパスの構築等と併せて、生産性の向上と短時間・有期雇用労働者及び派遣労働者の待遇の改善につながるため、重要であることに留意すべきである。

　このような通常の労働者と短時間・有期雇用労働者及び派遣労働者との間の不合理と認められる待遇の相違の解消等の取組を通じて、労働者がどのような雇用形態及び就業形態を選択しても納得できる待遇を受けられ、多様な働き方を自由に選択できるようにし、我が国から「非正規」という言葉を一掃することを目指す。

第2　基本的な考え方

　この指針は、通常の労働者と短時間・有期雇用労働者及び派遣労働者との間に待遇の相違が存在する場合

— 106 —

に、いかなる待遇の相違が不合理と認められるものであり、いかなる待遇の相違が不合理と認められるものでないのか等の原則となる考え方及び具体例を示したものである。事業主が、第3から第5までに記載された原則となる考え方等に反した場合、当該待遇の相違が不合理と認められる等の可能性がある。なお、この指針に原則となる考え方が示されていない退職手当、住宅手当、家族手当等の待遇や、具体例に該当しない場合についても、不合理と認められる待遇の相違の解消等が求められる。このため、各事業主において、労使により、個別具体の事情に応じて待遇の体系について議論していくことが望まれる。

　なお、短時間・有期雇用労働法第8条及び第9条並びに労働者派遣法第30条の3及び第30条の4の規定は、雇用管理区分が複数ある場合であっても、通常の労働者のそれぞれと短時間・有期雇用労働者及び派遣労働者との間の不合理と認められる待遇の相違の解消等を求めるものである。このため、事業主が、雇用管理区分を新たに設け、当該雇用管理区分に属する通常の労働者の待遇の水準を他の通常の労働者よりも低く設定したとしても、当該他の通常の労働者と短時間・有期雇用労働者及び派遣労働者との間でも不合理と認められる待遇の相違の解消等を行う必要がある。また、事業主は、通常の労働者と短時間・有期雇用労働者及び派遣労働者との間で職務の内容等を分離した場合であっても、当該通常の労働者と短時間・有期雇用労働者及び派遣労働者との間の不合理と認められる待遇の相違の解消等を行う必要がある。

　さらに、短時間・有期雇用労働法及び労働者派遣法に基づく通常の労働者と短時間・有期雇用労働者及び派遣労働者との間の不合理と認められる待遇の相違の解消等の目的は、短時間・有期雇用労働者及び派遣労働者の待遇の改善である。事業主が、通常の労働者と短時間・有期雇用労働者及び派遣労働者との間の不合理と認められる待遇の相違の解消等に対応するため、就業規則を変更することにより、その雇用する労働者の労働条件を不利益に変更する場合、労働契約法（平成19年法律第128号）第9条の規定に基づき、原則として、労働者と合意する必要がある。また、労働者と合意することなく、就業規則の変更により労働条件を労働者の不利益に変更する場合、当該変更は、同法第10条の規定に基づき、当該変更に係る事情に照らして合理的なものである必要がある。ただし、短時間・有期雇用労働法及び労働者派遣法に基づく通常の労働者と短時間・有期雇用労働者及び派遣労働者との間の不合理と認められる待遇の相違の解消等の目的に鑑みれば、事業主が通常の労働者と短時間・有期雇用労働者及び派遣労働者との間の不合理と認められる待遇の相違の解消等を行うに当たっては、基本的に、労使で合意することなく通常の労働者の待遇を引き下げることは、望ましい対応とはいえないことに留意すべきである。

　加えて、短時間・有期雇用労働法第8条及び第9条並びに労働者派遣法第30条の3及び第30条の4の規定は、通常の労働者と短時間・有期雇用労働者及び派遣労働者との間の不合理と認められる待遇の相違等を対象とするものであり、この指針は、当該通常の労働者と短時間・有期雇用労働者及び派遣労働者との間に実際に待遇の相違が存在する場合に参照されることを目的としている。このため、そもそも客観的にみて待遇の相違が存在しない場合については、この指針の対象ではない。

第3　短時間・有期雇用労働者

　短時間・有期雇用労働法第8条において、事業主は、短時間・有期雇用労働者の待遇のそれぞれについて、当該待遇に対応する通常の労働者の待遇との間において、業務の内容及び当該業務に伴う責任の程度（以下「職務の内容」という。）、当該職務の内容及び配置の変更の範囲その他の事情のうち、当該待遇の性質及び当該待遇を行う目的に照らして適切と認められるものを考慮して、不合理と認められる相違を設けてはならないこととされている。

　また、短時間・有期雇用労働法第9条において、事業主は、職務の内容が通常の労働者と同一の短時間・有期雇用労働者であって、当該事業所における慣行その他の事情からみて、当該事業主との雇用関係が終了するまでの全期間において、その職務の内容及び配置が当該通常の労働者の職務の内容及び配置の変更の範囲と同一の範囲で変更されることが見込まれるものについては、短時間・有期雇用労働者であることを理由として、待遇のそれぞれについて、差別的取扱いをしてはならないこととされている。

　短時間・有期雇用労働者の待遇に関して、原則となる考え方及び具体例は次のとおりである。

1　基本給

(1)基本給であって、労働者の能力又は経験に応じて支給するもの

　基本給であって、労働者の能力又は経験に応じて支給するものについて、通常の労働者と同一の能力又

は経験を有する短時間・有期雇用労働者には、能力又は経験に応じた部分につき、通常の労働者と同一の基本給を支給しなければならない。また、能力又は経験に一定の相違がある場合においては、その相違に応じた基本給を支給しなければならない。

（問題とならない例）

イ　基本給について、労働者の能力又は経験に応じて支給しているＡ社において、ある能力の向上のための特殊なキャリアコースを設定している。通常の労働者であるＸは、このキャリアコースを選択し、その結果としてその能力を習得した。短時間労働者であるＹは、その能力を習得していない。Ａ社は、その能力に応じた基本給をＸには支給し、Ｙには支給していない。

ロ　Ａ社においては、定期的に職務の内容及び勤務地の変更がある通常の労働者の総合職であるＸは、管理職となるためのキャリアコースの一環として、新卒採用後の数年間、店舗等において、職務の内容及び配置に変更のない短時間労働者であるＹの助言を受けながら、Ｙと同様の定型的な業務に従事している。Ａ社はＸに対し、キャリアコースの一環として従事させている定型的な業務における能力又は経験に応じることなく、Ｙに比べ基本給を高く支給している。

ハ　Ａ社においては、同一の職場で同一の業務に従事している有期雇用労働者であるＸとＹのうち、能力又は経験が一定の水準を満たしたＹを定期的に職務の内容及び勤務地に変更がある通常の労働者として登用し、その後、職務の内容や勤務地に変更があることを理由に、Ｘに比べ基本給を高く支給している。

ニ　Ａ社においては、同一の能力又は経験を有する通常の労働者であるＸと短時間労働者であるＹがいるが、ＸとＹに共通して適用される基準を設定し、就業の時間帯や就業日が日曜日、土曜日又は国民の祝日に関する法律（昭和23年法律第178号）に規定する休日（以下「土日祝日」という。）か否か等の違いにより、時間当たりの基本給に差を設けている。

（問題となる例）

　　基本給について、労働者の能力又は経験に応じて支給しているＡ社において、通常の労働者であるＸが有期雇用労働者であるＹに比べて多くの経験を有することを理由として、Ｘに対し、Ｙよりも基本給を高く支給しているが、Ｘのこれまでの経験はＸの現在の業務に関連性を持たない。

(2)基本給であって、労働者の業績又は成果に応じて支給するもの

　　基本給であって、労働者の業績又は成果に応じて支給するものについて、通常の労働者と同一の業績又は成果を有する短時間・有期雇用労働者には、業績又は成果に応じた部分につき、通常の労働者と同一の基本給を支給しなければならない。また、業績又は成果に一定の相違がある場合においては、その相違に応じた基本給を支給しなければならない。なお、基本給とは別に、労働者の業績又は成果に応じた手当を支給する場合も同様である。

（問題とならない例）

イ　基本給の一部について、労働者の業績又は成果に応じて支給しているＡ社において、所定労働時間が通常の労働者の半分の短時間労働者であるＸに対し、その販売実績が通常の労働者に設定されている販売目標の半分の数値に達した場合には、通常の労働者が販売目標を達成した場合の半分を支給している。

ロ　Ａ社においては、通常の労働者であるＸは、短時間労働者であるＹと同様の業務に従事しているが、Ｘは生産効率及び品質の目標値に対する責任を負っており、当該目標値を達成していない場合、待遇上の不利益を課されている。その一方で、Ｙは、生産効率及び品質の目標値に対する責任を負っておらず、当該目標値を達成していない場合にも、待遇上の不利益を課されていない。Ａ社は、待遇上の不利益を課していることとの見合いに応じて、ＸにＹに比べ基本給を高く支給している。

（問題となる例）

　　基本給の一部について、労働者の業績又は成果に応じて支給しているＡ社において、通常の労働者が販売目標を達成した場合に行っている支給を、短時間労働者であるＸについて通常の労働者と同一の販売目標を設定し、それを達成しない場合には行っていない。

⑶基本給であって、労働者の勤続年数に応じて支給するもの

　　基本給であって、労働者の勤続年数に応じて支給するものについて、通常の労働者と同一の勤続年数である短時間・有期雇用労働者には、勤続年数に応じた部分につき、通常の労働者と同一の基本給を支給しなければならない。また、勤続年数に一定の相違がある場合においては、その相違に応じた基本給を支給しなければならない。

（問題とならない例）

　基本給について、労働者の勤続年数に応じて支給しているＡ社において、期間の定めのある労働契約を更新している有期雇用労働者であるＸに対し、当初の労働契約の開始時から通算して勤続年数を評価した上で支給している。

（問題となる例）

　基本給について、労働者の勤続年数に応じて支給しているＡ社において、期間の定めのある労働契約を更新している有期雇用労働者であるＸに対し、当初の労働契約の開始時から通算して勤続年数を評価せず、その時点の労働契約の期間のみにより勤続年数を評価した上で支給している。

⑷昇給であって、労働者の勤続による能力の向上に応じて行うもの

　　昇給であって、労働者の勤続による能力の向上に応じて行うものについて、通常の労働者と同様に勤続により能力が向上した短時間・有期雇用労働者には、勤続による能力の向上に応じた部分につき、通常の労働者と同一の昇給を行わなければならない。また、勤続による能力の向上に一定の相違がある場合においては、その相違に応じた昇給を行わなければならない。

（注）

１　通常の労働者と短時間・有期雇用労働者との間に賃金の決定基準・ルールの相違がある場合の取扱い

　　通常の労働者と短時間・有期雇用労働者との間に基本給、賞与、各種手当等の賃金に相違がある場合において、その要因として通常の労働者と短時間・有期雇用労働者の賃金の決定基準・ルールの相違があるときは、「通常の労働者と短時間・有期雇用労働者との間で将来の役割期待が異なるため、賃金の決定基準・ルールが異なる」等の主観的又は抽象的な説明では足りず、賃金の決定基準・ルールの相違は、通常の労働者と短時間・有期雇用労働者の職務の内容、当該職務の内容及び配置の変更の範囲その他の事情のうち、当該待遇の性質及び当該待遇を行う目的に照らして適切と認められるものの客観的及び具体的な実態に照らして、不合理と認められるものであってはならない。

２　定年に達した後に継続雇用された有期雇用労働者の取扱い

　　定年に達した後に継続雇用された有期雇用労働者についても、短時間・有期雇用労働法の適用を受けるものである。このため、通常の労働者と定年に達した後に継続雇用された有期雇用労働者との間の賃金の相違については、実際に両者の間に職務の内容、職務の内容及び配置の変更の範囲その他の事情の相違がある場合は、その相違に応じた賃金の相違は許容される。

　　さらに、有期雇用労働者が定年に達した後に継続雇用された者であることは、通常の労働者と当該有期雇用労働者との間の待遇の相違が不合理と認められるか否かを判断するに当たり、短時間・有期雇用労働法第８条のその他の事情として考慮される事情に当たりうる。定年に達した後に有期雇用労働者として継続雇用する場合の待遇について、様々な事情が総合的に考慮されて、通常の労働者と当該有期雇用労働者との間の待遇の相違が不合理と認められるか否かが判断されるものと考えられる。したがって、当該有期雇用労働者が定年に達した後に継続雇用された者であることのみをもって、直ちに通常の労働者と当該有期雇用労働者との間の待遇の相違が不合理ではないと認められるものではない。

２　賞与

　賞与であって、会社の業績等への労働者の貢献に応じて支給するものについて、通常の労働者と同一の貢献である短時間・有期雇用労働者には、貢献に応じた部分につき、通常の労働者と同一の賞与を支給しなけ

ればならない。また、貢献に一定の相違がある場合においては、その相違に応じた賞与を支給しなければならない。

(問題とならない例)
イ　賞与について、会社の業績等への労働者の貢献に応じて支給しているＡ社において、通常の労働者である Ｘと同一の会社の業績等への貢献がある有期雇用労働者であるＹに対し、Ｘと同一の賞与を支給している。
ロ　Ａ社においては、通常の労働者であるＸは、生産効率及び品質の目標値に対する責任を負っており、当該目標値を達成していない場合、待遇上の不利益を課されている。その一方で、通常の労働者であるＹや、有期雇用労働者であるＺは、生産効率及び品質の目標値に対する責任を負っておらず、当該目標値を達成していない場合にも、待遇上の不利益を課されていない。Ａ社は、Ｘに対しては、賞与を支給しているが、ＹやＺに対しては、待遇上の不利益を課していないこととの見合いの範囲内で、賞与を支給していない。

(問題となる例)
イ　賞与について、会社の業績等への労働者の貢献に応じて支給しているＡ社において、通常の労働者であるＸと同一の会社の業績等への貢献がある有期雇用労働者であるＹに対し、Ｘと同一の賞与を支給していない。
ロ　賞与について、会社の業績等への労働者の貢献に応じて支給しているＡ社においては、通常の労働者には職務の内容や会社の業績等への貢献等にかかわらず全員に何らかの賞与を支給しているが、短時間・有期雇用労働者には支給していない。

３　手当
⑴役職手当であって、役職の内容に対して支給するもの
役職手当であって、役職の内容に対して支給するものについて、通常の労働者と同一の内容の役職に就く短時間・有期雇用労働者には、通常の労働者と同一の役職手当を支給しなければならない。また、役職の内容に一定の相違がある場合においては、その相違に応じた役職手当を支給しなければならない。

(問題とならない例)
イ　役職手当について、役職の内容に対して支給しているＡ社において、通常の労働者であるＸの役職と同一の役職名（例えば、店長）であって同一の内容（例えば、営業時間中の店舗の適切な運営）の役職に就く有期雇用労働者であるＹに対し、同一の役職手当を支給している。
ロ　役職手当について、役職の内容に対して支給しているＡ社において、通常の労働者であるＸの役職と同一の役職名であって同一の内容の役職に就く短時間労働者であるＹに、所定労働時間に比例した役職手当（例えば、所定労働時間が通常の労働者の半分の短時間労働者にあっては、通常の労働者の半分の役職手当）を支給している。

(問題となる例)
役職手当について、役職の内容に対して支給しているＡ社において、通常の労働者であるＸの役職と同一の役職名であって同一の内容の役職に就く有期雇用労働者であるＹに、Ｘに比べ役職手当を低く支給している。

⑵業務の危険度又は作業環境に応じて支給される特殊作業手当
通常の労働者と同一の危険度又は作業環境の業務に従事する短時間・有期雇用労働者には、通常の労働者と同一の特殊作業手当を支給しなければならない。

⑶交替制勤務等の勤務形態に応じて支給される特殊勤務手当
通常の労働者と同一の勤務形態で業務に従事する短時間・有期雇用労働者には、通常の労働者と同一の

特殊勤務手当を支給しなければならない。

(問題とならない例)

イ　A社においては、通常の労働者か短時間・有期雇用労働者かの別を問わず、就業する時間帯又は曜日を特定して就業する労働者には労働者の採用が難しい早朝若しくは深夜又は土日祝日に就業する場合に時給に上乗せして特殊勤務手当を支給するが、それ以外の労働者には時給に上乗せして特殊勤務手当を支給していない。

ロ　A社においては、通常の労働者であるXについては、入社に当たり、交替制勤務に従事することは必ずしも確定しておらず、業務の繁閑等生産の都合に応じて通常勤務又は交替制勤務のいずれにも従事する可能性があり、交替制勤務に従事した場合に限り特殊勤務手当が支給されている。短時間労働者であるYについては、採用に当たり、交替制勤務に従事することを明確にし、かつ、基本給に、通常の労働者に支給される特殊勤務手当と同一の交替制勤務の負荷分を盛り込み、通常勤務のみに従事する短時間労働者に比べ基本給を高く支給している。A社はXには特殊勤務手当を支給しているが、Yには支給していない。

⑷精皆勤手当

　　通常の労働者と業務の内容が同一の短時間・有期雇用労働者には、通常の労働者と同一の精皆勤手当を支給しなければならない。

(問題とならない例)

　　A社においては、考課上、欠勤についてマイナス査定を行い、かつ、そのことを待遇に反映する通常の労働者であるXには、一定の日数以上出勤した場合に精皆勤手当を支給しているが、考課上、欠勤についてマイナス査定を行っていない有期雇用労働者であるYには、マイナス査定を行っていないこととの見合いの範囲内で、精皆勤手当を支給していない。

⑸時間外労働に対して支給される手当

　　通常の労働者の所定労働時間を超えて、通常の労働者と同一の時間外労働を行った短時間・有期雇用労働者には、通常の労働者の所定労働時間を超えた時間につき、通常の労働者と同一の割増率等で、時間外労働に対して支給される手当を支給しなければならない。

⑹深夜労働又は休日労働に対して支給される手当

　　通常の労働者と同一の深夜労働又は休日労働を行った短時間・有期雇用労働者には、通常の労働者と同一の割増率等で、深夜労働又は休日労働に対して支給される手当を支給しなければならない。

(問題とならない例)

　　A社においては、通常の労働者であるXと時間数及び職務の内容が同一の深夜労働又は休日労働を行った短時間労働者であるYに、同一の深夜労働又は休日労働に対して支給される手当を支給している。

(問題となる例)

　　A社においては、通常の労働者であるXと時間数及び職務の内容が同一の深夜労働又は休日労働を行った短時間労働者であるYに、深夜労働又は休日労働以外の労働時間が短いことから、深夜労働又は休日労働に対して支給される手当の単価を通常の労働者より低く設定している。

⑺通勤手当及び出張旅費

　　短時間・有期雇用労働者にも、通常の労働者と同一の通勤手当及び出張旅費を支給しなければならない。

(問題とならない例)

イ　A社においては、本社の採用である労働者に対しては、交通費実費の全額に相当する通勤手当を支給し

ているが、それぞれの店舗の採用である労働者に対しては、当該店舗の近隣から通うことができる交通費に相当する額に通勤手当の上限を設定して当該上限の額の範囲内で通勤手当を支給しているところ、店舗採用の短時間労働者であるＸが、その後、本人の都合で通勤手当の上限の額では通うことができないところへ転居してなお通い続けている場合には、当該上限の額の範囲内で通勤手当を支給している。

ロ　Ａ社においては、通勤手当について、所定労働日数が多い（例えば、週４日以上）通常の労働者及び短時間・有期雇用労働者には、月額の定期券の金額に相当する額を支給しているが、所定労働日数が少ない（例えば、週３日以下）又は出勤日数が変動する短時間・有期雇用労働者には、日額の交通費に相当する額を支給している。

⑻労働時間の途中に食事のための休憩時間がある労働者に対する食費の負担補助として支給される食事手当
　　短時間・有期雇用労働者にも、通常の労働者と同一の食事手当を支給しなければならない。

（問題とならない例）
　　Ａ社においては、その労働時間の途中に昼食のための休憩時間がある通常の労働者であるＸに支給している食事手当を、その労働時間の途中に昼食のための休憩時間がない（例えば、午後２時から午後５時までの勤務）短時間労働者であるＹには支給していない。

（問題となる例）
　　Ａ社においては、通常の労働者であるＸには、有期雇用労働者であるＹに比べ、食事手当を高く支給している。

⑼単身赴任手当
　　通常の労働者と同一の支給要件を満たす短時間・有期雇用労働者には、通常の労働者と同一の単身赴任手当を支給しなければならない。

⑽特定の地域で働く労働者に対する補償として支給される地域手当
　　通常の労働者と同一の地域で働く短時間・有期雇用労働者には、通常の労働者と同一の地域手当を支給しなければならない。

（問題とならない例）
　　Ａ社においては、通常の労働者であるＸについては、全国一律の基本給の体系を適用し、転勤があることから、地域の物価等を勘案した地域手当を支給しているが、一方で、有期雇用労働者であるＹと短時間労働者であるＺについては、それぞれの地域で採用し、それぞれの地域で基本給を設定しており、その中で地域の物価が基本給に盛り込まれているため、地域手当を支給していない。

（問題となる例）
　　Ａ社においては、通常の労働者であるＸと有期雇用労働者であるＹにはいずれも全国一律の基本給の体系を適用しており、かつ、いずれも転勤があるにもかかわらず、Ｙには地域手当を支給していない。

4　福利厚生
⑴福利厚生施設（給食施設、休憩室及び更衣室をいう。以下この⑴において同じ。）
　　通常の労働者と同一の事業所で働く短時間・有期雇用労働者には、通常の労働者と同一の福利厚生施設の利用を認めなければならない。

⑵転勤者用社宅
　　通常の労働者と同一の支給要件（例えば、転勤の有無、扶養家族の有無、住宅の賃貸又は収入の額）を満たす短時間・有期雇用労働者には、通常の労働者と同一の転勤者用社宅の利用を認めなければならない。

(3)慶弔休暇並びに健康診断に伴う勤務免除及び当該健康診断を勤務時間中に受診する場合の当該受診時間に係る給与の保障（以下この(3)、第4の4(3)及び第5の2(3)において「有給の保障」という。）　短時間・有期雇用労働者にも、通常の労働者と同一の慶弔休暇の付与並びに健康診断に伴う勤務免除及び有給の保障を行わなければならない。

（問題とならない例）

　A社においては、通常の労働者であるXと同様の出勤日が設定されている短時間労働者であるYに対しては、通常の労働者と同様に慶弔休暇を付与しているが、週2日の勤務の短時間労働者であるZに対しては、勤務日の振替での対応を基本としつつ、振替が困難な場合のみ慶弔休暇を付与している。

(4)病気休職

　短時間労働者（有期雇用労働者である場合を除く。）には、通常の労働者と同一の病気休職の取得を認めなければならない。また、有期雇用労働者にも、労働契約が終了するまでの期間を踏まえて、病気休職の取得を認めなければならない。

（問題とならない例）

　A社においては、労働契約の期間が1年である有期雇用労働者であるXについて、病気休職の期間は労働契約の期間が終了する日までとしている。

(5)法定外の有給の休暇その他の法定外の休暇（慶弔休暇を除く。）であって、勤続期間に応じて取得を認めているもの

　法定外の有給の休暇その他の法定外の休暇（慶弔休暇を除く。）であって、勤続期間に応じて取得を認めているものについて、通常の労働者と同一の勤続期間である短時間・有期雇用労働者には、通常の労働者と同一の法定外の有給の休暇その他の法定外の休暇（慶弔休暇を除く。）を付与しなければならない。なお、期間の定めのある労働契約を更新している場合には、当初の労働契約の開始時から通算して勤続期間を評価することを要する。

（問題とならない例）

　A社においては、長期勤続者を対象とするリフレッシュ休暇について、業務に従事した時間全体を通じた貢献に対する報償という趣旨で付与していることから、通常の労働者であるXに対しては、勤続10年で3日、20年で5日、30年で7日の休暇を付与しており、短時間労働者であるYに対しては、所定労働時間に比例した日数を付与している。

5　その他

(1)教育訓練であって、現在の職務の遂行に必要な技能又は知識を習得するために実施するもの

　教育訓練であって、現在の職務の遂行に必要な技能又は知識を習得するために実施するものについて、通常の労働者と職務の内容が同一である短時間・有期雇用労働者には、通常の労働者と同一の教育訓練を実施しなければならない。また、職務の内容に一定の相違がある場合においては、その相違に応じた教育訓練を実施しなければならない。

(2)安全管理に関する措置及び給付

　通常の労働者と同一の業務環境に置かれている短時間・有期雇用労働者には、通常の労働者と同一の安全管理に関する措置及び給付をしなければならない。

第4　派遣労働者

　労働者派遣法第30条の3第1項において、派遣元事業主は、派遣労働者の待遇のそれぞれについて、当該待遇に対応する派遣先に雇用される通常の労働者の待遇との間において、職務の内容、当該職務の内容及び配置の変更の範囲その他の事情のうち、当該待遇の性質及び当該待遇を行う目的に照らして適切と認められ

— 113 —

同一労働同一賃金ガイドライン

るものを考慮して、不合理と認められる相違を設けてはならないこととされている。

　また、同条第2項において、派遣元事業主は、職務の内容が派遣先に雇用される通常の労働者と同一の派遣労働者であって、当該労働者派遣契約及び当該派遣先における慣行その他の事情からみて、当該派遣先における派遣就業が終了するまでの全期間において、その職務の内容及び配置が当該派遣先との雇用関係が終了するまでの全期間における当該通常の労働者の職務の内容及び配置の変更の範囲と同一の範囲で変更されることが見込まれるものについては、正当な理由がなく、待遇のそれぞれについて、当該待遇に対応する当該通常の労働者の待遇に比して不利なものとしてはならないこととされている。

　他方、労働者派遣法第30条の4第1項において、労働者の過半数で組織する労働組合等との協定により、同項各号に規定する事項を定めたときは、当該協定で定めた範囲に属する派遣労働者の待遇について、労働者派遣法第30条の3の規定は、一部の待遇を除き、適用しないこととされている。ただし、同項第2号、第4号若しくは第5号に掲げる事項であって当該協定で定めたものを遵守していない場合又は同項第3号に関する当該協定の定めによる公正な評価に取り組んでいない場合は、この限りでないこととされている。

　派遣労働者（協定対象派遣労働者を除く。以下この第4において同じ。）の待遇に関して、原則となる考え方及び具体例は次のとおりである。

1　基本給

⑴基本給であって、労働者の能力又は経験に応じて支給するもの

　　基本給であって、派遣先及び派遣元事業主が、労働者の能力又は経験に応じて支給するものについて、派遣元事業主は、派遣先に雇用される通常の労働者と同一の能力又は経験を有する派遣労働者には、能力又は経験に応じた部分につき、派遣先に雇用される通常の労働者と同一の基本給を支給しなければならない。また、能力又は経験に一定の相違がある場合においては、その相違に応じた基本給を支給しなければならない。

（問題とならない例）

イ　基本給について、労働者の能力又は経験に応じて支給している派遣先であるA社において、ある能力の向上のための特殊なキャリアコースを設定している。A社の通常の労働者であるXは、このキャリアコースを選択し、その結果としてその能力を習得したため、その能力に応じた基本給をXに支給している。これに対し、派遣元事業主であるB社からA社に派遣されている派遣労働者であるYは、その能力を習得していないため、B社はその能力に応じた基本給をYには支給していない。

ロ　派遣先であるA社においては、定期的に職務の内容及び勤務地の変更がある通常の労働者の総合職であるXは、管理職となるためのキャリアコースの一環として、新卒採用後の数年間、店舗等において、派遣元事業主であるB社からA社に派遣されている派遣労働者であってA社で就業する間は職務の内容及び配置に変更のないYの助言を受けながら、Yと同様の定型的な業務に従事している。A社がXにキャリアコースの一環として当該定型的な業務に従事させていることを踏まえ、B社はYに対し、当該定型的な業務における能力又は経験はXを上回っているものの、Xほど基本給を高く支給していない。

ハ　派遣先であるA社においては、かつては有期雇用労働者であったが、能力又は経験が一定の水準を満たしたため定期的に職務の内容及び勤務地に変更がある通常の労働者として登用されたXと、派遣元事業主であるB社からA社に派遣されている派遣労働者であるYとが同一の職場で同一の業務に従事している。B社は、A社で就業する間は職務の内容及び勤務地に変更がないことを理由に、Yに対して、Xほど基本給を高く支給していない。

ニ　派遣先であるA社に雇用される通常の労働者であるXと、派遣元事業主であるB社からA社に派遣されている派遣労働者であるYとが同一の能力又は経験を有しているところ、B社は、A社がXに適用するのと同じ基準をYに適用し、就業の時間帯や就業日が土日祝日か否か等の違いにより、A社がXに支給する時間当たりの基本給との間に差を設けている。

（問題となる例）

　派遣先であるA社及び派遣元事業主であるB社においては、基本給について、労働者の能力又は経験に応じて支給しているところ、B社は、A社に派遣されている派遣労働者であるYに対し、A社に雇用される通

常の労働者であるXに比べて経験が少ないことを理由として、Ａ社がXに支給するほど基本給を高く支給していないが、Xのこれまでの経験はXの現在の業務に関連性を持たない。

(2)基本給であって、労働者の業績又は成果に応じて支給するもの

　　基本給であって、派遣先及び派遣元事業主が、労働者の業績又は成果に応じて支給するものについて、派遣元事業主は、派遣先に雇用される通常の労働者と同一の業績又は成果を有する派遣労働者には、業績又は成果に応じた部分につき、派遣先に雇用される通常の労働者と同一の基本給を支給しなければならない。また、業績又は成果に一定の相違がある場合においては、その相違に応じた基本給を支給しなければならない。

　　なお、基本給とは別に、労働者の業績又は成果に応じた手当を支給する場合も同様である。

(問題とならない例)
イ　派遣先であるＡ社及び派遣元事業主であるＢ社においては、基本給の一部について、労働者の業績又は成果に応じて支給しているところ、Ｂ社は、Ａ社に派遣されている派遣労働者であって、所定労働時間がＡ社に雇用される通常の労働者の半分であるYに対し、その販売実績がＡ社に雇用される通常の労働者に設定されている販売目標の半分の数値に達した場合には、Ａ社に雇用される通常の労働者が販売目標を達成した場合の半分を支給している。
ロ　派遣先であるＡ社においては、通常の労働者であるXは、派遣元事業主であるＢ社からＡ社に派遣されている派遣労働者であるYと同様の業務に従事しているが、XはＡ社における生産効率及び品質の目標値に対する責任を負っており、当該目標値を達成していない場合、待遇上の不利益を課されている。その一方で、Yは、Ａ社における生産効率及び品質の目標値に対する責任を負っておらず、当該目標値を達成していない場合にも、待遇上の不利益を課されていない。Ｂ社はYに対し、待遇上の不利益を課していないこととの見合いに応じて、Ａ社がXに支給するほど基本給を高く支給していない。

(問題となる例)
　　派遣先であるＡ社及び派遣元事業主であるＢ社においては、基本給の一部について、労働者の業績又は成果に応じて支給しているところ、Ｂ社は、Ａ社に派遣されている派遣労働者であって、所定労働時間がＡ社に雇用される通常の労働者の半分であるYに対し、当該通常の労働者が販売目標を達成した場合にＡ社が行っている支給を、Yについて当該通常の労働者と同一の販売目標を設定し、それを達成しない場合には行っていない。

(3)基本給であって、労働者の勤続年数（派遣労働者にあっては、当該派遣先における就業期間。以下この(3)において同じ。）に応じて支給するもの

　　基本給であって、派遣先及び派遣元事業主が、労働者の勤続年数に応じて支給するものについて、派遣元事業主は、派遣先に雇用される通常の労働者と同一の勤続年数である派遣労働者には、勤続年数に応じた部分につき、派遣先に雇用される通常の労働者と同一の基本給を支給しなければならない。また、勤続年数に一定の相違がある場合においては、その相違に応じた基本給を支給しなければならない。

(問題とならない例)
　　派遣先であるＡ社及び派遣元事業主であるＢ社は、基本給について、労働者の勤続年数に応じて支給しているところ、Ｂ社は、Ａ社に派遣している期間の定めのある労働者派遣契約を更新している派遣労働者であるYに対し、Ａ社への労働者派遣の開始時から通算して就業期間を評価した上で基本給を支給している。

(問題となる例)
　　派遣先であるＡ社及び派遣元事業主であるＢ社は、基本給について、労働者の勤続年数に応じて支給しているところ、Ｂ社は、Ａ社に派遣している期間の定めのある労働者派遣契約を更新している派遣労働者であるYに対し、YのＡ社への労働者派遣の開始時から通算して就業期間を評価せず、その時点の労働者派遣契約に基づく派遣就業の期間のみにより就業期間を評価した上で基本給を支給している。

同一労働同一賃金ガイドライン

⑷昇給であって、労働者の勤続（派遣労働者にあっては、当該派遣先における派遣就業の継続。以下この⑷において同じ。）による能力の向上に応じて行うもの

昇給であって、派遣先及び派遣元事業主が、労働者の勤続による能力の向上に応じて行うものについて、派遣元事業主は、派遣先に雇用される通常の労働者と同様に勤続により能力が向上した派遣労働者には、勤続による能力の向上に応じた部分につき、派遣先に雇用される通常の労働者と同一の昇給を行わなければならない。また、勤続による能力の向上に一定の相違がある場合においては、その相違に応じた昇給を行わなければならない。

（注）　派遣先に雇用される通常の労働者と派遣労働者との間に賃金の決定基準・ルールの相違がある場合の取扱い

派遣先に雇用される通常の労働者と派遣労働者との間に基本給、賞与、各種手当等の賃金に相違がある場合において、その要因として当該通常の労働者と派遣労働者の賃金の決定基準・ルールの相違があるときは、「派遣労働者に対する派遣元事業主の将来の役割期待は派遣先に雇用される通常の労働者に対する派遣先の将来の役割期待と異なるため、賃金の決定基準・ルールが異なる」等の主観的又は抽象的な説明では足りず、賃金の決定基準・ルールの相違は、当該通常の労働者と派遣労働者の職務の内容、当該職務の内容及び配置の変更の範囲その他の事情のうち、当該待遇の性質及び当該待遇を行う目的に照らして適切と認められるものの客観的及び具体的な実態に照らして、不合理と認められるものであってはならない。

2　賞与

賞与であって、派遣先及び派遣元事業主が、会社（派遣労働者にあっては、派遣先。以下この2において同じ。）の業績等への労働者の貢献に応じて支給するものについて、派遣元事業主は、派遣先に雇用される通常の労働者と同一の貢献である派遣労働者には、貢献に応じた部分につき、派遣先に雇用される通常の労働者と同一の賞与を支給しなければならない。また、貢献に一定の相違がある場合においては、その相違に応じた賞与を支給しなければならない。

（問題とならない例）

イ　派遣先であるA社及び派遣元事業主であるB社においては、賞与について、会社の業績等への労働者の貢献に応じて支給しているところ、B社は、A社に派遣されている派遣労働者であって、A社に雇用される通常の労働者であるXと同一のA社の業績等への貢献があるYに対して、A社がXに支給するのと同一の賞与を支給している。

ロ　派遣先であるA社においては、通常の労働者であるXは、A社における生産効率及び品質の目標値に対する責任を負っており、当該目標値を達成していない場合、待遇上の不利益を課されている。その一方で、A社に雇用される通常の労働者であるZや、派遣元事業主であるB社からA社に派遣されている派遣労働者であるYは、A社における生産効率及び品質の目標値に対する責任を負っておらず、当該目標値を達成していない場合にも、待遇上の不利益を課されていない。A社はXに対して賞与を支給しているが、Zに対しては、待遇上の不利益を課していないこととの見合いの範囲内で賞与を支給していないところ、B社はYに対して、待遇上の不利益を課していないこととの見合いの範囲内で賞与を支給していない。

（問題となる例）

イ　派遣先であるA社及び派遣元事業主であるB社においては、賞与について、会社の業績等への労働者の貢献に応じて支給しているところ、B社は、A社に派遣されている派遣労働者であって、A社に雇用される通常の労働者であるXと同一のA社の業績等への貢献があるYに対して、A社がXに支給するのと同一の賞与を支給していない。

ロ　賞与について、会社の業績等への労働者の貢献に応じて支給している派遣先であるA社においては、通常の労働者の全員に職務の内容や会社の業績等への貢献等にかかわらず何らかの賞与を支給しているが、派遣元事業主であるB社においては、A社に派遣されている派遣労働者であるYに賞与を支給していない。

3　手当
(1)役職手当であって、役職の内容に対して支給するもの
　　役職手当であって、派遣先及び派遣元事業主が、役職の内容に対して支給するものについて、派遣元事業主は、派遣先に雇用される通常の労働者と同一の内容の役職に就く派遣労働者には、派遣先に雇用される通常の労働者と同一の役職手当を支給しなければならない。また、役職の内容に一定の相違がある場合においては、その相違に応じた役職手当を支給しなければならない。

(問題とならない例)
イ　派遣先であるＡ社及び派遣元事業主であるＢ社においては、役職手当について、役職の内容に対して支給しているところ、Ｂ社は、Ａ社に派遣されている派遣労働者であって、Ａ社に雇用される通常の労働者であるＸの役職と同一の役職名（例えば、店長）であって同一の内容（例えば、営業時間中の店舗の適切な運営）の役職に就くＹに対し、Ａ社がＸに支給するのと同一の役職手当を支給している。

ロ　派遣先であるＡ社及び派遣元事業主であるＢ社においては、役職手当について、役職の内容に対して支給しているところ、Ｂ社は、Ａ社に派遣されている派遣労働者であって、Ａ社に雇用される通常の労働者であるＸの役職と同一の役職名であって同一の内容の役職に就くＹに、所定労働時間に比例した役職手当（例えば、所定労働時間がＡ社に雇用される通常の労働者の半分の派遣労働者にあっては、当該通常の労働者の半分の役職手当）を支給している。

(問題となる例)
　　派遣先であるＡ社及び派遣元事業主であるＢ社においては、役職手当について、役職の内容に対して支給しているところ、Ｂ社は、Ａ社に派遣されている派遣労働者であって、Ａ社に雇用される通常の労働者であるＸの役職と同一の役職名であって同一の内容の役職に就くＹに対し、Ａ社がＸに支給するのに比べ役職手当を低く支給している。

(2)業務の危険度又は作業環境に応じて支給される特殊作業手当
　　派遣元事業主は、派遣先に雇用される通常の労働者と同一の危険度又は作業環境の業務に従事する派遣労働者には、派遣先に雇用される通常の労働者と同一の特殊作業手当を支給しなければならない。

(3)交替制勤務等の勤務形態に応じて支給される特殊勤務手当
　　派遣元事業主は、派遣先に雇用される通常の労働者と同一の勤務形態で業務に従事する派遣労働者には、派遣先に雇用される通常の労働者と同一の特殊勤務手当を支給しなければならない。

(問題とならない例)
イ　派遣先であるＡ社においては、就業する時間帯又は曜日を特定して就業する通常の労働者には労働者の採用が難しい早朝若しくは深夜又は土日祝日に就業する場合に時給に上乗せして特殊勤務手当を支給するが、就業する時間帯及び曜日を特定していない通常の労働者には労働者の採用が難しい時間帯又は曜日に勤務する場合であっても時給に上乗せして特殊勤務手当を支給していない。派遣元事業主であるＢ社は、Ａ社に派遣されている派遣労働者であって、就業する時間帯及び曜日を特定して就業していないＹに対し、採用が難しい時間帯や曜日に勤務する場合であっても時給に上乗せして特殊勤務手当を支給していない。

ロ　派遣先であるＡ社においては、通常の労働者であるＸについては、入社に当たり、交替制勤務に従事することは必ずしも確定しておらず、業務の繁閑等生産の都合に応じて通常勤務又は交替制勤務のいずれにも従事する可能性があり、交替制勤務に従事した場合に限り特殊勤務手当が支給されている。派遣元事業主であるＢ社からＡ社に派遣されている派遣労働者であるＹについては、Ａ社への労働者派遣に当たり、派遣先で交替制勤務に従事することを明確にし、かつ、基本給にＡ社において通常の労働者に支給される特殊勤務手当と同一の交替制勤務の負荷分が盛り込まれている。Ａ社には、職務の内容がＹと同一であり通常勤務のみに従事することが予定され、実際に通常勤務のみに従事する労働者であるＺがいるところ、Ｂ社はＹに対し、Ａ社がＺに対して支給するのに比べ基本給を高く支給している。Ａ社はＸに対して特殊

同一労働同一賃金ガイドライン

勤務手当を支給しているが、Ｂ社はＹに対して特殊勤務手当を支給していない。

⑷精皆勤手当
　　派遣元事業主は、派遣先に雇用される通常の労働者と業務の内容が同一の派遣労働者には、派遣先に雇用される通常の労働者と同一の精皆勤手当を支給しなければならない。

(問題とならない例)
　　派遣先であるＡ社においては、考課上、欠勤についてマイナス査定を行い、かつ、それが待遇に反映される通常の労働者であるＸには、一定の日数以上出勤した場合に精皆勤手当を支給しているが、派遣元事業主であるＢ社は、Ｂ社からＡ社に派遣されている派遣労働者であって、考課上、欠勤についてマイナス査定を行っていないＹには、マイナス査定を行っていないこととの見合いの範囲内で、精皆勤手当を支給していない。

⑸時間外労働に対して支給される手当
　　派遣元事業主は、派遣先に雇用される通常の労働者の所定労働時間を超えて、当該通常の労働者と同一の時間外労働を行った派遣労働者には、当該通常の労働者の所定労働時間を超えた時間につき、派遣先に雇用される通常の労働者と同一の割増率等で、時間外労働に対して支給される手当を支給しなければならない。

⑹深夜労働又は休日労働に対して支給される手当
　　派遣元事業主は、派遣先に雇用される通常の労働者と同一の深夜労働又は休日労働を行った派遣労働者には、派遣先に雇用される通常の労働者と同一の割増率等で、深夜労働又は休日労働に対して支給される手当を支給しなければならない。

(問題とならない例)
　　派遣元事業主であるＢ社においては、派遣先であるＡ社に派遣されている派遣労働者であって、Ａ社に雇用される通常の労働者であるＸと時間数及び職務の内容が同一の深夜労働又は休日労働を行ったＹに対し、Ａ社がＸに支給するのと同一の深夜労働又は休日労働に対して支給される手当を支給している。

(問題となる例)
　　派遣元事業主であるＢ社においては、派遣先であるＡ社に派遣されている派遣労働者であって、Ａ社に雇用される通常の労働者であるＸと時間数及び職務の内容が同一の深夜労働又は休日労働を行ったＹに対し、Ｙが派遣労働者であることから、深夜労働又は休日労働に対して支給される手当の単価を当該通常の労働者より低く設定している。

⑺通勤手当及び出張旅費
　　派遣元事業主は、派遣労働者にも、派遣先に雇用される通常の労働者と同一の通勤手当及び出張旅費を支給しなければならない。

(問題とならない例)
イ　派遣先であるＡ社においては、本社の採用である労働者に対し、交通費実費の全額に相当する通勤手当を支給しているが、派遣元事業主であるＢ社は、それぞれの店舗の採用である労働者については、当該店舗の近隣から通うことができる交通費に相当する額に通勤手当の上限を設定して当該上限の額の範囲内で通勤手当を支給しているところ、Ｂ社の店舗採用であってＡ社に派遣される派遣労働者であるＹが、Ａ社への労働者派遣の開始後、本人の都合で通勤手当の上限の額では通うことができないところへ転居してなお通い続けている場合には、当該上限の額の範囲内で通勤手当を支給している。
ロ　派遣先であるＡ社においては、通勤手当について、所定労働日数が多い（例えば、週４日以上）通常の労働者に、月額の定期券の金額に相当する額を支給しているが、派遣元事業主であるＢ社においては、Ａ

－ 118 －

社に派遣されている派遣労働者であって、所定労働日数が少ない（例えば、週3日以下）又は出勤日数が変動する派遣労働者に、日額の交通費に相当する額を支給している。

⑻労働時間の途中に食事のための休憩時間がある労働者に対する食費の負担補助として支給される食事手当
　　派遣元事業主は、派遣労働者にも、派遣先に雇用される通常の労働者と同一の食事手当を支給しなければならない。

（問題とならない例）
　派遣先であるA社においては、その労働時間の途中に昼食のための休憩時間がある通常の労働者であるXに食事手当を支給している。その一方で、派遣元事業主であるB社においては、A社に派遣されている派遣労働者であって、その労働時間の途中に昼食のための休憩時間がない（例えば、午後2時から午後5時までの勤務）派遣労働者であるYに支給していない。

（問題となる例）
　派遣先であるA社においては、通常の労働者であるXに食事手当を支給している。派遣元事業主であるB社においては、A社に派遣されている派遣労働者であるYにA社がXに支給するのに比べ食事手当を低く支給している。

⑼単身赴任手当
　　派遣元事業主は、派遣先に雇用される通常の労働者と同一の支給要件を満たす派遣労働者には、派遣先に雇用される通常の労働者と同一の単身赴任手当を支給しなければならない。

⑽特定の地域で働く労働者に対する補償として支給される地域手当
　　派遣元事業主は、派遣先に雇用される通常の労働者と同一の地域で働く派遣労働者には、派遣先に雇用される通常の労働者と同一の地域手当を支給しなければならない。

（問題とならない例）
　派遣先であるA社においては、通常の労働者であるXについて、全国一律の基本給の体系を適用し、転勤があることから、地域の物価等を勘案した地域手当を支給している。一方で、派遣元事業主であるB社においては、A社に派遣されている派遣労働者であるYについては、A社に派遣されている間は勤務地の変更がなく、その派遣先の所在する地域で基本給を設定しており、その中で地域の物価が基本給に盛り込まれているため、地域手当を支給していない。

（問題となる例）
　派遣先であるA社に雇用される通常の労働者であるXは、その地域で採用され転勤はないにもかかわらず、A社はXに対し地域手当を支給している。一方、派遣元事業主であるB社からA社に派遣されている派遣労働者であるYは、A社に派遣されている間転勤はなく、B社はYに対し地域手当を支給していない。

4　福利厚生
⑴福利厚生施設（給食施設、休憩室及び更衣室をいう。以下この⑴において同じ。）
　　派遣先は、派遣先に雇用される通常の労働者と同一の事業所で働く派遣労働者には、派遣先に雇用される通常の労働者と同一の福利厚生施設の利用を認めなければならない。
　　なお、派遣元事業主についても、労働者派遣法第30条の3の規定に基づく義務を免れるものではない。

⑵転勤者用社宅
　　派遣元事業主は、派遣先に雇用される通常の労働者と同一の支給要件（例えば、転勤の有無、扶養家族の有無、住宅の賃貸又は収入の額）を満たす派遣労働者には、派遣先に雇用される通常の労働者と同一の転勤者用社宅の利用を認めなければならない。

⑶慶弔休暇並びに健康診断に伴う勤務免除及び有給の保障

　　派遣元事業主は、派遣労働者にも、派遣先に雇用される通常の労働者と同一の慶弔休暇の付与並びに健康診断に伴う勤務免除及び有給の保障を行わなければならない。

（問題とならない例）

　　派遣元事業主であるＢ社においては、派遣先であるＡ社に派遣されている派遣労働者であって、Ａ社に雇用される通常の労働者であるＸと同様の出勤日が設定されているＹに対しては、Ａ社がＸに付与するのと同様に慶弔休暇を付与しているが、Ａ社に派遣されている派遣労働者であって、週２日の勤務であるＷに対しては、勤務日の振替での対応を基本としつつ、振替が困難な場合のみ慶弔休暇を付与している。

⑷病気休職

　　派遣元事業主は、派遣労働者（期間の定めのある労働者派遣に係る派遣労働者である場合を除く。）には、派遣先に雇用される通常の労働者と同一の病気休職の取得を認めなければならない。また、期間の定めのある労働者派遣に係る派遣労働者にも、当該派遣先における派遣就業が終了するまでの期間を踏まえて、病気休職の取得を認めなければならない。

（問題とならない例）

　　派遣元事業主であるＢ社においては、当該派遣先における派遣就業期間が１年である派遣労働者であるＹについて、病気休職の期間は当該派遣就業の期間が終了する日までとしている。

⑸法定外の有給の休暇その他の法定外の休暇（慶弔休暇を除く。）であって、勤続期間（派遣労働者にあっては、当該派遣先における就業期間。以下この⑸において同じ。）に応じて取得を認めているもの

　　法定外の有給の休暇その他の法定外の休暇（慶弔休暇を除く。）であって、派遣先及び派遣元事業主が、勤続期間に応じて取得を認めているものについて、派遣元事業主は、当該派遣先に雇用される通常の労働者と同一の勤続期間である派遣労働者には、派遣先に雇用される通常の労働者と同一の法定外の有給の休暇その他の法定外の休暇（慶弔休暇を除く。）を付与しなければならない。なお、当該派遣先において期間の定めのある労働者派遣契約を更新している場合には、当初の派遣就業の開始時から通算して就業期間を評価することを要する。

（問題とならない例）

　　派遣先であるＡ社においては、長期勤続者を対象とするリフレッシュ休暇について、業務に従事した時間全体を通じた貢献に対する報償という趣旨で付与していることから、通常の労働者であるＸに対し、勤続10年で３日、20年で５日、30年で７日の休暇を付与している。派遣元事業主であるＢ社は、Ａ社に派遣されている派遣労働者であるＹに対し、所定労働時間に比例した日数を付与している。

5　その他

⑴教育訓練であって、現在の職務の遂行に必要な技能又は知識を習得するために実施するもの

　　教育訓練であって、派遣先が、現在の業務の遂行に必要な能力を付与するために実施するものについて、派遣先は、派遣元事業主からの求めに応じ、その雇用する通常の労働者と業務の内容が同一である派遣労働者には、派遣先に雇用される通常の労働者と同一の教育訓練を実施する等必要な措置を講じなければならない。なお、派遣元事業主についても、労働者派遣法第30条の３の規定に基づく義務を免れるものではない。

　　また、派遣労働者と派遣先に雇用される通常の労働者との間で業務の内容に一定の相違がある場合においては、派遣元事業主は、派遣労働者と派遣先に雇用される通常の労働者との間の職務の内容、職務の内容及び配置の変更の範囲その他の事情の相違に応じた教育訓練を実施しなければならない。

　　なお、労働者派遣法第30条の２第１項の規定に基づき、派遣元事業主は、派遣労働者に対し、段階的かつ体系的な教育訓練を実施しなければならない。

(2)安全管理に関する措置又は給付

　　派遣元事業主は、派遣先に雇用される通常の労働者と同一の業務環境に置かれている派遣労働者には、派遣先に雇用される通常の労働者と同一の安全管理に関する措置及び給付をしなければならない。なお、派遣先及び派遣元事業主は、労働者派遣法第45条等の規定に基づき、派遣労働者の安全と健康を確保するための義務を履行しなければならない。

第5　協定対象派遣労働者

　　協定対象派遣労働者の待遇に関して、原則となる考え方及び具体例は次のとおりである。

1　賃金

　　労働者派遣法第30条の4第1項第2号イにおいて、協定対象派遣労働者の賃金の決定の方法については、同種の業務に従事する一般の労働者の平均的な賃金の額として厚生労働省令で定めるものと同等以上の賃金の額となるものでなければならないこととされている。

　　また、同号ロにおいて、その賃金の決定の方法は、協定対象派遣労働者の職務の内容、職務の成果、意欲、能力又は経験その他の就業の実態に関する事項の向上があった場合に賃金が改善されるものでなければならないこととされている。

　　さらに、同項第3号において、派遣元事業主は、この方法により賃金を決定するに当たっては、協定対象派遣労働者の職務の内容、職務の成果、意欲、能力又は経験その他の就業の実態に関する事項を公正に評価し、その賃金を決定しなければならないこととされている。

2　福利厚生

(1)福利厚生施設（給食施設、休憩室及び更衣室をいう。以下この(1)において同じ。）

　　派遣先は、派遣先に雇用される通常の労働者と同一の事業所で働く協定対象派遣労働者には、派遣先に雇用される通常の労働者と同一の福利厚生施設の利用を認めなければならない。なお、派遣元事業主についても、労働者派遣法第30条の3の規定に基づく義務を免れるものではない。

(2)転勤者用社宅

　　派遣元事業主は、派遣元事業主の雇用する通常の労働者と同一の支給要件（例えば、転勤の有無、扶養家族の有無、住宅の賃貸又は収入の額）を満たす協定対象派遣労働者には、派遣元事業主の雇用する通常の労働者と同一の転勤者用社宅の利用を認めなければならない。

(3)慶弔休暇並びに健康診断に伴う勤務免除及び有給の保障

　　派遣元事業主は、協定対象派遣労働者にも、派遣元事業主の雇用する通常の労働者と同一の慶弔休暇の付与並びに健康診断に伴う勤務免除及び有給の保障を行わなければならない。

（問題とならない例）

　　派遣元事業主であるB社においては、慶弔休暇について、B社の雇用する通常の労働者であるXと同様の出勤日が設定されている協定対象派遣労働者であるYに対しては、通常の労働者と同様に慶弔休暇を付与しているが、週2日の勤務の協定対象派遣労働者であるWに対しては、勤務日の振替での対応を基本としつつ、振替が困難な場合のみ慶弔休暇を付与している。

(4)病気休職

　　派遣元事業主は、協定対象派遣労働者（有期雇用労働者である場合を除く。）には、派遣元事業主の雇用する通常の労働者と同一の病気休職の取得を認めなければならない。また、有期雇用労働者である協定対象派遣労働者にも、労働契約が終了するまでの期間を踏まえて、病気休職の取得を認めなければならない。

同一労働同一賃金ガイドライン

(問題とならない例)
　　派遣元事業主であるB社においては、労働契約の期間が1年である有期雇用労働者であり、かつ、協定対象派遣労働者であるYについて、病気休職の期間は労働契約の期間が終了する日までとしている。

(5)法定外の有給の休暇その他の法定外の休暇（慶弔休暇を除く。）であって、勤続期間に応じて取得を認めているもの
　　法定外の有給の休暇その他の法定外の休暇（慶弔休暇を除く。）であって、勤続期間に応じて取得を認めているものについて、派遣元事業主は、派遣元事業主の雇用する通常の労働者と同一の勤続期間である協定対象派遣労働者には、派遣元事業主の雇用する通常の労働者と同一の法定外の有給の休暇その他の法定外の休暇（慶弔休暇を除く。）を付与しなければならない。なお、期間の定めのある労働契約を更新している場合には、当初の労働契約の開始時から通算して勤続期間を評価することを要する。

(問題とならない例)
　　派遣元事業主であるB社においては、長期勤続者を対象とするリフレッシュ休暇について、業務に従事した時間全体を通じた貢献に対する報償という趣旨で付与していることから、B社に雇用される通常の労働者であるXに対し、勤続10年で3日、20年で5日、30年で7日の休暇を付与しており、協定対象派遣労働者であるYに対し、所定労働時間に比例した日数を付与している。

3　その他
(1)教育訓練であって、現在の職務の遂行に必要な技能又は知識を習得するために実施するもの
　　教育訓練であって、派遣先が、現在の業務の遂行に必要な能力を付与するために実施するものについて、派遣先は、派遣元事業主からの求めに応じ、派遣先に雇用される通常の労働者と業務の内容が同一である協定対象派遣労働者には、派遣先に雇用される通常の労働者と同一の教育訓練を実施する等必要な措置を講じなければならない。なお、派遣元事業主についても、労働者派遣法第30条の3の規定に基づく義務を免れるものではない。
　　また、協定対象派遣労働者と派遣元事業主が雇用する通常の労働者との間で業務の内容に一定の相違がある場合においては、派遣元事業主は、協定対象派遣労働者と派遣元事業主の雇用する通常の労働者との間の職務の内容、職務の内容及び配置の変更の範囲その他の事情の相違に応じた教育訓練を実施しなければならない。
　　なお、労働者派遣法第30条の2第1項の規定に基づき、派遣元事業主は、協定対象派遣労働者に対し、段階的かつ体系的な教育訓練を実施しなければならない。

(2)安全管理に関する措置及び給付
　　派遣元事業主は、派遣元事業主の雇用する通常の労働者と同一の業務環境に置かれている協定対象派遣労働者には、派遣元事業主の雇用する通常の労働者と同一の安全管理に関する措置及び給付をしなければならない。
　　なお、派遣先及び派遣元事業主は、労働者派遣法第45条等の規定に基づき、協定対象派遣労働者の安全と健康を確保するための義務を履行しなければならない。

労働基準法施行規則

労働基準法施行規則（平成30年厚生労働省令第112号）平成30年9月7日公布

（傍線部分は改正部分）

改正後	改正前
第5条　（略）	第5条　（略）
②　使用者は、法第15条第1項前段の規定により労働者に対して明示しなければならない労働条件を事実と異なるものとしてはならない。	（新設）
③　法第15条第1項後段の厚生労働省令で定める事項は、第1項第一号から第四号までに掲げる事項（昇給に関する事項を除く。）とする。	②　法第15条第1項後段の厚生労働省令で定める事項は、前項第一号から第四号までに掲げる事項（昇給に関する事項を除く。）とする。
④　法第15条第1項後段の厚生労働省令で定める方法は、労働者に対する前項に規定する事項が明らかとなる書面の交付とする。ただし、当該労働者が同項に規定する事項が明らかとなる次のいずれかの方法によることを希望した場合には、当該方法とすることができる。	③　法第15条第1項後段の厚生労働省令で定める方法は、労働者に対する前項に規定する事項が明らかとなる書面の交付とする。
一　ファクシミリを利用してする送信の方法	
二　電子メールその他のその受信をする者を特定して情報を伝達するために用いられる電気通信（電気通信事業法（昭和59年法律第86号）第2条第一号に規定する電気通信をいう。以下この号において「電子メール等」という。）の送信の方法（当該労働者が当該電子メール等の記録を出力することにより書面を作成することができるものに限る。）	
第6条の2　法第18条第2項、法第24条第1項ただし書、法第32条の2第1項、法第32条の3第1項、法第32条の4第1項及び第2項、法第32条の5第1項、法第34条第2項ただし書、法第36条第1項、第8項及び第9項、法第37条第3項、法第38条の2第2項、法第38条の3第1項、法第38条の4第2項第一号、法第39条第4項、第6項及び第9項ただし書並びに法第90条第1項に規定する労働者の過半数を代表する者（以下この条において「過半数代表者」という。）は、次の各号のいずれにも該当する者とする。	第6条の2　法第18条第2項、法第24条第1項ただし書、法第32条の2第1項、法第32条の3、法第32条の4第1項及び第2項、法第32条の5第1項、法第34条第2項ただし書、法第36条第1項、第3項及び第4項、法第37条第3項、法第38条の2第2項、法第38条の3第1項、法第38条の4第2項第一号、法第39条第4項、第6項及び第7項ただし書並びに法第90条第1項に規定する労働者の過半数を代表する者（以下この条において「過半数代表者」という。）は、次の各号のいずれにも該当する者とする。
一　（略）	一　（略）
二　法に規定する協定等をする者を選出することを明らかにして実施される投票、挙手等の方法による手続により選出された者であつて、使用者の意向に基づき選出されたものでないこと。	二　法に規定する協定等をする者を選出することを明らかにして実施される投票、挙手等の方法による手続により選出された者であること。
②　前項第一号に該当する者がいない事業場にあつては、法第18条第2項、法第24条第1項ただし書、法第39条第4項、第6項及び第9項ただし書並びに法第90条第1項に規定する労働者の過半数を代表する者は、前項第二号に該当する者とする。	②　前項第一号に該当する者がいない事業場にあつては、法第18条第2項、法第24条第1項ただし書、法第39条第4項、第6項及び第7項ただし書並びに法第90条第1項に規定する労働者の過半数を代表する者は、前項第二号に該当する者とする。
③　（略）	③　（略）
④　使用者は、過半数代表者が法に規定する協定等に関する事務を円滑に遂行することができるよう必要な配慮を行わなければならない。	（新設）
第12条　常時10人に満たない労働者を使用する使用者は、法第32条の2第1項又は法第35条第2項による定めをした場合（法第32条の2第1項の協定（法第38条の4第5項に規定する同条第1項の委員会（以下「労	第12条　常時10人に満たない労働者を使用する使用者は、法第32条の2第1項又は法第35条第2項による定めをした場合（法第32条の2第1項の協定（法第38条の4第5項に規定する同条第1項の委員会（以下「労

— 123 —

労働基準法施行規則

（傍線部分は改正部分）

改正後	改正前
使委員会」という。）の決議（以下「労使委員会の決議」という。）及び労働時間等の設定の改善に関する特別措置法（平成４年法律第90号。以下「労働時間等設定改善法」という。）第７条に規定する労働時間等設定改善委員会の決議（以下「労働時間等設定改善委員会の決議」という。）を含む。）による定めをした場合を除く。）には、これを労働者に周知させるものとする。	使委員会」という。）の決議（以下「労使委員会の決議」という。）及び労働時間等の設定の改善に関する特別措置法（平成４年法律第90号。以下「労働時間等設定改善法」という。）第７条第１項に規定する労働時間等設定改善委員会（同条第２項の規定により労働時間等設定改善委員会とみなされる労働安全衛生法（昭和47年法律第57号）第18条第１項の規定により設置された衛生委員会（同法第19条第１項の規定により設置された安全衛生委員会を含む。以下同じ。）の決議（以下「労働時間等設定改善委員会の決議」という。）を含む。）による定めをした場合を除く。）には、これを労働者に周知させるものとする。
第12条の３ 法第32条の３第１項（同条第２項及び第３項の規定により読み替えて適用する場合を含む。以下この条において同じ。）第四号の厚生労働省令で定める事項は、次に掲げるものとする。 一～三 （略） 四 法第32条の３第１項第二号の清算期間が１箇月を超えるものである場合にあつては、同項の協定（労働協約による場合を除き、労使委員会の決議及び労働時間等設定改善委員会の決議を含む。）の有効期間の定め ② 法第32条の３第４項において準用する法第32条の２第２項の規定による届出は、様式第三号の三により、所轄労働基準監督署長にしなければならない。	**第12条の３** 法第32条の３第四号の厚生労働省令で定める事項は、次に掲げるものとする。 一～三 （略） （新設） （新設）
第16条 法第36条第１項の規定による届出は、様式第九号（同条第５項に規定する事項に関する定めをする場合にあつては、様式第九号の二）により、所轄労働基準監督署長にしなければならない。 ② 前項の規定にかかわらず、法第36条第11項に規定する業務についての同条第１項の規定による届出は、様式第九号の三により、所轄労働基準監督署長にしなければならない。 ③ 法第36条第１項の協定（労使委員会の決議及び労働時間等設定改善委員会の決議を含む。以下この項において同じ。）を更新しようとするときは、使用者は、その旨の協定を所轄労働基準監督署長に届け出ることによつて、前２項の届出に代えることができる。	**第16条** 使用者は、法第36条第１項の協定をする場合には、時間外又は休日の労働をさせる必要のある具体的事由、業務の種類、労働者の数並びに１日及び１日を超える一定の期間についての延長することができる時間又は労働させることができる休日について、協定しなければならない。 ② 前項の協定（労働協約による場合を除く。）には、有効期間の定めをするものとする。 ③ 前２項の規定は、労使委員会の決議及び労働時間等設定改善委員会の決議について準用する。
第17条 法第36条第２項第五号の厚生労働省令で定める事項は、次に掲げるものとする。ただし、第四号から第七号までの事項については、同条第１項の協定に同条第５項に規定する事項に関する定めをしない場合においては、この限りでない。 一 法第36条第１項の協定（労働協約による場合を除く。）の有効期間の定め 二 法第36条第２項第四号の１年の起算日 三 法第36条第６項第二号及び第三号に定める要件を満たすこと。 四 法第36条第３項の限度時間（以下この項において「限度時間」という。）を超えて労働させることができる場合 五 限度時間を超えて労働させる労働者に対する健康	**第17条** 法第36条第１項の規定による届出は、様式第九号（第24条の２第４項の規定により法第38条の２第２項の協定の内容を法第36条第１項の規定による届出に付記して届け出る場合にあつては様式第九号の二、労使委員会の決議を届け出る場合にあつては様式第九号の三、労働時間等設定改善委員会の決議を届け出る場合にあつては様式第九号の四）により、所轄労働基準監督署長にしなければならない。 ② 法第36条第１項に規定する協定（労使委員会の決議及び労働時間等設定改善委員会の決議を含む。以下この項において同じ。）を更新しようとするときは、使用者は、その旨の協定を所轄労働基準監督署長に届け出ることによつて、前項の届出にかえることができる。

（傍線部分は改正部分）

改正後	改正前

及び福祉を確保するための措置
六　限度時間を超えた労働に係る割増賃金の率
七　限度時間を超えて労働させる場合における手続
②　使用者は、前項第五号に掲げる措置の実施状況に関する記録を同項第一号の有効期間中及び当該有効期間の満了後３年間保存しなければならない。
③　前項の規定は、労使委員会の決議及び労働時間等設定改善委員会の決議について準用する。

第18条　法第36条第６項第一号の厚生労働省令で定める健康上特に有害な業務は、次に掲げるものとする。

一～十　（略）

第19条の２　使用者は、法第37条第３項の協定（労使委員会の決議、労働時間等設定改善委員会の決議及び労働時間等設定改善法第７条の２に規定する労働時間等設定改善企業委員会の決議を含む。）をする場合には、次に掲げる事項について、協定しなければならない。
一～三　（略）
②・③　（略）

第24条の５　使用者は、法第39条第７項ただし書の規定により同条第１項から第３項までの規定による10労働日以上の有給休暇を与えることとしたときは、当該有給休暇の日数のうち５日については、基準日（同条第７項の基準日をいう。以下この条において同じ。）より前の日であつて、10労働日以上の有給休暇を与えることとした日（以下この条及び第24条の７において「第一基準日」という。）から１年以内の期間に、その時季を定めることにより与えなければならない。
②　前項の規定にかかわらず、使用者が法第39条第１項から第３項までの規定による10労働日以上の有給休暇を基準日又は第一基準日に与えることとし、かつ、当該基準日又は第一基準日から１年以内の特定の日（以下この条及び第24条の７において「第二基準日」という。）に新たに10労働日以上の有給休暇を与えることとしたときは、履行期間（基準日又は第一基準日を始期として、第二基準日から１年を経過する日を終期とする期間をいう。以下この条において同じ。）の月数を12で除した数に５を乗じた日数について、当該履行期間中に、その時季を定めることにより与えることができる。
③　第１項の期間又は前項の履行期間が経過した場合においては、その経過した日から１年ごとに区分した各期間（最後に１年未満の期間を生じたときは、当該期間）の初日を基準日とみなして法第39条第７項本文の規定を適用する。
④　使用者が法第39条第１項から第３項までの規定による有給休暇のうち10労働日未満の日数について基準日以前の日（以下この項において「特定日」という。）に与えることとした場合において、特定日が複数あるときは、当該10労働日未満の日数が合わせて10労働日以上になる日までの間の特定日のうち最も遅い日を第一基準日とみなして前３項の規定を適用する。この場

第18条　法第36条第１項ただし書の規定による労働時間の延長が２時間を超えてはならない業務は、次のものとする。
一～十　（略）

第19条の２　使用者は、法第37条第３項の協定をする場合には、次の各号に掲げる事項について、協定しなければならない。

一～三　（略）
②・③　（略）

（新設）

— 125 —

労働基準法施行規則

（傍線部分は改正部分）

改正後	改正前
合において、第一基準日とみなされた日より前に、同条第5項又は第6項の規定により与えた有給休暇の日数分については、時季を定めることにより与えることを要しない。 **第24条の6** 使用者は、法第39条第7項の規定により労働者に有給休暇を時季を定めることにより与えるに当たつては、あらかじめ、同項の規定により当該有給休暇を与えることを当該労働者に明らかにした上で、その時季について当該労働者の意見を聴かなければならない。 ② 使用者は、前項の規定により聴取した意見を尊重するよう努めなければならない。 **第24条の7** 使用者は、法第39条第5項から第7項までの規定により有給休暇を与えたときは、時季、日数及び基準日（第一基準日及び第二基準日を含む。）を労働者ごとに明らかにした書類（第55条の2において「年次有給休暇管理簿」という。）を作成し、当該有給休暇を与えた期間中及び当該期間の満了後3年間保存しなければならない。 **第25条** 法第39条第9項の規定による所定労働時間労働した場合に支払われる通常の賃金は、次に定める方法によつて算定した金額とする。 一～七 （略） ② 法第39条第9項本文の厚生労働省令で定めるところにより算定した額の賃金は、平均賃金又は前項の規定により算定した金額をその日の所定労働時間数で除して得た額の賃金とする。 ③ 法第39条第9項ただし書の厚生労働省令で定めるところにより算定した金額は、健康保険法（大正11年法律第70号）第40条第1項に規定する標準報酬月額の30分の1に相当する金額（その金額に、5円未満の端数があるときは、これを切り捨て、5円以上10円未満の端数があるときは、これを10円に切り上げるものとする。）をその日の所定労働時間数で除して得た金額とする。 **第25条の2** （略） ② 使用者は、当該事業場に、労働者の過半数で組織する労働組合がある場合においてはその労働組合、労働者の過半数で組織する労働組合がない場合においては労働者の過半数を代表する者との書面による協定（労使委員会における委員の5分の4以上の多数による決議及び労働時間等設定改善法第7条の労働時間等設定改善委員会における委員の5分の4以上の多数による決議を含む。以下この条において同じ。）により、又は就業規則その他これに準ずるものにより、1箇月以内の期間を平均し1週間当たりの労働時間が44時間を超えない定めをした場合においては、前項に規定する事業については同項の規定にかかわらず、その定めにより、特定された週において44時間又は特定された日において8時間を超えて、労働させることができる。	（新設） （新設） **第25条** 法第39条第7項の規定による所定労働時間労働した場合に支払われる通常の賃金は、次の各号に定める方法によつて算定した金額とする。 一～七 （略） ② 法第39条第7項本文の厚生労働省令で定めるところにより算定した額の賃金は、平均賃金若しくは前項の規定により算定した金額をその日の所定労働時間数で除して得た額の賃金とする。 ③ 法第39条第7項ただし書の厚生労働省令で定めるところにより算定した金額は、健康保険法（大正11年法律第70号）第40条第1項に規定する標準報酬月額の30分の1に相当する金額（その金額に、5円未満の端数があるときは、これを切り捨て、5円以上10円未満の端数があるときは、これを10円に切り上げるものとする。）をその日の所定労働時間数で除して得た金額とする。 **第25条の2** （略） ② 使用者は、当該事業場に、労働者の過半数で組織する労働組合がある場合においてはその労働組合、労働者の過半数で組織する労働組合がない場合においては労働者の過半数を代表する者との書面による協定（労使委員会における委員の5分の4以上の多数による決議及び労働時間等設定改善法第7条第1項の労働時間等設定改善委員会における委員の5分の4以上の多数による決議を含む。以下この条において同じ。）により、又は就業規則その他これに準ずるものにより、1箇月以内の期間を平均し1週間当たりの労働時間が44時間を超えない定めをした場合においては、前項に規定する事業については同項の規定にかかわらず、その定めにより、特定された週において44時間又は特定された日において8時間を超えて、労働させることができる。

（傍線部分は改正部分）

改正後	改正前
③　（略） ④　第１項に規定する事業については、<u>法第32条の３第１項（同項第二号の清算期間が１箇月を超えるものである場合に限る。）、</u>第32条の４又は第32条の５の規定により労働者に労働させる場合には、前３項の規定は適用しない。	③　（略） ④　第１項に規定する事業については、法第32条の４又は第32条の５の規定により労働者に労働させる場合には、前３項の規定は適用しない。
第25条の３　第６条の２第１項の規定は前条第２項及び第３項に規定する労働者の過半数を代表する者について、第６条の２<u>第３項及び第４項</u>の規定は前条第２項<u>及び第３項</u>の使用者について、第12条及び第12条の２<u>第１項</u>の規定は前条第２項<u>及び第３項</u>による定めについて、第12条の２の２第１項の規定は前条第２項の協定について、第12条の６の規定は前条第２項の使用者について準用する。 ②　（略）	第25条の３　第６条の２第１項の規定は前条第２項及び第３項に規定する労働者の過半数を代表する者について、第６条の２第３項の規定は前条第２項及び第３項の使用者について、第12条及び第12条の２の規定は前条第２項及び第３項による定めについて、第12条の２の２第１項の規定は前条第２項の協定について、第12条の６の規定は前条第２項の使用者について準用する。 ②　（略）
第55条の２　使用者は、<u>年次有給休暇管理簿、</u>第53条による労働者名簿<u>又は</u>第55条による賃金台帳をあわせて調製することができる。	第55条の２　使用者は、第53条による労働者名簿<u>及び</u>第55条による賃金台帳をあわせて調製することができる。
第66条　一般乗用旅客自動車運送事業（道路運送法（昭和26年法律第183号）第３条第一号ハの一般乗用旅客自動車運送事業をいう。以下この条<u>及び第69条第２項</u>において同じ。）における四輪以上の自動車（一般乗用旅客自動車運送事業の用に供せられる自動車であつて、当該自動車による運送の引受けが営業所のみにおいて行われるものを除く。）の運転の業務に従事する労働者であつて、次の各号のいずれにも該当する業務に従事するものについての法第32条の４第３項の厚生労働省令で定める１日の労働時間の限度は、第12条の４第４項の規定にかかわらず、当分の間、16時間とする。 一・二　（略）	第66条　一般乗用旅客自動車運送事業（道路運送法（昭和26年法律第183号）第３条第一号ハの一般乗用旅客自動車運送事業をいう。以下この条において同じ。）における四輪以上の自動車（一般乗用旅客自動車運送事業の用に供せられる自動車であつて、当該自動車による運送の引受けが営業所のみにおいて行われるものを除く。）の運転の業務に従事する労働者であつて、次の各号のいずれにも該当する業務に従事するものについての法第32条の４第３項の厚生労働省令で定める１日の労働時間の限度は、第12条の４第４項の規定にかかわらず、当分の間、16時間とする。 一・二　（略）
<u>第68条　削除</u>	<u>第68条　法第138条に規定する中小事業主の事業に係る第20条第１項の規定の適用については、同項中「５割以上（その時間の労働のうち、１箇月について60時間を超える労働時間の延長に係るものについては、７割５分以上）」とあるのは、「５割以上」とする。</u>
<u>第69条　法第139条第１項及び第２項の厚生労働省令で定める事業は、次に掲げるものとする。</u> <u>一　法別表第１第三号に掲げる事業</u> <u>二　事業場の所属する企業の主たる事業が法別表第１第三号に掲げる事業である事業場における事業</u> <u>三　工作物の建設の事業に関連する警備の事業（当該事業において労働者に交通誘導警備の業務を行わせる場合に限る。）</u> <u>②　法第140条第１項の厚生労働省令で定める業務は、一般乗用旅客自動車運送事業の業務、貨物自動車運送事業（貨物自動車運送事業法（平成元年法律第83号）第２条第１項に規定する貨物自動車運送事業をいう。）の業務、一般乗合旅客自動車運送事業（道路運送法第３条第一号イに規定する一般乗合旅客自動車運送事業</u>	（新設）

労働基準法施行規則

（傍線部分は改正部分）

改正後	改正前
をいう。）の業務、一般貸切旅客自動車運送事業（同号ロに規定する一般貸切旅客自動車運送事業をいう。）の業務その他四輪以上の自動車の運転の業務とする。 **第70条**　第16条第１項の規定にかかわらず、法第139条第２項、第140条第２項、第141条第４項又は第142条の規定により読み替えて適用する法第36条第１項（以下この条及び次条において「読替後の法第36条第１項」という。）の規定による届出は、平成36年３月31日までの間、様式第九号の四（第24条の２第４項の規定により法第38条の２第２項の協定の内容を読替後の法第36条第１項の規定による届出に付記して届け出る場合にあつては様式第九号の五、労使委員会の決議を届け出る場合にあつては様式第九号の六、労働時間等設定改善委員会の決議を届け出る場合にあつては様式第九号の七）により、所轄労働基準監督署長にしなければならない。 ②　第59条の２の規定は、前項の届出について準用する。 **第71条**　読替後の法第36条第１項の協定については、平成36年３月31日までの間、第17条第１項第三号から第七号までの規定は適用しない。	（新設） （新設）

労働安全衛生規則

労働安全衛生規則（平成30年厚生労働省令第112号）平成30年9月7日公布

（傍線部分は改正部分）

改正後	改正前
目次 　第1編　通則 　　第1章～第8章　（略） 　　第9章　監督等（第85条―第98条の4） 　　第10章　（略） 　第2編～第4編　（略） 　附則	目次 　第1編　通則 　　第1章～第8章　（略） 　　第9章　監督等（第85条―第98条の3） 　　第10章　（略） 　第2編～第4編　（略） 　附則
（産業医の選任等） 第13条　（略） 2・3　（略） 4　事業者は、産業医が辞任したとき又は産業医を解任したときは、遅滞なく、その旨及びその理由を衛生委員会又は安全衛生委員会に報告しなければならない。	（産業医の選任） 第13条　（略） 2・3　（略） （新設）
（産業医及び産業歯科医の職務等） 第14条　法第13条第1項の厚生労働省令で定める事項は、次に掲げる事項で医学に関する専門的知識を必要とするものとする。 　一　（略） 　二　法第66条の8第1項及び第66条の8の2第1項に規定する面接指導並びに法第66条の9に規定する必要な措置の実施並びにこれらの結果に基づく労働者の健康を保持するための措置に関すること。 　三～九　（略） 2～6　（略） 7　産業医は、労働者の健康管理等を行うために必要な医学に関する知識及び能力の維持向上に努めなければならない。	（産業医及び産業歯科医の職務等） 第14条　法第13条第1項の厚生労働省令で定める事項は、次の事項で医学に関する専門的知識を必要とするものとする。 　一　（略） 　二　法第66条の8第1項に規定する面接指導及び法第66条の9に規定する必要な措置の実施並びにこれらの結果に基づく労働者の健康を保持するための措置に関すること。 　三～九　（略） 2～6　（略） （新設）
（産業医に対する情報の提供） 第14条の2　法第13条第4項の厚生労働省令で定める情報は、次に掲げる情報とする。 　一　法第66条の5第1項、第66条の8第5項（法第66条の8の2第2項において読み替えて準用する場合を含む。）又は第66条の10第6項の規定により既に講じた措置又は講じようとする措置の内容に関する情報（これらの措置を講じない場合にあつては、その旨及びその理由） 　二　第52条の2第1項又は第52条の7の2第1項の超えた時間が1月当たり80時間を超えた労働者の氏名及び当該労働者に係る当該超えた時間に関する情報 　三　前2号に掲げるもののほか、労働者の業務に関する情報であつて産業医が労働者の健康管理等を適切に行うために必要と認めるもの 2　法第13条第4項の規定による情報の提供は、次の各号に掲げる情報の区分に応じ、当該各号に定めるところにより行うものとする。 　一　前項第一号に掲げる情報　法第66条の4、第66条の8第4項（法第66条の8の2第2項において準用する場合を含む。）又は第66条の10第5項の規定に	（新設）

― 129 ―

労働安全衛生規則

（傍線部分は改正部分）

改正後	改正前
よる医師又は歯科医師からの意見聴取を行つた後、遅滞なく提供すること。 二　前項第二号に掲げる情報　第52条の２第２項（第52条の７の２第２項において準用する場合を含む。）の規定により同号の超えた時間の算定を行つた後、速やかに提供すること。 三　前項第三号に掲げる情報　産業医から当該情報の提供を求められた後、速やかに提供すること。	
（産業医による勧告等） <u>第14条の３</u>　<u>産業医は、法第13条第５項の勧告をしよ</u><u>うとするときは、あらかじめ、当該勧告の内容につい</u><u>て、事業者の意見を求めるものとする。</u> <u>２</u>　<u>事業者は、法第13条第５項の勧告を受けたときは、</u><u>次に掲げる事項を記録し、これを３年間保存しなけれ</u><u>ばならない。</u> <u>一　当該勧告の内容</u> <u>二　当該勧告を踏まえて講じた措置の内容（措置を講</u><u>じない場合にあつては、その旨及びその理由）</u> <u>３</u>　<u>法第13条第６項の規定による報告は、同条第５項の</u><u>勧告を受けた後遅滞なく行うものとする。</u> <u>４</u>　<u>法第13条第６項の厚生労働省令で定める事項は、次</u><u>に掲げる事項とする。</u> <u>一　当該勧告の内容</u> <u>二　当該勧告を踏まえて講じた措置又は講じようとす</u><u>る措置の内容（措置を講じない場合にあつては、そ</u><u>の旨及びその理由）</u>	（新設）
（産業医に対する権限の付与等） <u>第14条の４</u>　<u>事業者は、産業医に対し、第14条第１項各</u><u>号に掲げる事項をなし得る権限を与えなければならな</u><u>い。</u> <u>２</u>　<u>前項の権限には、第14条第１項各号に掲げる事項に</u><u>係る次に掲げる事項に関する権限が含まれるものとす</u><u>る。</u> <u>一　事業者又は総括安全衛生管理者に対して意見を述</u><u>べること。</u> <u>二　第14条第１項各号に掲げる事項を実施するために</u><u>必要な情報を労働者から収集すること。</u> <u>三　労働者の健康を確保するため緊急の必要がある場</u><u>合において、労働者に対して必要な措置をとるべき</u><u>ことを指示すること。</u>	（新設）
（産業医の定期巡視） 第15条　（略） （削る）	**（産業医の定期巡視及び権限の付与）** 第15条　（略） <u>２</u>　<u>事業者は、産業医に対し、前条第１項に規定する事</u><u>項をなし得る権限を与えなければならない。</u>
（産業医を選任すべき事業場以外の事業場の労働者の健康管理等） 第15条の２　法第13条の２<u>第１項</u>の厚生労働省令で定める者は、労働者の健康管理等を行うのに必要な知識を有する保健師とする。 ２　事業者は、法第13条第１項の事業場以外の事業場について、法第13条の２<u>第１項</u>に規定する者に労働者の	**（産業医を選任すべき事業場以外の事業場の労働者の健康管理等）** 第15条の２　法第13条の２の厚生労働省令で定める者は、労働者の健康管理等を行うのに必要な知識を有する保健師とする。 ２　事業者は、法第13条第１項の事業場以外の事業場について、法<u>第13条の２</u>に規定する者に労働者の健康管

— 130 —

改正後	改正前
健康管理等の全部又は一部を行わせるに当たつては、労働者の健康管理等を行う同項に規定する医師の選任、国が法第19条の３に規定する援助として行う労働者の健康管理等に係る業務についての相談その他の必要な援助の事業の利用等に努めるものとする。	理等の全部又は一部を行わせるに当たつては、労働者の健康管理等を行う同条に規定する医師の選任、国が法第19条の３に規定する援助として行う労働者の健康管理等に係る業務についての相談その他の必要な援助の事業の利用等に努めるものとする。
３　第14条の２第１項の規定は法第13条の２第２項において準用する法第13条第４項の厚生労働省令で定める情報について、第14条の２第２項の規定は法第13条の２第２項において準用する法第13条第４項の規定による情報の提供について、それぞれ準用する。	（新設）
（委員会の会議）	（委員会の会議）
第23条　（略）	第23条　（略）
２・３　（略）	２・３　（略）
４　事業者は、委員会の開催の都度、次に掲げる事項を記録し、これを３年間保存しなければならない。	４　事業者は、委員会における議事で重要なものに係る記録を作成して、これを３年間保存しなければならない。
一　委員会の意見及び当該意見を踏まえて講じた措置の内容	（新設）
二　前号に掲げるもののほか、委員会における議事で重要なもの	（新設）
５　産業医は、衛生委員会又は安全衛生委員会に対して労働者の健康を確保する観点から必要な調査審議を求めることができる。	（新設）
（面接指導の対象となる労働者の要件等）	（面接指導の対象となる労働者の要件等）
第52条の２　法第66条の８第１項の厚生労働省令で定める要件は、休憩時間を除き１週間当たり40時間を超えて労働させた場合におけるその超えた時間が１月当たり80時間を超え、かつ、疲労の蓄積が認められる者であることとする。ただし、次項の期日前１月以内に法第66条の８第１項又は第66条の８の２第１項に規定する面接指導を受けた労働者その他これに類する労働者であつて法第66条の８第１項に規定する面接指導（以下この節において「法第66条の８の面接指導」という。）を受ける必要がないと医師が認めたものを除く。	第52条の２　法第66条の８第１項の厚生労働省令で定める要件は、休憩時間を除き１週間当たり40時間を超えて労働させた場合におけるその超えた時間が１月当たり100時間を超え、かつ、疲労の蓄積が認められる者であることとする。ただし、次項の期日前１月以内に法第66条の８第１項に規定する面接指導（以下この節において「面接指導」という。）を受けた労働者その他これに類する労働者であつて面接指導を受ける必要がないと医師が認めたものを除く。
２　（略）	２　（略）
３　事業者は、第１項の超えた時間の算定を行つたときは、速やかに、同項の超えた時間が１月当たり80時間を超えた労働者に対し、当該労働者に係る当該超えた時間に関する情報を通知しなければならない。	３　事業者は、第１項の超えた時間の算定を行つたときは、速やかに、同項の超えた時間が１月当たり100時間を超えた労働者の氏名及び当該労働者に係る超えた時間に関する情報を産業医に提供しなければならない。
（面接指導の実施方法等）	（面接指導の実施方法等）
第52条の３　法第66条の８の面接指導は、前条第１項の要件に該当する労働者の申出により行うものとする。	第52条の３　面接指導は、前条第１項の要件に該当する労働者の申出により行うものとする。
２　（略）	２　（略）
３　事業者は、労働者から第１項の申出があつたときは、遅滞なく、法第66条の８の面接指導を行わなければならない。	３　事業者は、労働者から第１項の申出があつたときは、遅滞なく、面接指導を行わなければならない。
４　（略）	４　（略）
（面接指導における確認事項）	（面接指導における確認事項）
第52条の４　医師は、法第66条の８の面接指導を行うに当たつては、前条第１項の申出を行つた労働者に対	第52条の４　医師は、面接指導を行うに当たつては、前条第１項の申出を行つた労働者に対し、次に掲げる事

労働安全衛生規則

（傍線部分は改正部分）

改正後	改正前
し、次に掲げる事項について確認を行うものとする。 一～三　（略）	項について確認を行うものとする。 一～三　（略）

（労働者の希望する医師による面接指導の証明）

改正後	改正前
第52条の５　法第66条の８第２項ただし書の書面は、当該労働者の受けた法第66条の８の面接指導について、次に掲げる事項を記載したものでなければならない。 一・二　（略） 三　法第66条の８の面接指導を行つた医師の氏名 四・五　（略）	第52条の５　法第66条の８第２項ただし書の書面は、当該労働者の受けた面接指導について、次に掲げる事項を記載したものでなければならない。 一・二　（略） 三　面接指導を行つた医師の氏名 四・五　（略）

（面接指導結果の記録の作成）

改正後	改正前
第52条の６　事業者は、法第66条の８の面接指導（法第66条の８第２項ただし書の場合において当該労働者が受けたものを含む。次条において同じ。）の結果に基づき、当該法第66条の８の面接指導の結果の記録を作成して、これを５年間保存しなければならない。 ２　（略）	第52条の６　事業者は、面接指導（法第66条の８第２項ただし書の場合において当該労働者が受けた面接指導を含む。次条において同じ。）の結果に基づき、当該面接指導の結果の記録を作成して、これを５年間保存しなければならない。 ２　（略）

（面接指導の結果についての医師からの意見聴取）

改正後	改正前
第52条の７　法第66条の８の面接指導の結果に基づく法第66条の８第４項の規定による医師からの意見聴取は、当該法第66条の８の面接指導が行われた後（同条第２項ただし書の場合にあつては、当該労働者が当該法第66条の８の面接指導の結果を証明する書面を事業者に提出した後）、遅滞なく行わなければならない。	第52条の７　面接指導の結果に基づく法第66条の８第４項の規定による医師からの意見聴取は、面接指導が行われた後（法第66条の８第２項ただし書の場合にあつては、当該労働者が面接指導の結果を証明する書面を事業者に提出した後）、遅滞なく行わなければならない。

（法第66条の８の２第１項の厚生労働省令で定める時間等）

改正後	改正前
第52条の７の２　法第66条の８の２第１項の厚生労働省令で定める時間は、休憩時間を除き１週間当たり40時間を超えて労働させた場合におけるその超えた時間について、１月当たり100時間とする。 ２　第52条の２第２項、第52条の３第１項及び第52条の４から前条までの規定は、法第66条の８の２第１項に規定する面接指導について準用する。この場合において、第52条の２第２項中「前項」とあるのは「第52条の７の２第１項」と、第52条の３第１項中「前条第１項の要件に該当する労働者の申出により」とあるのは「前条第２項の期日後、遅滞なく」と、第52条の４中「前条第１項の申出を行つた労働者」とあるのは「労働者」と読み替えるものとする。	（新設）

（法第66条の８の３の厚生労働省令で定める方法等）

改正後	改正前
第52条の７の３　法第66条の８の３の厚生労働省令で定める方法は、タイムカードによる記録、パーソナルコンピュータ等の電子計算機の使用時間の記録等の客観的な方法その他の適切な方法とする。 ２　事業者は、前項に規定する方法により把握した労働時間の状況の記録を作成し、３年間保存するための必要な措置を講じなければならない。	（新設）

（法第66条の９の必要な措置の実施）

改正後	改正前
第52条の８　法第66条の９の必要な措置は、法第66条の８の面接指導の実施又は法第66条の８の面接指導に準	**（法第66条の９に規定する必要な措置の実施）** 第52条の８　法第66条の９の必要な措置は、面接指導の実施又は面接指導に準ずる措置とする。

— 132 —

（傍線部分は改正部分）

改正後	改正前

ずる措置とする。

2　労働基準法（昭和22年法律第49号）第41条の２第１項の規定により労働する労働者以外の労働者に対して行う法第66条の９の必要な措置は、事業場において定められた当該必要な措置の実施に関する基準に該当する者に対して行うものとする。

（削る）

（健康管理手帳の交付）

第53条　法第67条第１項の厚生労働省令で定める要件に該当する者は、労働基準法の施行の日以降において、次の表の上欄に掲げる業務に従事し、その従事した業務に応じて、離職の際に又は離職の後に、それぞれ、同表の下欄に掲げる要件に該当する者その他厚生労働大臣が定める要件に該当する者とする。

（表略）

２・３　（略）

（特別安全衛生改善計画の作成の指示等）

第84条　（略）

2　法第78条第１項の厚生労働省令で定める場合は、次の各号のいずれにも該当する場合とする。

　一　（略）

　二　前号の事業者が発生させた重大な労働災害及び当該重大な労働災害と再発を防止するための措置が同様である重大な労働災害が、いずれも当該事業者が法、じん肺法若しくは作業環境測定法（昭和50年法律第28号）若しくはこれらに基づく命令の規定又は労働基準法第36条第６項第一号、第62条第１項若しくは第２項、第63条、第64条の２若しくは第64条の３第１項若しくは第２項若しくはこれらの規定に基づく命令の規定に違反して発生させたものである場合

3～5　（略）

（法令等の周知の方法等）

第98条の２　法第101条第１項及び第２項（同条第３項において準用する場合を含む。次項において同じ。）の厚生労働省令で定める方法は、第23条第３項各号に掲げる方法とする。

2　法第101条第２項の厚生労働省令で定める事項は、次のとおりとする。

　一　事業場における産業医（法第101条第３項において準用する場合にあつては、法第13条の２第１項に規定する者。以下この項において同じ。）の業務の具体的な内容

　二　産業医に対する健康相談の申出の方法

　三　産業医による労働者の心身の状態に関する情報の取扱いの方法

2　法第66条の９の必要な措置は、次に掲げる者に対して行うものとする。

　一　長時間の労働により、疲労の蓄積が認められ、又は健康上の不安を有している労働者

　二　前号に掲げるもののほか、事業場において定められた法第66条の９の必要な措置の実施に関する基準に該当する労働者

3　前項第一号に掲げる労働者に対して行う法第66条の９の必要な措置は、当該労働者の申出により行うものとする。

（健康管理手帳の交付）

第53条　法第67条第１項の厚生労働省令で定める要件に該当する者は、労働基準法（昭和22年法律第49号）の施行の日以降において、次の表の上欄に掲げる業務に従事し、その従事した業務に応じて、離職の際に又は離職の後に、それぞれ、同表の下欄に掲げる要件に該当する者その他厚生労働大臣が定める要件に該当する者とする。

（表略）

２・３　（略）

（特別安全衛生改善計画の作成の指示等）

第84条　（略）

2　法第78条第１項の厚生労働省令で定める場合は、次の各号のいずれにも該当する場合とする。

　一　（略）

　二　前号の事業者が発生させた重大な労働災害及び当該重大な労働災害と再発を防止するための措置が同様である重大な労働災害が、いずれも当該事業者が法、じん肺法若しくは作業環境測定法（昭和50年法律第28号）若しくはこれらに基づく命令の規定又は労働基準法第36条第１項ただし書、第62条第１項若しくは第２項、第63条、第64条の２若しくは第64条の３第１項若しくは第２項若しくはこれらの規定に基づく命令の規定に違反して発生させたものである場合

3～5　（略）

（法令等の周知の方法）

第98条の２　法第101条第１項の厚生労働省令で定める方法は、第23条第３項各号に掲げる方法とする。

（新設）

— 133 —

労働安全衛生規則

（傍線部分は改正部分）

改正後	改正前
3　法第101条第4項の厚生労働省令で定める方法は、次に掲げる方法とする。 　一～三　（略）	2　法第101条第2項の厚生労働省令で定める方法は、次に掲げる方法とする。 　一～三　（略）
（指針の公表） 第98条の3　第24条の規定は、法第104条第3項の規定による指針の公表について準用する。	（新設）
第98条の4　（略）	第98条の3　（略）

— 134 —

短時間・有期雇用労働法施行規則

短時間労働者及び有期雇用労働者の雇用管理の改善等に関する法律施行規則
（平成30年厚生労働省令第153号）　平成30年12月28日公布

（傍線部分は改正部分）

改正後	改正前

改正後

短時間労働者及び有期雇用労働者の雇用管理の改善等に関する法律施行規則

（法第2条第1項の厚生労働省令で定める場合）

第1条　短時間労働者及び有期雇用労働者の雇用管理の改善等に関する法律（平成5年法律第76号。以下「法」という。）第2条第1項の厚生労働省令で定める場合は、同一の事業主に雇用される通常の労働者の従事する業務が二以上あり、かつ、当該事業主に雇用される通常の労働者と同種の業務に従事する労働者の数が当該通常の労働者の数に比し著しく多い業務（当該業務に従事する通常の労働者の1週間の所定労働時間が他の業務に従事する通常の労働者の1週間の所定労働時間のいずれよりも長い場合に係る業務を除く。）に当該事業主に雇用される労働者が従事する場合とする。

（法第6条第1項の明示事項及び明示の方法）

第2条　法第6条第1項の厚生労働省令で定める短時間・有期雇用労働者に対して明示しなければならない労働条件に関する事項は、次に掲げるものとする。

一～三　（略）

四　短時間・有期雇用労働者の雇用管理の改善等に関する事項に係る相談窓口

2　事業主は、法第6条第1項の規定により短時間・有期雇用労働者に対して明示しなければならない労働条件を事実と異なるものとしてはならない。

3　法第6条第1項の厚生労働省令で定める方法は、第1項各号に掲げる事項が明らかとなる次のいずれかの方法によることを当該短時間・有期雇用労働者が希望した場合における当該方法とする。

一　（略）

二　電子メールその他のその受信をする者を特定して情報を伝達するために用いられる電気通信（電気通信事業法（昭和59年法律第86号）第2条第一号に規定する電気通信をいう。以下この号において「電子メール等」という。）の送信の方法（当該短時間・有期雇用労働者が当該電子メール等の記録を出力することにより書面を作成することができるものに限る。）

4　前項第一号の方法により行われた法第6条第1項に規定する特定事項（以下この項において「特定事項」という。）の明示は、当該短時間・有期雇用労働者の使用に係るファクシミリ装置により受信した時に、前項第二号の方法により行われた特定事項の明示は、当該短時間・有期雇用労働者の使用に係る通信端末機器等により受信した時に、それぞれ当該短時間・有期雇用労働者に到達したものとみなす。

（法第10条の厚生労働省令で定める賃金）

第3条　法第10条の厚生労働省令で定める賃金は、通勤手当、家族手当、住宅手当、別居手当、子女教育手当その他名称の如何を問わず支払われる賃金（職務の内容（法第8条に規定する職務の内容をいう。）に密接に関連して支払われるものを除く。）とする。

改正前

短時間労働者の雇用管理の改善等に関する法律施行規則

（法第2条の厚生労働省令で定める場合）

第1条　短時間労働者の雇用管理の改善等に関する法律（以下「法」という。）第2条の厚生労働省令で定める場合は、同一の事業所に雇用される通常の労働者の従事する業務が二以上あり、かつ、当該事業所に雇用される通常の労働者と同種の業務に従事する労働者の数が当該通常の労働者の数に比し著しく多い業務（当該業務に従事する通常の労働者の1週間の所定労働時間が他の業務に従事する通常の労働者の1週間の所定労働時間のいずれよりも長い場合に係る業務を除く。）に当該事業所に雇用される労働者が従事する場合とする。

（法第6条第1項の明示事項及び明示の方法）

第2条　法第6条第1項の厚生労働省令で定める短時間労働者に対して明示しなければならない労働条件に関する事項は、次に掲げるものとする。

一～三　（略）

四　短時間労働者の雇用管理の改善等に関する事項に係る相談窓口

（新設）

2　法第6条第1項の厚生労働省令で定める方法は、前項各号に掲げる事項が明らかとなる次のいずれかの方法によることを当該短時間労働者が希望した場合における当該方法とする。

一　（略）

二　電子メールの送信の方法（当該短時間労働者が当該電子メールの記録を出力することによる書面を作成することができるものに限る。）

3　前項第一号の方法により行われた法第6条第1項に規定する特定事項（以下本項において「特定事項」という。）の明示は、当該短時間労働者の使用に係るファクシミリ装置により受信した時に、前項第二号の方法により行われた特定事項の明示は、当該短時間労働者の使用に係る通信端末機器により受信した時に、それぞれ当該短時間労働者に到達したものとみなす。

（法第10条の厚生労働省令で定める賃金）

第3条　法第10条の厚生労働省令で定める賃金は、次に掲げるものとする。

短時間・有期雇用労働法施行規則

（傍線部分は改正部分）

改正後	改正前
（削る）	一　通勤手当（職務の内容（法第8条に規定する職務の内容をいう。以下同じ。）に密接に関連して支払われるものを除く。）
（削る）	二　退職手当
（削る）	三　家族手当
（削る）	四　住宅手当
（削る）	五　別居手当
（削る）	六　子女教育手当
（削る）	七　前各号に掲げるもののほか、名称の如何を問わず支払われる賃金のうち職務の内容に密接に関連して支払われるもの以外のもの

（法第11条第1項の厚生労働省令で定める場合）
第4条　法第11条第1項の厚生労働省令で定める場合は、職務の内容が当該事業主に雇用される通常の労働者と同一の短時間・有期雇用労働者（法第9条に規定する通常の労働者と同視すべき短時間・有期雇用労働者を除く。）が既に当該職務に必要な能力を有している場合とする。

（短時間・有期雇用管理者の選任）
第7条　事業主は、法第17条に定める事項を管理するために必要な知識及び経験を有していると認められる者のうちから当該事項を管理する者を短時間・有期雇用管理者として選任するものとする。

（準用）
第9条　雇用の分野における男女の均等な機会及び待遇の確保等に関する法律施行規則（昭和61年労働省令第2号）第3条から第12条までの規定は、法第25条第1項の調停の手続について準用する。この場合において、同令第3条第1項中「法第18条第1項」とあるのは「短時間労働者及び有期雇用労働者の雇用管理の改善等に関する法律（以下「短時間・有期雇用労働者法」という。）第25条第1項」と、同項並びに同令第4条（見出しを含む。）、第5条（見出しを含む。）及び第8条第1項中「機会均等調停会議」とあるのは「均衡待遇調停会議」と、同令第6条中「法第18条第1項」とあるのは「短時間・有期雇用労働者法第25条第1項」と、「事業場」とあるのは「事業所」と、同令第8条第1項及び第3項中「法第20条第1項又は第2項」とあるのは「短時間・有期雇用労働者法第26条において準用する法第20条第1項」と、同項中「法第20条第1項の」とあるのは「同項の」と、同令第9条中「関係当事者」とあるのは「関係当事者又は関係当事者と同一の事業所に雇用される労働者その他の参考人」と、同令第10条第1項中「第4条第1項及び第2項」とあるのは「短時間労働者及び有期雇用労働者の雇用管理の改善等に関する法律施行規則第9条において準用する第4条第1項及び第2項」と、「第8条」とあるのは「同令第9条において準用する第8条」と、同令第11条第1項中「法第21条」とあるのは「短時間・有期雇用労働者法第26条において準用する法第21条」と、同令別記様式中「労働者」とあるのは「短時間・有期雇用労働者」と、「事業場」とあるのは「事業所」と読み替えるものとする。

（法第11条第1項の厚生労働省令で定める場合）
第4条　法第11条第1項の厚生労働省令で定める場合は、職務の内容が当該事業所に雇用される通常の労働者と同一の短時間労働者（法第9条に規定する通常の労働者と同視すべき短時間労働者を除く。）が既に当該職務に必要な能力を有している場合とする。

（短時間雇用管理者の選任）
第7条　事業主は、法第17条に定める事項を管理するために必要な知識及び経験を有していると認められる者のうちから当該事項を管理する者を短時間雇用管理者として選任するものとする。

（準用）
第9条　雇用の分野における男女の均等な機会及び待遇の確保等に関する法律施行規則（昭和61年労働省令第2号）第3条から第12条までの規定は、法第25条第1項の調停の手続について準用する。この場合において、同令第3条第1項中「法第18条第1項」とあるのは「短時間労働者の雇用管理の改善等に関する法律（以下「短時間労働者法」という。）第25条第1項」と、同項並びに同令第4条（見出しを含む。）、第5条（見出しを含む。）及び第8条第1項中「機会均等調停会議」とあるのは「均衡待遇調停会議」と、同令第6条中「法第18条第1項」とあるのは「短時間労働者法第25条第1項」と、「事業場」とあるのは「事業所」と、同令第8条第1項及び第3項中「法第20条第1項又は第2項」とあるのは「短時間労働者法第26条において準用する法第20条第1項」と、同項中「法第20条第1項の」とあるのは「短時間労働者法第26条において準用する法第20条第1項の」と、同令第9条中「関係当事者」とあるのは「関係当事者又は関係当事者と同一の事業所に雇用される労働者その他の参考人」と、同令第10条第1項中「第4条第1項及び第2項」とあるのは「短時間労働者の雇用管理の改善等に関する法律施行規則第9条において準用する第4条第1項及び第2項」と、「第8条」とあるのは「同令第9条において準用する第8条」と、同令第11条第1項中「法第21条」とあるのは「短時間労働者法第26条において準用する法第21条」と、同令別記様式中「労働者」とあるのは「短時間労働者」と、「事業場」とあるのは「事業所」と読み替えるものとする。

短時間・有期雇用労働指針

事業主が講ずべき短時間労働者及び有期雇用労働者の雇用管理の改善等に関する措置等についての指針（平成30年厚生労働省告示第429号）平成30年12月28日公布

（傍線部分は改正部分）

改正後	改正前
事業主が講ずべき短時間労働者及び有期雇用労働者の雇用管理の改善等に関する措置等についての指針	事業主が講ずべき短時間労働者の雇用管理の改善等に関する措置等についての指針

改正後

事業主が講ずべき短時間労働者及び有期雇用労働者の雇用管理の改善等に関する措置等についての指針

第一　趣旨

　この指針は、短時間労働者及び有期雇用労働者の雇用管理の改善等に関する法律（平成５年法律第76号。以下「短時間・有期雇用労働者法」という。）第６条、第７条及び第10条から第14条までに定める措置その他の短時間・有期雇用労働者法第３条第１項の事業主が講ずべき適正な労働条件の確保、教育訓練の実施、福利厚生の充実その他の雇用管理の改善及び通常の労働者への転換の推進（以下「雇用管理の改善等」という。）に関する措置等に関し、その適切かつ有効な実施を図るために必要な事項を定めたものである。

第二　事業主が講ずべき短時間・有期雇用労働者の雇用管理の改善等に関する措置等を講ずるに当たっての基本的考え方

　事業主は、短時間・有期雇用労働者の雇用管理の改善等に関する措置等を講ずるに当たって、次の事項を踏まえるべきである。

　一　労働基準法（昭和22年法律第49号）、最低賃金法（昭和34年法律第137号）、労働安全衛生法（昭和47年法律第57号）、労働契約法（平成19年法律第128号）、雇用の分野における男女の均等な機会及び待遇の確保等に関する法律（昭和47年法律第113号）、育児休業、介護休業等育児又は家族介護を行う労働者の福祉に関する法律（平成３年法律第76号）、労働者災害補償保険法（昭和22年法律第50号）、雇用保険法（昭和49年法律第116号）等の労働に関する法令は短時間・有期雇用労働者についても適用があることを認識しこれを遵守しなければならないこと。

　二　短時間・有期雇用労働者法第６条から第14条までの規定に従い、短時間・有期雇用労働者の雇用管理の改善等に関する措置等を講ずるとともに、多様な就業実態を踏まえ、その職務の内容、職務の成果、意欲、能力及び経験その他の就業の実態に関する事項に応じた待遇に係る措置を講ずるように努めるものとすること。

　三　短時間・有期雇用労働者の雇用管理の改善等に関する措置等を講ずるに際して、その雇用する通常の労働者その他の労働者の労働条件を合理的な理由なく一方的に不利益に変更することは法的に許されないことに留意すること。

第三　事業主が講ずべき短時間・有期雇用労働者の雇用管理の改善等に関する措置等

　事業主は、第二の基本的考え方に基づき、特に、次の事項について適切な措置を講ずるべきである。

　一　労働時間

改正前

事業主が講ずべき短時間労働者の雇用管理の改善等に関する措置等についての指針

第一　趣旨

　この指針は、短時間労働者の雇用管理の改善等に関する法律（以下「短時間労働者法」という。）第３条第１項の事業主が講ずべき適正な労働条件の確保、教育訓練の実施、福利厚生の充実その他の雇用管理の改善及び通常の労働者への転換の推進（以下「雇用管理の改善等」という。）に関する措置等に関し、その適切かつ有効な実施を図るため、短時間労働者法第６条から第14条までに定めるもののほかに必要な事項を定めたものである。

第二　事業主が講ずべき短時間労働者の雇用管理の改善等に関する措置等を講ずるに当たっての基本的考え方

　事業主は、短時間労働者の雇用管理の改善等に関する措置等を講ずるに当たって、次の事項を踏まえるべきである。

　一　労働基準法（昭和22年法律第49号）、最低賃金法（昭和34年法律第137号）、労働安全衛生法（昭和47年法律第57号）、労働契約法（平成19年法律第128号）、雇用の分野における男女の均等な機会及び待遇の確保等に関する法律（昭和47年法律第113号）、育児休業、介護休業等育児又は家族介護を行う労働者の福祉に関する法律（平成３年法律第76号）、労働者災害補償保険法（昭和22年法律第50号）、雇用保険法（昭和49年法律第116号）等の労働に関する法令は短時間労働者についても適用があることを認識しこれを遵守しなければならないこと。

　二　短時間労働者法第６条から第14条までの規定に従い、短時間労働者の雇用管理の改善等に関する措置等を講ずるとともに、多様な就業実態を踏まえ、その職務の内容、職務の成果、意欲、能力及び経験等に応じた待遇に係る措置を講ずるように努めるものとすること。

　三　短時間労働者の雇用管理の改善等に関する措置等を講ずるに際して、その雇用する通常の労働者その他の労働者の労働条件を合理的な理由なく一方的に不利益に変更することは法的に許されないこと、また、所定労働時間が通常の労働者と同一の有期契約労働者については、短時間労働者法第二条に規定する短時間労働者に該当しないが、短時間労働者法の趣旨が考慮されるべきであることに留意すること。

第三　事業主が講ずべき短時間労働者の雇用管理の改善等に関する措置等

　事業主は、第二の基本的考え方に基づき、特に、次の事項について適切な措置を講ずるべきである。

　一　短時間労働者の雇用管理の改善等

— 137 —

短時間・有期雇用労働指針

（傍線部分は改正部分）

改正後	改正前
（一）　事業主は、短時間・有期雇用労働者の労働時間及び労働日を定め、又は変更するに当たっては、当該短時間・有期雇用労働者の事情を十分考慮するように努めるものとする。 （二）　事業主は、短時間・有期雇用労働者について、できるだけ所定労働時間を超えて、又は所定労働日以外の日に労働させないように努めるものとする。	（一）　労働時間 　イ　事業主は、短時間労働者の労働時間及び労働日を定め、又は変更するに当たっては、当該短時間労働者の事情を十分考慮するように努めるものとする。 　ロ　事業主は、短時間労働者について、できるだけ所定労働時間を超えて、又は所定労働日以外の日に労働させないように努めるものとする。 （二）　退職手当その他の手当 　事業主は、短時間労働者法第９条及び第10条に定めるもののほか、短時間労働者の退職手当、通勤手当その他の職務の内容に密接に関連して支払われるもの以外の手当についても、その就業の実態、通常の労働者との均衡等を考慮して定めるように努めるものとする。 （三）　福利厚生 　事業主は、短時間労働者法第９条及び第12条に定めるもののほか、医療、教養、文化、体育、レクリエーション等を目的とした福利厚生施設の利用及び事業主が行うその他の福利厚生の措置についても、短時間労働者の就業の実態、通常の労働者との均衡等を考慮した取扱いをするように努めるものとする。 （新設）
二　待遇の相違の内容及び理由の説明 　（一）　比較の対象となる通常の労働者 　　事業主は、職務の内容、職務の内容及び配置の変更の範囲等が、短時間・有期雇用労働者の職務の内容、職務の内容及び配置の変更の範囲等に最も近いと事業主が判断する通常の労働者との間の待遇の相違の内容及び理由について説明するものとする。 　（二）　待遇の相違の内容 　　事業主は、待遇の相違の内容として、次のイ及びロに掲げる事項を説明するものとする。 　　イ　通常の労働者と短時間・有期雇用労働者との間の待遇に関する基準の相違の有無 　　ロ　次の(イ)又は(ロ)に掲げる事項 　　　(イ)　通常の労働者及び短時間・有期雇用労働者の待遇の個別具体的な内容 　　　(ロ)　通常の労働者及び短時間・有期雇用労働者の待遇に関する基準 　（三）　待遇の相違の理由 　　事業主は、通常の労働者及び短時間・有期雇用労働者の職務の内容、職務の内容及び配置の変更の範囲その他の事情のうち、待遇の性質及び待遇を行う目的に照らして適切と認められるものに基づき、待遇の相違の理由を説明するものとする。 　（四）　説明の方法 　　事業主は、短時間・有期雇用労働者がその内容を理解することができるよう、資料を活用し、口頭により説明することを基本とするものとする。ただし、説明すべき事項を全て記載した短時間・有期雇用労働者が容易に理解できる内容の資料を用いる場合には、当該資料を交付する等の方法でも差し支えない。 三　労使の話合いの促進 　（一）　事業主は、短時間・有期雇用労働者を雇い入れた後、当該短時間・有期雇用労働者から求めがあった	二　労使の話合いの促進 　（一）　事業主は、短時間労働者を雇い入れた後、当該短時間労働者から求めがあったときは、短時間労働者

— 138 —

（傍線部分は改正部分）

改正後

ときは、短時間・有期雇用労働者法第14条第2項に定める事項以外の、当該短時間・有期雇用労働者の待遇に係る事項についても、説明するように努めるものとする。

（二）　事業主は、短時間・有期雇用労働者の就業の実態、通常の労働者との均衡等を考慮して雇用管理の改善等に関する措置等を講ずるに当たっては、当該事業主における関係労使の十分な話合いの機会を提供する等短時間・有期雇用労働者の意見を聴く機会を設けるための適当な方法を工夫するように努めるものとする。

（三）　事業主は、短時間・有期雇用労働者法第22条に定める事項以外の、短時間・有期雇用労働者の就業の実態、通常の労働者との均衡等を考慮した待遇に係る事項についても、短時間・有期雇用労働者から苦情の申出を受けたときは、当該事業所における苦情処理の仕組みを活用する等その自主的な解決を図るように努めるものとする。

四　不利益取扱いの禁止

（一）　事業主は、短時間・有期雇用労働者が、短時間・有期雇用労働者法第7条第1項（同条第2項において準用する場合を含む。）に定める過半数代表者であること若しくは過半数代表者になろうとしたこと又は過半数代表者として正当な行為をしたことを理由として不利益な取扱いをしないようにするものとする。

（二）　事業主は、短時間・有期雇用労働者が、事業主による不利益な取扱いをおそれて、短時間・有期雇用労働者法第14条第2項に定める説明を求めないことがないようにするものとする。

（三）　事業主は、短時間・有期雇用労働者が、親族の葬儀等のために勤務しなかったことを理由として解雇等が行われることがないようにするものとする。

五　短時間・有期雇用管理者の氏名の周知

事業主は、短時間・有期雇用管理者を選任したときは、当該短時間・有期雇用管理者の氏名を事業所の見やすい場所に掲示する等により、その雇用する短時間・有期雇用労働者に周知させるよう努めるものとする。

改正前

法第14条第2項に定める事項以外の、当該短時間労働者の待遇に係る事項についても、説明するように努めるものとする。

（二）　事業主は、短時間労働者の就業の実態、通常の労働者との均衡等を考慮して雇用管理の改善等に関する措置等を講ずるに当たっては、当該事業所における関係労使の十分な話合いの機会を提供する等短時間労働者の意見を聴く機会を設けるための適当な方法を工夫するように努めるものとする。

（三）　事業主は、短時間労働者法第22条に定める事項以外の、短時間労働者の就業の実態、通常の労働者との均衡等を考慮した待遇に係る事項についても、短時間労働者から苦情の申出を受けたときは、当該事業所における苦情処理の仕組みを活用する等その自主的な解決を図るように努めるものとする。

三　不利益取扱いの禁止

（一）　事業主は、短時間労働者が、短時間労働者法第7条に定める過半数代表者であること若しくは過半数代表者になろうとしたこと又は過半数代表者として正当な行為をしたことを理由として不利益な取扱いをしないようにするものとする。

（二）　事業主は、短時間労働者が、短時間労働者法第14条第2項に定める待遇の決定に当たって考慮した事項の説明を求めたことを理由として不利益な取扱いをしてはならない。また、短時間労働者が、不利益な取扱いをおそれて、短時間労働者法第14条第2項に定める説明を求めることができないことがないようにするものであること。

（三）　短時間労働者が、親族の葬儀等のために勤務しなかったことを理由として解雇等が行われることは適当でないものであること。

四　短時間雇用管理者の氏名の周知

事業主は、短時間雇用管理者を選任したときは、当該短時間雇用管理者の氏名を事業所の見やすい場所に掲示する等により、その雇用する短時間労働者に周知させるよう努めるものとする。

労働者派遣法施行規則

労働者派遣事業の適正な運営の確保及び派遣労働者の保護等に関する法律施行規則
（平成30年厚生労働省令第153号） 平成30年12月28日公布

（傍線部分は改正部分）

改正後	改正前
目次 　第一章　（略） 　第二章　派遣労働者の保護等に関する措置 　　第一節　労働者派遣契約（第21条―第24条の6） 　　第二節～第四節　（略） 　第三章　紛争の解決（第46条の2） 　第四章　雑則（第47条―第55条） 　附則	目次 　第一章　（略） 　第二章　派遣労働者の保護等に関する措置 　　第一節　労働者派遣契約（第21条―第24条の2） 　　第二節～第四節　（略） 　第三章　雑則（第47条―第55条） 　附則
（事業報告書及び収支決算書） **第17条**　（略） 2　（略） 3　法第30条の4第1項の協定を締結した派遣元事業主は、第1項の事業報告書には、当該協定を添付しなければならない。 4　（略）	**（事業報告書及び収支決算書）** **第17条**　（略） 2　（略） （新設） 3　（略）
（情報提供の方法等） **第18条の2**　（略） 2　（略） 3　法第23条第5項の厚生労働省令で定める事項は、次のとおりとする。 　一・二　（略） 　三　法第30条の4第1項の協定を締結しているか否かの別 　四　法第30条の4第1項の協定を締結している場合にあつては、協定対象派遣労働者（法第30条の5に規定する協定対象派遣労働者をいう。以下同じ。）の範囲及び当該協定の有効期間の終期 　五　（略）	**（情報提供の方法等）** **第18条の2**　（略） 2　（略） 3　法第23条第5項の厚生労働省令で定める事項は、次のとおりとする。 　一・二　（略） 　（新設） 　（新設） 　三　（略）
（法第26条第1項第十号の厚生労働省令で定める事項） **第22条**　法第26条第1項第十号の厚生労働省令で定める事項は、次のとおりとする。 　一　派遣労働者が従事する業務に伴う責任の程度 　二～五　（略） 　六　派遣労働者を協定対象派遣労働者に限るか否かの別 　七　派遣労働者を無期雇用派遣労働者（法第30条の2第1項に規定する無期雇用派遣労働者をいう。）又は第32条の4に規定する者に限るか否かの別	**（法第26条第1項第十号の厚生労働省令で定める事項）** **第22条**　法第26条第1項第十号の厚生労働省令で定める事項は、次のとおりとする。 　（新設） 　一～四　（略） 　（新設） 　五　派遣労働者を無期雇用派遣労働者（法第30条の2第1項に規定する無期雇用派遣労働者をいう。）又は第32条の5に規定する者に限るか否かの別
（契約に係る書面の記載事項） **第22条の2**　第21条第3項に規定する書面には、同項及び同条第4項に規定する事項のほか、次の各号に掲げる場合の区分に応じ、それぞれ当該各号に定める事項を記載しなければならない。 　一　紹介予定派遣の場合　当該派遣先が職業紹介を受けることを希望しない場合又は職業紹介を受けた者を雇用しない場合には、派遣元事業主の求めに応じ、その理由を、書面の交付若しくはファクシミリ	**（契約に係る書面の記載事項）** **第22条の2**　第21条第3項に規定する書面には、同項及び同条第4項に規定する事項のほか、次の各号に掲げる場合の区分に応じ、それぞれ当該各号に定める事項を記載しなければならない。 　一　紹介予定派遣の場合　当該派遣先が職業紹介を受けることを希望しない場合又は職業紹介を受けた者を雇用しない場合には、派遣元事業主の求めに応じ、その理由を、書面の交付若しくはファクシミリ

（傍線部分は改正部分）

改正後	改正前
を利用してする送信又は電子メールその他のその受信をする者を特定して情報を伝達するために用いられる電気通信（電気通信事業法（昭和59年法律第86号）第２条第一号に規定する電気通信をいう。以下「電子メール等」という。）の送信の方法（当該電子メール等の受信をする者が当該電子メール等の記録を出力することにより書面を作成することができるものに限る。以下同じ。）（以下「書面の交付等」という。）により、派遣元事業主に対して明示する旨	を利用してする送信又は電子メールその他のその受信をする者を特定して情報を伝達するために用いられる電気通信（電気通信事業法（昭和59年法律第86号）第２条第一号に規定する電気通信をいう。以下この号及び第26条第１項第二号ロにおいて「電子メール等」という。）の送信の方法（当該電子メール等の受信をする者が当該電子メール等の記録を出力することにより書面を作成することができるものに限る。同号ロにおいて同じ。）（以下「書面の交付等」という。）により、派遣元事業主に対して明示する旨

二～五　（略）

（法第26条第２項第三号の厚生労働省令で定める措置）
第24条　法第26条第２項第三号の厚生労働省令で定める措置は、次のとおりとする。
　一～三　（略）
　四　法第40条第２項に規定する教育訓練の実施等必要な措置
　五　法第40条第３項に規定する福利厚生施設の利用の機会の付与
　（削る）

　六～十　（略）

（法第26条第７項の情報の提供の方法等）
第24条の３　法第26条第７項の情報の提供は、同項の規定により提供すべき事項に係る書面の交付等により行わなければならない。
２　派遣元事業主は前項の規定による情報の提供に係る書面等を、派遣先は当該書面等の写しを、当該労働者派遣契約に基づく労働者派遣が終了した日から起算して３年を経過する日まで保存しなければならない。

（法第26条第７項の厚生労働省令で定める情報）
第24条の４　法第26条第７項の厚生労働省令で定める情報は、次の各号に掲げる場合の区分に応じ、それぞれ当該各号に定める情報とする。
　一　労働者派遣契約に、当該労働者派遣契約に基づく労働者派遣に係る派遣労働者を協定対象派遣労働者に限定しないことを定める場合　次のイからホまでに掲げる情報
　　イ　比較対象労働者（法第26条第８項に規定する比較対象労働者をいう。以下同じ。）の職務の内容（同項に規定する職務の内容をいう。以下同じ。）、当該職務の内容及び配置の変更の範囲並びに雇用形態
　　ロ　当該比較対象労働者を選定した理由
　　ハ　当該比較対象労働者の待遇のそれぞれの内容（昇給、賞与その他の主な待遇がない場合には、その旨を含む。）
　　ニ　当該比較対象労働者の待遇のそれぞれの性質及び当該待遇を行う目的
　　ホ　当該比較対象労働者の待遇のそれぞれについて、職務の内容、当該職務の内容及び配置の変更

二～五　（略）

（法第26条第２項第三号の厚生労働省令で定める措置）
第24条　法第26条第２項第三号の厚生労働省令で定める措置は、次のとおりとする。
　一～三　（略）
　四　法第40条第２項に規定する教育訓練の実施に係る配慮
　五　法第40条第３項に規定する福利厚生施設の利用の機会の付与に係る配慮
　六　法第40条第５項に規定する賃金水準に関する情報の提供その他の措置の実施に係る配慮
　七～十一　（略）

（新設）

（新設）

— 141 —

労働者派遣法施行規則

（傍線部分は改正部分）

改正後	改正前
の範囲その他の事情のうち、当該待遇に係る決定をするに当たつて考慮したもの 二　労働者派遣契約に、当該労働者派遣契約に基づく労働者派遣に係る派遣労働者を協定対象派遣労働者に限定することを定める場合　次のイ及びロに掲げる情報 　イ　法第40条第2項の教育訓練の内容（当該教育訓練がない場合には、その旨） 　ロ　第32条の3各号に掲げる福利厚生施設の内容（当該福利厚生施設がない場合には、その旨） **（法第26条第8項の厚生労働省令で定める者）** **第24条の5**　法第26条第8項の厚生労働省令で定める者は、次のとおりとする。 二　職務の内容並びに当該職務の内容及び配置の変更の範囲が派遣労働者と同一であると見込まれる通常の労働者 二　前号に該当する労働者がいない場合にあつては、職務の内容が派遣労働者と同一であると見込まれる通常の労働者 三　前2号に該当する労働者がいない場合にあつては、前2号に掲げる者に準ずる労働者 **（法第26条第10項の情報の提供の方法等）** **第24条の6**　法第26条第10項の情報の提供は、同条第7項の情報に変更があつたときは、遅滞なく、同条第10項の規定により提供すべき事項に係る書面の交付等により行わなければならない。 2　派遣労働者を協定対象派遣労働者に限定しないことを定めた労働者派遣契約に基づき現に行われている労働者派遣に係る派遣労働者の中に協定対象派遣労働者以外の者がいない場合には、法第26条第10項の情報（法第40条第2項の教育訓練及び第32条の3各号に掲げる福利厚生施設に係るものを除く。）の提供を要しない。この場合において、当該派遣労働者の中に新たに協定対象派遣労働者以外の者が含まれることとなつたときは、派遣先は、遅滞なく、当該情報を提供しなければならない。 3　労働者派遣契約が終了する日前1週間以内における変更であつて、当該変更を踏まえて派遣労働者の待遇を変更しなくても法第30条の3の規定に違反しないものであり、かつ、当該変更の内容に関する情報の提供を要しないものとして労働者派遣契約で定めた範囲を超えないものが生じた場合には、法第26条第10項の情報の提供を要しない。 4　第24条の3第2項の規定については、法第26条第10項の情報の提供について準用する。 **（法第30条の4第1項の過半数代表者）** **第25条の6**　法第30条の4第1項の労働者の過半数を代表する者（以下この条において「過半数代表者」という。）は、次の各号のいずれにも該当する者とする。ただし、第一号に該当する者がいない場合にあつては、過半数代表者は第二号に該当する者とする。 一　労働基準法第41条第二号に規定する監督又は管理	 （新設） （新設） （新設）

— 142 —

（傍線部分は改正部分）

改正後	改正前
の地位にある者でないこと。 　二　法第30条の４第１項の協定をする者を選出することを明らかにして実施される投票、挙手等の民主的な方法による手続により選出された者であつて、派遣元事業主の意向に基づき選出されたものでないこと。 ２　派遣元事業主は、労働者が過半数代表者であること若しくは過半数代表者になろうとしたこと又は過半数代表者として正当な行為をしたことを理由として、当該労働者に対して不利益な取扱いをしないようにしなければならない。 ３　派遣元事業主は、過半数代表者が法第30条の４第１項の協定に関する事務を円滑に遂行することができるよう必要な配慮を行わなければならない。	
（法第30条の４第１項の厚生労働省令で定める待遇） **第25条の７**　法第30条の４第１項の厚生労働省令で定める待遇は、次のとおりとする。 　一　法第40条第２項の教育訓練 　二　第32条の３各号に掲げる福利厚生施設	（新設）
（法第30条の４第１項第二号の厚生労働省令で定める賃金） **第25条の８**　法第30条の４第１項第二号の厚生労働省令で定める賃金は、通勤手当、家族手当、住宅手当、別居手当、子女教育手当その他名称の如何を問わず支払われる賃金（職務の内容に密接に関連して支払われるものを除く。）とする。	（新設）
（法第30条の４第１項第二号イの厚生労働省令で定める賃金の額） **第25条の９**　法第30条の４第１項第二号イの厚生労働省令で定める賃金の額は、派遣先の事業所その他派遣就業の場所の所在地を含む地域において派遣労働者が従事する業務と同種の業務に従事する一般の労働者であつて、当該派遣労働者と同程度の能力及び経験を有する者の平均的な賃金の額とする。	（新設）
（法第30条の４第１項第六号の厚生労働省令で定める事項） **第25条の10**　法第30条の４第１項第六号の厚生労働省令で定める事項は、次のとおりとする。 　一　有効期間 　二　法第30条の４第１項第一号に掲げる派遣労働者の範囲を派遣労働者の一部に限定する場合には、その理由 　三　派遣元事業主は、特段の事情がない限り、一の労働契約の契約期間中に、当該労働契約に係る派遣労働者について、派遣先の変更を理由として、協定対象派遣労働者であるか否かを変更しようとしないこと。	（新設）
（法第30条の４第２項の周知の方法） **第25条の11**　法第30条の４第２項の周知は、次のいずれかの方法により行わなければならない。	（新設）

— 143 —

労働者派遣法施行規則

（傍線部分は改正部分）

改正後	改正前
二　書面の交付の方法 三　次のいずれかの方法によることを当該労働者が希望した場合における当該方法 　イ　ファクシミリを利用してする送信の方法 　ロ　電子メール等の送信の方法 三　電子計算機に備えられたファイル、磁気ディスクその他これらに準ずる物に記録し、かつ、労働者が当該記録の内容を常時確認できる方法 四　常時当該派遣元事業主の各事業所の見やすい場所に掲示し、又は備え付ける方法（法第30条の４第１項の協定の概要について、第一号又は第二号の方法により併せて周知する場合に限る。）	
（協定に係る書面の保存） **第25条の12**　派遣元事業主は、法第30条の４第１項の協定を締結したときは、当該協定に係る書面を、その有効期間が終了した日から起算して３年を経過する日まで保存しなければならない。	（新設）
（法第30条の５の厚生労働省令で定める賃金） **第25条の13**　法第30条の５の厚生労働省令で定める賃金は、通勤手当、家族手当、住宅手当、別居手当、子女教育手当その他名称の如何を問わず支払われる賃金（職務の内容に密接に関連して支払われるものを除く。）とする。	（新設）
（待遇に関する事項等の説明） **第25条の14**　（略）	**（待遇に関する事項等の説明）** **第25条の６**　（略）
第25条の15　法第31条の２第２項の厚生労働省令で定める方法は、次条各号に掲げる事項が明らかとなる次のいずれかの方法によることを当該派遣労働者が希望した場合における当該方法とする。 一　ファクシミリを利用してする送信の方法 二　電子メール等の送信の方法	（新設）
第25条の16　法第31条の２第２項第一号の厚生労働省令で定める事項は、次のとおりとする。 一　昇給の有無 二　退職手当の有無 三　賞与の有無 四　協定対象派遣労働者であるか否か（協定対象派遣労働者である場合には、当該協定の有効期間の終期） 五　派遣労働者から申出を受けた苦情の処理に関する事項	（新設）
第25条の17　派遣元事業主は、法第31条の２第２項の規定により派遣労働者に対して明示しなければならない同項第一号に掲げる事項を事実と異なるものとしてはならない。	（新設）
第25条の18　法第31条の２第２項（第二号に係る部分に限る。）及び第３項（第二号に係る部分に限る。）の規定による説明は、書面の活用その他の適切な方法によ	（新設）

— 144 —

（傍線部分は改正部分）

改正後	改正前

り行わなければならない。

第25条の19 労働者派遣の実施について緊急の必要があ
るためあらかじめ法第31条の２第３項に規定する文書
の交付等により同項（第一号に係る部分に限る。）の
明示を行うことができないときは、当該文書の交付等
以外の方法によることができる。
２　前項の場合であつて、次の各号のいずれかに該当す
るときは、当該労働者派遣の開始の後遅滞なく、法第
31条の２第３項（第一号に係る部分に限る。）の規定
により明示すべき事項を同項に規定する文書の交付等
により当該派遣労働者に明示しなければならない。
一　当該派遣労働者から請求があつたとき。
二　前号以外の場合であつて、当該労働者派遣の期間
が１週間を超えるとき。

（新設）

第25条の20　法第31条の２第３項第一号の厚生労働省令
で定める事項は、次のとおりとする。
一　労働契約の期間に関する事項
二　期間の定めのある労働契約を更新する場合の基準
に関する事項
三　就業の場所及び従事すべき業務に関する事項
四　始業及び終業の時刻、所定労働時間を超える労働
の有無、休憩時間、休日並びに労働者を二組以上に
分けて就業させる場合における就業時転換に関する
事項
五　退職に関する事項（解雇の事由を含む。）
六　派遣労働者から申出を受けた苦情の処理に関する
事項

（新設）

（法第35条第１項第五号の厚生労働省令で定める事項）
第27条の２　法第35条第１項第五号の厚生労働省令で定
める事項は、当該労働者派遣に係る派遣労働者に関し
て、次の各号に掲げる書類がそれぞれ当該各号に掲げ
る省令により当該書類を届け出るべきこととされてい
る行政機関に提出されていることの有無とする。
一～三　（略）
２　（略）

（法第35条第１項第四号の厚生労働省令で定める事項）
第27条の２　法第35条第１項第四号の厚生労働省令で定
める事項は、当該労働者派遣に係る派遣労働者に関し
て、次の各号に掲げる書類がそれぞれ当該各号に掲げ
る省令により当該書類を届け出るべきこととされてい
る行政機関に提出されていることの有無とする。
一～三　（略）
２　（略）

（法第35条第１項第六号の厚生労働省令で定める事項）
第28条　法第35条第１項第六号の厚生労働省令で定める
事項は、次のとおりとする。
一・二　（略）

（法第35条第１項第五号の厚生労働省令で定める事項）
第28条　法第35条第１項第五号の厚生労働省令で定める
事項は、次のとおりとする。
一・二　（略）

**（法第37条第１項第十号の厚生労働省令で定める教育訓
練）**
第30条の２　法第37条第１項第十号の厚生労働省令で定
める教育訓練は、法第30条の２第１項の規定による教
育訓練とする。

**（法第37条第１項第九号の厚生労働省令で定める教育訓
練）**
第30条の２　法第37条第１項第九号の厚生労働省令で定
める教育訓練は、法第30条の２第１項の規定による教
育訓練とする。

（法第37条第１項第十三号の厚生労働省令で定める事項）
第31条　法第37条第１項第十三号の厚生労働省令で定め
る事項は、次のとおりとする。
一　（略）
二　派遣労働者が従事する業務に伴う責任の程度

（法第37条第１項第十二号の厚生労働省令で定める事項）
第31条　法第37条第１項第十二号の厚生労働省令で定め
る事項は、次のとおりとする。
一　（略）
（新設）

— 145 —

労働者派遣法施行規則

（傍線部分は改正部分）

改正後	改正前
三～十一　（略）	二～十　（略）
（削る）	（法第40条第５項の厚生労働省令で定める措置） **第32条の４**　法第40条第５項の厚生労働省令で定める措置は、次のとおりとする。 　一　派遣先がその指揮命令の下に労働させる派遣労働者が従事する業務と同種の業務に従事する当該派遣先に雇用される労働者の賃金水準に関する情報の提供 　二　派遣先がその指揮命令の下に労働させる派遣労働者が従事する業務と同種の業務に従事する一般の労働者の賃金水準に関する情報の提供 　三　派遣先がその指揮命令の下に労働させる派遣労働者が従事する業務と同種の業務に従事する労働者の募集に係る事項（賃金に係る情報に関する部分に限る。）の提供 　四　その他法第30条の３第１項の規定により派遣先がその指揮命令の下に労働させる派遣労働者の賃金が適切に決定されるようにするために必要な措置
第32条の４　（略）	**第32条の５**　（略）
（法第42条第１項第十号の厚生労働省令で定める教育訓練） **第35条の２**　法第42条第１項第十号の厚生労働省令で定める教育訓練は、次のとおりとする。 　一・二　（略）	（法第42条第１項第九号の厚生労働省令で定める教育訓練） **第35条の２**　法第42条第１項第九号の厚生労働省令で定める教育訓練は、次のとおりとする。 　一・二　（略）
（法第42条第１項第十一号の厚生労働省令で定める事項） **第36条**　法第42条第１項第十一号の厚生労働省令で定める事項は、次のとおりとする。 　一　（略） 　二　派遣労働者が従事する業務に伴う責任の程度 　三～十二　（略）	（法第42条第１項第十号の厚生労働省令で定める事項） **第36条**　法第42条第１項第十号の厚生労働省令で定める事項は、次のとおりとする。 　一　（略） （新設） 　二～十一　（略）
（派遣元事業主に対する通知） **第38条**　法第42条第３項の規定による派遣元事業主に対する通知は、派遣労働者ごとの同条第１項第五号から第七号まで並びに第36条第一号、第二号及び第五号に掲げる事項を、１箇月ごとに１回以上、一定の期日を定めて、書面の交付等により通知することにより行わなければならない。 ２　（略）	（派遣元事業主に対する通知） **第38条**　法第42条第３項の規定による派遣元事業主に対する通知は、派遣労働者ごとの同条第１項第四号から第六号まで並びに第36条第一号及び第四号に掲げる事項を、１箇月ごとに１回以上、一定の期日を定めて、書面の交付等により通知することにより行わなければならない。 ２　（略）
第三章　紛争の解決 （準用） **第46条の２**　雇用の分野における男女の均等な機会及び待遇の確保等に関する法律施行規則第３条から第12条までの規定は、法第47条の７第１項の調停の手続について準用する。この場合において、同令第３条第１項中「法第18条第１項」とあるのは「労働者派遣事業の適正な運営の確保及び派遣労働者の保護等に関する法律（以下「労働者派遣法」という。）第47条の７第１項」と、同項並びに同令第４条（見出しを含む。）、第５条（見出しを含む。）及び第８条第１項中「機会均	（新設） （新設）

— 146 —

（傍線部分は改正部分）

改正後	改正前
等調停会議」とあるのは「派遣労働者待遇調停会議」と、同令第5条及び第10条第2項中「都道府県労働局雇用環境・均等部（北海道労働局、東京労働局、神奈川労働局、愛知労働局、大阪労働局、兵庫労働局及び福岡労働局以外の都道府県労働局にあっては、雇用環境・均等室。）」とあるのは「都道府県労働局職業安定部（東京労働局、愛知労働局及び大阪労働局にあっては、需給調整事業部。）」と、同令第6条中「法第18条第1項」とあるのは「労働者派遣法第47条の7第1項」と、「事業場」とあるのは「事業所」と、同令第8条第1項及び第3項中「法第20条第1項又は第2項」とあるのは「労働者派遣法第47条の8において準用する法第20条第1項」と、同令第8条第3項中「法第20条第1項の」とあるのは「同項の」と、同令第9条中「関係当事者」とあるのは「関係当事者又は関係当事者と同一の事業所に雇用される労働者その他の参考人」と、同令第10条第1項中「第4条第1項及び第2項」とあるのは「労働者派遣事業の適正な運営の確保及び派遣労働者の保護等に関する法律施行規則第46条の2において準用する第4条第1項及び第2項」と、「第8条」とあるのは「同令第46条の2において準用する第8条」と、同令第11条第1項中「法第21条」とあるのは「労働者派遣法第47条の8において準用する法第21条」と、同令別記様式中「労働者」とあるのは「派遣労働者」と、「事業場」とあるのは「事業所」と読み替えるものとする。	
第四章　雑則	第三章　雑則

— 147 —

派遣先が講ずべき措置に関する指針

派遣先が講ずべき措置に関する指針（平成30年厚生労働省告示第428号）

平成30年12月28日公布

（傍線部分は改正部分）

改正後	改正前
第二　派遣先が講ずべき措置 　一　労働者派遣契約の締結に当たっての就業条件の確認 　　派遣先は、労働者派遣契約の締結の申込みを行うに際しては、就業中の派遣労働者を直接指揮命令することが見込まれる者から、業務の内容及び当該業務に伴う責任の程度、当該業務を遂行するために必要とされる知識、技術又は経験の水準その他労働者派遣契約の締結に際し定めるべき就業条件の内容を十分に確認すること。 　二～八　（略） 　九　適正な派遣就業の確保 　　（一）　適切な就業環境の維持、福利厚生等 　　　派遣先は、その指揮命令の下に労働させている派遣労働者について、派遣就業が適正かつ円滑に行われるようにするため、労働者派遣法第40条第１項から第３項までに定めるもののほか、セクシュアルハラスメントの防止等適切な就業環境の維持並びに派遣先が設置及び運営し、その雇用する労働者が通常利用している物品販売所、病院、診療所、浴場、理髪室、保育所、図書館、講堂、娯楽室、運動場、体育館、保養施設等の施設の利用に関する便宜の供与の措置を講ずるように配慮しなければならないこと。また、派遣先は、労働者派遣法第40条第５項の規定に基づき、派遣元事業主の求めに応じ、当該派遣先に雇用される労働者の賃金、教育訓練、福利厚生等の実状をより的確に把握するために必要な情報を派遣元事業主に提供するとともに、派遣元事業主が当該派遣労働者の職務の成果等に応じた適切な賃金を決定できるよう、派遣元事業主からの求めに応じ、当該派遣労働者の職務の評価等に協力をするように配慮しなければならないこと。 　　（二）　労働者派遣に関する料金の額 　イ　派遣先は、労働者派遣法第26条第11項の規定により、労働者派遣に関する料金の額について、派遣元事業主が、労働者派遣法第30条の４第１項の協定に係る労働者派遣以外の労働者派遣にあっては労働者派遣法第30条の３の規定、同項の協定に係る労働者派遣にあっては同項第二号から第五号までに掲げる事項に関する協定の定めを遵守することができるものとなるように配慮しなければならないこととされているが、当該配慮は、労働者派遣契約の締結又は更新の時だけではなく、当該締結又は更新がなされた後にも求められるものであること。 　ロ　派遣先は、労働者派遣に関する料金の額の決定に当たっては、その指揮命令の下に労働させる派遣労働者の就業の実態、労働市場の状況、当該派遣労働者が従事する業務の内容及び当該業務に伴う責任の程度並びに当該派遣労働者に要求する技術水準の変化等を勘案するよう努めなければなら	第二　派遣先が講ずべき措置 　一　労働者派遣契約の締結に当たっての就業条件の確認 　　派遣先は、労働者派遣契約の締結の申込みを行うに際しては、就業中の派遣労働者を直接指揮命令することが見込まれる者から、業務の内容、当該業務を遂行するために必要とされる知識、技術又は経験の水準その他労働者派遣契約の締結に際し定めるべき就業条件の内容を十分に確認すること。 　二～八　（略） 　九　適正な派遣就業の確保 　　（一）　適切な就業環境の維持、教育訓練、福利厚生等 　　　派遣先は、その指揮命令の下に労働させている派遣労働者について、派遣就業が適正かつ円滑に行われるようにするため、労働者派遣法第40条第３項に定めるもののほか、セクシュアルハラスメントの防止等適切な就業環境の維持、その雇用する労働者が通常利用している診療所等の施設の利用に関する便宜を図るよう努めなければならないこと。また、派遣先は、労働者派遣法第40条第６項の規定に基づき、派遣元事業主の求めに応じ、その指揮命令の下に労働させる派遣労働者が従事する業務と同種の業務に従事している労働者等の教育訓練、福利厚生等の実状を把握するために必要な情報を派遣元事業主に提供するとともに、派遣元事業主が当該派遣労働者の職務の成果等に応じた適切な賃金を決定できるよう、派遣元事業主からの求めに応じ、当該派遣労働者の職務の評価等に協力をするよう努めなければならないこと。 　　（二）　労働者派遣に関する料金の額 　　　派遣先は、労働者派遣に関する料金の額の決定に当たっては、その指揮命令の下に労働させる派遣労働者の就業の実態、労働市場の状況等を勘案し、当該派遣労働者の賃金水準が、当該派遣労働者の従事する業務と同種の業務に従事している労働者の賃金水準と均衡が図られたものとなるよう努めなければならないこと。また、派遣先は、労働者派遣契約の更新の際の労働者派遣に関する料金の額の決定に当たっては、その指揮命令の下に労働させる派遣労働者の就業の実態、労働市場の状況等に加え、当該派遣労働者が従事する業務の内容及び当該業務に伴う責任の程度並びに当該派遣労働者に要求する技術水準の変化を勘案するよう努めなければならないこと。

— 148 —

（傍線部分は改正部分）

改正後	改正前
ないこと。 ㈢　教育訓練・能力開発 　派遣先は、その指揮命令の下に労働させる派遣労働者に対して労働者派遣法第40条第2項の規定による教育訓練を実施する等必要な措置を講ずるほか、派遣元事業主が労働者派遣法第30条の2第1項の規定による教育訓練を実施するに当たり、派遣元事業主から求めがあったときは、派遣元事業主と協議等を行い、派遣労働者が当該教育訓練を受講できるよう可能な限り協力するとともに、必要に応じた当該教育訓練に係る便宜を図るよう努めなければならないこと。派遣元事業主が行うその他の教育訓練、派遣労働者の自主的な能力開発等についても同様とすること。 ㈣　（略） 十～十八　　（略）	㈢　教育訓練・能力開発 　派遣先は、その指揮命令の下に労働させる派遣労働者に対して労働者派遣法第40条第2項の規定による教育訓練を実施するよう配慮するほか、派遣元事業主が労働者派遣法第30条の2第1項の規定による教育訓練を実施するに当たり、派遣元事業主から求めがあったときは、派遣元事業主と協議等を行い、派遣労働者が当該教育訓練を受講できるよう可能な限り協力するとともに、必要に応じた当該教育訓練に係る便宜を図るよう努めなければならないこと。派遣元事業主が行うその他の教育訓練、派遣労働者の自主的な能力開発等についても同様とすること。 ㈣　（略） 十～十八　　（略）

監修者略歴

浅香　博胡（あさか　ひろき）
社会保険労務士　ＡＦＰ（日本ＦＰ協会認定）、㈱新規開拓顧問

日本紙通商㈱取締役、全国社会保険労務士厚生年金基金代表清算人、東京都社会保険労務士会副会長などを歴任し、現在は東京都社会保険労務士会理事。主な著書等に東京都社会保険労務士会編『人材を求め育て活かす』『魅力ある会社作り』（いずれも共著）、『月刊中小企業』労務管理講座（ダイヤモンド社）、『働き方改革の法改正で働き方がこう変わる！』（社会保険研究所）など。

白石　多賀子（しらいし　たかこ）
特定社会保険労務士　社会保険労務士法人雇用システム研究所　代表社員

顧客先の労務管理、人事制度設計等のコンサルティングを行う一方で、社員・パートの雇用管理に関する問題などの講演、執筆活動を行っている。労務管理の専門家として行政機関の委員を歴任。主な著書に『パート・高齢者・非正社員の処遇のしくみ』（共著・中央経済社）、『材木商業における高齢者のキャリア活用』（東京都産業労働局）、『働き方改革の法改正で働き方がこう変わる！』（社会保険研究所）など。

山田　晴男（やまだ　はるお）
特定社会保険労務士　社会保険労務士山田事務所　代表

大手企業など２社で人事労務関係業務に従事する傍ら、東京都社会保険労務士会副会長などを歴任し、現在は東京都社会保険労務士会常任理事、東京都社会保険労務士会武蔵野統括支部統括支部長。労務顧問としての企業のコンサルティングを行い、また、がん患者就労支援、リワークプログラムなどの両立支援の活動と講演を行っている。主な著書に『働き方改革の法改正で働き方がこう変わる！』（社会保険研究所）など。

実務対応版
「働き方改革」の法改正で実務がこう変わる！
変えなきゃいけない実務のルールがよくわかる

監修　浅香 博胡　白石 多賀子　山田 晴男

平成31年4月12日　初 版 発 行　　　　　　　　　（定価は表紙に表示）

発行者　鈴　　木　　俊　　一

発行所　社 会 保 険 研 究 所
〒101-8522　東京都千代田区内神田2-15-9
The Kanda 282
電話　03（3252）7901（代）
URL：http://www.shaho.co.jp/shaho/

印刷・製本／キタジマ　　　　　落丁・乱丁本はおとりかえいたします。
ISBN978-4-7894-4886-4

本書のコピー、スキャン、デジタル化等の無断複製は著作権法上での例外を除き
禁じられています。本書を代行業者等の第三者に依頼してコピー、スキャンやデ
ジタル化することは、たとえ個人や家庭内の利用でも著作権法上認められており
ません。